皮书系列

皮书系列

广视角·全方位·多品种

皮书系列

皮书系列

皮书系列

皮书系列

皮书系列为“十二五”国家重点图书出版规划项目

皮书系列

皮书系列

皮书系列

皮书系列

皮书系列

皮书系列

权威·前沿·原创

皮书系列

皮书系列

皮书系列

皮书系列

皮书系列

总　编/潘世伟

上海经济发展报告（2012）

ANNUAL REPORT ON ECONOMIC DEVELOPMENT OF SHANGHAI (2012)

增长动力与产业发展转型

主　编/沈开艳

社会科学文献出版社
SOCIAL SCIENCES ACADEMIC PRESS (CHINA)

图书在版编目（CIP）数据

上海经济发展报告．2012，增长动力与产业发展转型/沈开艳主编．—北京：社会科学文献出版社，2012.1
（上海蓝皮书）
ISBN 978－7－5097－2942－7

Ⅰ．①上… Ⅱ．①沈… Ⅲ．①区域经济发展－研究报告－上海市－2012
Ⅳ．①F127.51

中国版本图书馆CIP数据核字（2011）第253823号

上海蓝皮书
上海经济发展报告（2012）
——增长动力与产业发展转型

主　　编／沈开艳

出 版 人／谢寿光
出 版 者／社会科学文献出版社
地　　址／北京市西城区北三环中路甲29号院3号楼华龙大厦
邮政编码／100029

责任部门／皮书出版中心（010）59367127　　责任编辑／高　启　任文武
电子信箱／pishubu@ssap.cn　　责任校对／郭海鹏
项目统筹／姚冬梅　　责任印制／岳　阳
总 经 销／社会科学文献出版社发行部（010）59367081　59367089
读者服务／读者服务中心（010）59367028

印　　装／北京季蜂印刷有限公司
开　　本／787mm×1092mm　1/16　　印　　张／20
版　　次／2012年1月第1版　　字　　数／266千字
印　　次／2012年1月第1次印刷
书　　号／ISBN 978－7－5097－2942－7
定　　价／59.00元

主编简介

沈开艳　经济学博士、研究员。1986年毕业于南京大学经济系，获经济学学士学位；1991年、2001年毕业于上海社会科学院研究生部，分别获经济学硕士、博士学位。1997~1998年赴美国麻省理工学院、2002~2003年赴印度尼赫鲁大学作访问研究。现为上海社会科学院经济研究所副所长，博士生导师。兼任上海市经济学会副会长、中国南亚学会常务理事。主要研究方向为宏观经济、中国经济理论与实践、印度经济等。曾出版十余部学术著作，发表经济学论文数十篇，承担多项国家、省市级科研项目，是《上海经济蓝皮书》（2010、2011）的主编。

摘　要

《上海经济发展报告（2012）》由主报告、综合篇和专题篇三大部分共12个报告组成。通过对国际国内经济格局及上海区域经济现状所作的整体判断与分析，认为当前上海迫切需要解决而又密切相关的现实问题是“增长动力转型”与“产业发展转型”两大核心；这涉及上海增长新动力的探寻、经济发展关键产业的培育等，是当前上海亟待深入剖析的重要领域。

把握2012年上海经济发展的趋势，需要对国际、国内经济运行大背景的分析与判断，需要站在全球的高度、全国的角度，看清上海自身发展所处的环境和所面临的机遇与挑战。从2011年国际国内经济形势看，寻找新的增长动力与促进产业转型是上海经济发展面临的迫切问题。对上海而言，“转型”并非一朝一夕即可完成，需要延续若干年。任何对上海经济发展总体情况的分析、预测都不可能绕开“转型”这一主线。

因此，本书从转型的视角，较为深入地对上海“十二五”期间的重要领域和关键环节展开分析研究。更进一步从总揽全局的宏观视角和“顶层设计”的战略高度出发，对2012年上海宏观经济走势进行了判断与预测，对上海产业结构、增长动力结构的转型趋势进行整体分析，进而提出了上海创新驱动和产业转型的总体思路。

复苏缓慢的国际经济大环境，趋于紧缩的国内宏观经济背景，正在寻求增长新动力的上海经济发展现状，以及处在转型中的上海产业发展趋势是2012年上海经济发展面临的客观形势。寻找上海经济增长的新动力机制，首先要从经济增长的三大动力源——投资、消费和出口中去挖掘，其次要注重产业结构的优化和升级，这是促进增长动力加速的助推器。从 2012 年上海产业发展转型的着力点看，主要体现在三方面。一是要努力提升上海先进制造业的能级，二是要积极推进现代服务业的发展，三是要营造适宜的市场环境。

Abstract

Annual Report on Economic Development of Shanghai (*2012*) consists of four parts: introduction, main report, comprehensive reports and special reports, thirteen reports included in total. Based on the analysis and assessment on international, domestic and Shanghai region's economic situation, the book considers growth power transformation and industrial development transformation the two urgent and closely related questions in Shanghai. This involves exploring new growth sources and fostering key industries, which need to be studied intensively.

To grasp the trend of Shanghai economic development in 2012, the international and domestic economic background should be analyzed and assessed; the opportunities and challenges Shanghai is facing should be summed up and recognized from both the global and the national point of view. On the international and domestic situation in 2011, exploring new sources of growth power to improve industrial transformation will be the top priority for Shanghai's economic development. The "transformation" in Shanghai is not an easy job; it will take plenty of years. Any analysis and forecast on Shanghai's macro-economic situation will not be able to avoid this "transformation". As a result in this book, the primary areas and key links in "the 12th Five-Year" period have been analyzed. Further, from the point of view of top-level design, the book presents the assessment and prediction of Shanghai macroeconomic trend in 2012, the overall analysis on the transformation direction of industrial structure and growth power structure, and moreover, the general idea on Shanghai innovation-driven industrial transformation.

In 2012, Shanghai will be still facing the slow recovery of the world economy and the domestic economic contraction. Finding new growth power in the transformation is the major assignment for Shanghai's development. Investment, consumption and export, the main three growth power sources, are the target sources for new growth power looking. In the process of new growth power sources exploring, the optimization and upgrade of industrial structure will become the economic growth booster. The major measures to promote industrial transformation in 2012 include: improve the level of advanced manufacturing, promote the development of modern service industry, and create an appropriate market environment.

目 录

𝔹Ⅰ 总报告

𝔹Ⅱ 综合篇

BⅢ 专题篇

皮书数据库阅读使用指南

CONTENTS

𝔹 I Main Report

𝔹 II Comprehensive Reports

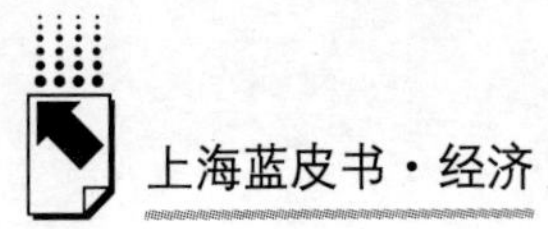

ⅭⅢ Special Reports

总 报 告

Main Report

B.1

2012：增长动力和产业发展转型

沈开艳*

一 转型是上海“十二五”经济发展的主线

2011年《上海市国民经济和社会发展第十二个五年规划纲要》正式出台。根据“十二五”规划确定的经济发展战略要求，以及上海经济运行的特点，“十二五”时期上海将加快推进“四个率先”、实现“创新驱动”和“转型发展”的战略。

从2011年国际国内经济形势看，寻找新的增长动力与促进产业转型是上海经济发展面临的迫切问题。对上海而言，“转型”并非一朝一

* 沈开艳，上海社会科学院经济研究所研究员。主要研究方向为宏观经济、中国经济改革与发展、印度经济等。

夕即可完成，需要延续若干年。任何对上海经济发展总体情况的分析、预测都不可能绕开“转型”这一主线。因此，从转型的视角，对“十二五”中的重要领域和关键环节展开深入分析是切实的，也是必须的。

从总揽全局的宏观视角和“顶层设计”的战略高度出发，对2012年上海宏观经济走势进行判断与预测，对上海产业结构、增长动力结构的转型趋势进行整体分析，进而提出上海创新驱动和产业转型的总体思路，更是一年一度《上海经济发展报告》所必须揭示的。

把握2012年上海经济发展的趋势，离不开对国际、国内经济运行大背景的分析与判断，只有站在全球的高度、全国的角度，才能看得清上海自身发展所处的环境和所面临的机遇与挑战。

（一）复苏缓慢的国际经济大环境

从国际经济环境看，2011年，全球经济虽有回暖迹象，但复苏进程缓慢。美国、欧盟等发达经济体均未出现预期的增长率，发达国家主权债务危机迭起。全球性通货膨胀居高不下，新兴经济体通胀率也连创新高，而这些国家一旦实施从紧的宏观调控政策，经济增长速度将会下降。据国际权威机构估计，随着国际经济复苏态势的逐步巩固，国际经济环境将在2012年下半年有所恢复。

2011～2012年，国际产业分工和贸易格局面临重大调整。全球新一轮科技革命兴起，信息技术、新能源等一些领域正在酝酿重大突破；发达国家实行“再工业化”战略，全球产业格局将出现大规模分化融合。新的经济环境既对上海参与国际竞争新格局带来了新的挑战，同时也为上海带来了促进转型发展的新机遇。

（二）趋于紧缩的国内宏观经济背景

从国内背景看，我国转变经济发展方式已进入关键时期，创新型国家战略深入推进，经济发展的资源、环境约束日益增强。在刚刚过

去的2011年，我国面临着输入性通货膨胀和成本推动型通货膨胀的双重压力，通胀形势非常严峻，“稳中偏紧”的宏观政策调控使国内银根紧缩，资金紧张，并进一步地导致经济增速下降；人民币持续升值给出口增长带来更大压力，经济结构性调整迫在眉睫。原材料、能源价格上升，加大了上海创新发展与产业转型的压力，特别是制造业面临很大冲击，产业结构调整更趋紧迫。

（三）寻求增长新动力的上海经济形势

从2012年上海面临的经济发展形势看，在新的国际国内大背景下，上海经济增长动力结构正在发生明显的变化，这一动力结构的转变可能导致经济增长速度的下降。

一方面，2011年，上海在面临多重约束的情况下，上海产业投资出现明显下降，并呈现降幅大、下降时间早于预期、下降速度趋快等特点，特别是工业投资和基础设施投资难以继续发挥主要作用。这说明上海依靠大规模投资来支撑经济发展已经难以为继，经济增长缺乏强劲的新支撑点，产业结构不得不加大调整力度。在出口方面，由于欧、美、日等主要海外市场复苏乏力，短期出口预期不甚理想，因此，上海经济传统的外需推动模式也难以维持，外部需求不会有明显增加。在投资、出口双重乏力的情况下，上海必然面临经济增长动力和结构转变的突出问题。

另一方面，上海已率先步入后工业化阶段，肩负着率先推动产业转型的重任，大力推动产业结构优化、升级、转型，是上海经济发展不容回避的问题。与此相应的，带动上海经济增长的工业、金融业和房地产业三大引擎中短期动力已显不足。

在新的阶段，上海必须尽快转向主要依靠创新驱动、消费拉动的新动力结构时期，以实现经济持续发展，这也是服务经济阶段的主要特征。有效发挥创新驱动和需求拉动的重要作用，实际上也是涉及产业结构、城乡统筹等一系列领域的关键问题。

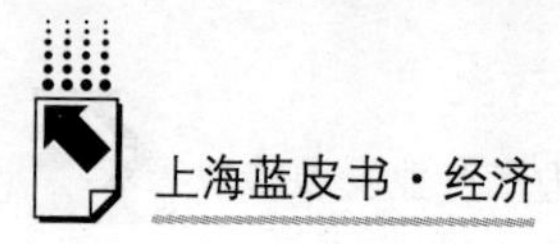

（四）面临转型的未来上海产业发展趋势

2012 年，上海经济增长在投资、出口拉力减弱的情况下，上海产业发展进入全面转型的战略机遇期。这主要基于以下理由：一是上海当前已步入后工业化发展阶段；二是国家对上海“四个率先”的战略要求使然；三是后危机时期国际经济形势带给上海的压力和冲击力；四是国际产业体系面临重构，上海需要高端融入新的国际产业链和价值链。因此，在这一战略转型的过程中，推动产业结构升级、产业转型及重点产业的发展是必由之路。

从产业发展方向看，2012 年，“大虹桥”规划项目、“大飞机”项目、“迪士尼”项目等一些重大投资项目的全面推进，将对上海经济发展和产业结构调整带来深远影响。同时，高端制造业和现代服务业中一些关键产业也在迅速崛起，产业交叉、融合进程加速，新型业态不断涌现。这些都代表着上海增长动力与产业发展转型的新方向，迫切需要对关键产业和关键项目进行深入挖掘。

二　寻找上海经济增长的新动力机制

研究上海经济增长的动力结构与机制，分析把握上海主要产业发展方向的趋势，需要从相对中观的层面和综合的角度切入。对上海来说，从内需的投资与消费两方面，从外需的出口、引进外资与服务贸易的视角，从产业结构转型、战略性新兴产业、现代服务业等关键领域深入研究是非常必要的。

（一）经济增长的三大动力源：投资、消费、出口

1. 当前投资与消费对上海经济增长的贡献与趋势

投资与消费是内需的支柱，是区域经济增长重要动力。上海经济

经过30多年的发展，无论是规模还是结构都已发生巨大变化。从投资与消费的波动及其对上海经济增长的贡献来看，改革开放以来、特别是1992年以后，上海的高速经济增长主要得益于投资的扩张，是投资驱动型的经济增长方式。对上海而言，虽然投资对经济的贡献很大，但城市基础建设与工业投资的持续扩张难以长期维持，仍然需要通过扩大消费弥补投资需求的下降。而2008年以后上海经济下滑，实际上是投资与消费放缓的共同结果。在此，我们看到，导致2008年以来上海经济增长“转折”的原因，是传统的以投资驱动为特征的经济增长方式无法适应经济发展的要求和迅速变化的经济形势，难以支撑上海经济的持续增长。

从投资来看，2011年上半年，上海全社会固定资产投资比2010年同期出现较为明显的下降，其中城市基础设施投资下降幅度很大、工业投资也有一定下降，仅有房地产开发投资有所增长。本来预计2010年世博会结束后，2011年一些因世博会而停止开工或暂缓开工的投资项目将会有一个反弹性增长，但事实上，世博会结束后，上海的基础设施投资不升反降。2011年下半年至2012年，投资对经济增长的贡献率在整体上仍将会有所下降。

从消费情况看，后世博会阶段，社会消费会回归正常状态，并继续保持较快增长的态势，同时对区域经济发展产生更大的贡献。根据对上海城镇居民消费水平及消费结构的变化及其特征判断，以及对影响消费需求扩张的阻碍因素分析，进一步通过与国外城市发展过程比较，我们可以发现，今后消费需求必将对上海经济发展的贡献越来越大。

从投资与消费需求的规模和结构及其发展变化的趋势看，导致其变化原因包括两个方面，一是投资主体（经济类型、行业）和资金来源结构的变化，二是投资空间结构的变化。通过与国外城市发展过程比较可以推断，虽然在中短期内，投资需求仍是支撑上海经济发展的一个重要力量，但从长期来看，其对上海经济的推动作用相对以往将有所减弱。这从另一个角度说明，上海经济增长从投资驱动型向投资与消费并举型转变是必然的，并将是有效的。

随着上海经济持续、快速发展和城市功能的转变，上海的需求结构正在不断优化，上海投资与消费的发展态势正在出现分化迹象。特别是进入“十一五”时期以来，上海的投资与消费结构发生逆转，消费需求超过投资需求逐步成为经济增长的主导力量。

但是，与国际大都市相比，目前上海经济增长的这种主要由内部的消费与投资来驱动的模式，仍属于一个相对封闭的经济发展方式。上海经济中的“外部需求”（货物与服务净流出）规模很小，尚不足1000亿元，对经济的推动作用相对也较小。这不但与上海作为全国经济中心城市的地位不相适应，也制约了上海经济发展方式的转型。在未来上海经济发展过程中，上海应重点考虑如何扩大“外部需求”问题。

2. 以服务贸易为主的外向型经济增长动力机制

上海外向型经济特征显著，出口、引进外资对拉动区域经济的增长发挥着重要作用。当前国际经济形势变化对上海进出口、外商直接投资产生着重要的影响。

在国际金融危机爆发后，虽然上海仍然受到经济转型、成本上升、汇率上升等因素影响而存在较大的出口压力，如2011~2012年美、欧、日等主要贸易对象国复苏乏力，经济增长面临不确定性，使得2012年上海外向型经济发展受到挑战。

但总的看来，随着危机的逐渐减缓，海外经济缓慢复苏，上海进出口贸易将再次呈现复苏迹象。2011年上半年，上海市外贸进出口总额同比增长达20%左右，其中进口增长超过了出口增长。从2011年上海对外贸易及引进外资的现状与2012年的趋势判断，在出口与引进外资开始缓慢复苏的大背景下，上海的服务贸易开始崛起，服务

贸易增长速度迅猛，并将步入战略机遇期，服务贸易将和出口、引资一起成为未来支撑上海经济发展的新增长动力，成为上海经济增长的突出亮点。

在引进外资方面，上海近年来着重优化结构，产生了良好效果，2011 年上半年上海服务业合同外资增长幅度极高；预计随着现代服务业和战略性新兴产业重大项目的启动，外资将对经济增长产生积极的拉动作用。总之，2012 年上海进出口、外商直接投资将呈现出一些新的特点，产生较为积极的变化，这对上海加快经济转型具有推动作用。

（二）增长动力的加速助推器：产业结构升级

1. 探寻产业升级和结构转型中的新增长动力

全球金融危机之后，国际产业分工和区域间的竞争压力加剧，国际领域科技创新正酝酿着重大突破，科技进步和产业创新对区域经济发展的重要性不断强化，这为产业革命和技术创新带来了新机遇，也对其提出了新要求，使其面临着新压力。此外，国内各地经济增长加速，中西部地区经济增长速度超过了东部地区，上海改革开放的先发效应减弱，尤其是长三角地区承接上海产业转移的速度不断加快，积极效应明显，对上海形成合围压力。

当前，国内通货膨胀形势居高不下，有别于以往需求拉动型的通货膨胀，本轮通胀主要属于输入性通胀和成本推动型通胀。成本推动的通胀反映出一个现实问题就是，即使生产领域大幅度提高产能，甚至出现产能过剩的情况，都无法遏制价格上涨的势头（而不像需求拉动型的通胀，产能过剩会导致价格的下降）。通胀带来上海制造业成本的不断上升，工业生产者购进价格指数上涨远高于工业生产者出厂价格上涨指数；与企业资金利润率相比，利率的上升使企业的资金成本大幅上涨。成本推动的通胀无法遏制价格上涨的势头，结果要么是制造企业的利润空间被迫收窄下降，要么是价格指数持续上升。因此，在当前高通胀的情况下，最好的出路一是大力发展一些对能源、原材料依赖程度小，价格波动对之影响幅度相对较弱的现代服务业（因现代服务业主要依靠人力资本的推动）；二是实现制造业的转型升级，由传统低附加值制造业向先进的高端制造业转型。

在当前产业升级和结构转型背景下，从上海现有产业结构和产业能级看，一大批制造业环节不断外移，上海部分产业领域出现“空洞化”的隐忧——迫切需要通过大规模创新产生更多具有主导性功能的新经济增长点，并实现发展动力向创新驱动的转换。但客观来看，上海仍存在创新环境有待改善、创新人才资源不足、创新创业活力不足、科技转化效率不高等瓶颈问题。

转型升级面临的主要障碍包括：三产比重虽有提高，但无法与发达国家相提并论，距形成服务经济形态为时尚早；三产内部仍以批发、零售等传统服务业为主，代表现代服务业的运输仓储、租赁商务、中介服务等比重不高；以重工业为主的产业结构能耗高，对原材料消耗大；产值规模与增加值规模不匹配，电子信息等产值规模大的产业增加值和利润小，而增加值相对较高的产业，规模却不大。为此，2012 年上海将处于动力转型和结构调整的关键时期，传统增长动力的日益衰竭迫使上海必须从“顶层设计”的战略高度，从全局视野寻找新的增长动力，寻找经济发展动力向创新驱动转换的路径与机制，使上海尽快进入服务经济发展的新阶段。

2. 上海经济增长的新动力：战略性新兴产业

国家“十二五”规划纲要中对“培育发展战略性新兴产业”予以重墨，并提出了要在“十二五”末，“战略性新兴产业增加值占国内生产总值比重达到8%左右”的目标。长期以来，上海肩负着产业发展与创新示范的双重任务，战略性新兴产业的发展更具有紧迫性。上海“十二五”规划纲要提出，在未来五年内，上海将重点发展新

一代信息技术、高端装备制造、生物、新能源、新材料等主导产业，积极培育节能环保、新能源汽车等先导产业，力争成为国家战略性新兴产业的创新引领区。

从全国的情况看，我国在大力推进经济发展方式转变的过程中，战略性新兴产业的发展步伐不断加快，国家“十二五”总体规划、行业规划等方面明确了战略性新兴产业的发展导向及目标，同时制订了重大项目推进计划。与此同时，各省市也制定了战略性新兴产业的发展规划。

从上海的情况看，当前，上海9个高新技术产业化重点领域发展快于全市产业增长速度，2010年9个领域实现的增加值约占全市GDP比重的12%；2011年，重点领域进一步扩容到“9+3+2”的格局，产值将超过1万亿元。经过多年的引资、培育和提振，上海战略性新兴产业呈现出良好的发展势头。战略性新兴产业的规模不断提升，增长速度加快，已成为上海经济的重要组成部分；同时，战略性新兴产业的领域与格局不断优化，部分产业技术水平在国内外呈领先态势。

然而，尽管上海的战略性新兴产业在过去获得了较快发展，但在发展中仍面临着诸多问题，比如创新能力不强、产业链基础较弱、创新成果转化率低、产值高效益低以及管理模式僵化等，如何在新的发展契机中扬长避短、突破困境，走出一条适合自己产业基础和条件，体现中国特色和上海特点的战略性新兴产业创新发展之路，是上海战略性新兴产业实现跨越式发展所面临的重大课题。

2012年，大力发展战略性新兴产业将是上海加快调整产业结构，率先实现经济发展方式转变的重要动力，将是上海全面构筑以服务经济为主的产业结构的重要支撑，也将是上海“十二五”时期创新驱动、转型发展的重要抓手。

3. 生产性服务业：上海新型产业体系的重要支撑

《上海市国民经济和社会发展“十二五”规划纲要》及《上海市生产性服务业发展“十二五”专项规划》提出，大力发展总集成总承包服务、供应链管理与服务、电子商务与信息化服务、研发与设计服务、检验检测、节能与环保服务、专业维修服务、非银行金融服务、专业中介服务和培训教育服务等领域生产性服务业，促进集聚发展、集群发展；力争到2015年，本市生产性服务业增加值比2010年翻一番，使上海成为全国发展高端生产性服务业的集聚辐射区，并把推动上海生产性服务业大发展作为产业结构优化升级的战略重点。

生产性服务业以其高效率、强信息、广融合等特性成为新业态产生的主要领域，高端制造业和服务业的重要支撑、总部集团发展的重要平台、产业向外辐射的重要依托。“十一五”期间，上海生产性服务业保持了快速发展的态势，已成为上海现代服务业一支不可或缺的力量，5年来年均增速超过15%，高于全市工业和服务业的增长速度。2010年，上海生产性服务业占整个服务业增加值比重已经达到54.1%，重点生产性服务企业完成营业收入4105.9亿元，同比增长23.8%；实现利润320.2亿元，同比增长17.5%，持续增长态势非常明显。

“十二五”期间，上海生产性服务业将依托城市功能提升、市场需求引导和新技术应用，拓展新领域，发展新业态，推进品牌化、网络化经营，增强服务业辐射能力。从城市转型的角度出发，适应信息技术与分工方式的演变，上海生产性服务业下一步发展将重点围绕制造企业集团向总集成总承包商转型模式、平台型模式、外包型模式和嵌入型模式四种创新模式，从突破制约生产性服务业发展的税制瓶颈等出发，优化提升产业整体发展环境，全面提高发展质量和水平，真正成为推动产业升级和结构转型的重要动力源泉。

三　2012 年上海产业发展转型的着力点

（一）提升先进制造业能级

先进制造业是上海建设“四个中心”的重要产业支撑。上海是中国近代工业的发源地，长期以来一直是中国重要的工业基地，这是上海发展的一个独特优势。长期以来，上海制造业对全市经济的贡献和带动作用显著，总量在全国的排序虽有所下降，但重点产业的规模优势，以及在产业结构、劳动生产率、综合配套、人才集聚和资源配置等方面优势较明显。一是钢铁、汽车、石化等产业在全国具有明显的竞争力；二是制造业产业链完善，这在世界各大工业城市中也是特有的；三是产业结构比较合理，重轻适度、比例协调；四是劳动生产率和效益居全国首位；五是制造业的综合服务水平居全国前列。

自从国务院将上海依托先进制造业和现代服务业发展建设两个中心的国家战略制订以来，上海制造业的发展主要着重于强化创新、提升能级、发展装备、建设基地，全面启动科教兴市战略，走新型工业化道路。

上海优先发展的先进制造业，是指能够不断吸收国内外高新技术成果，并将先进制造技术、制造模式及管理方式综合应用于研发、设计、制造、检测和服务等全过程的制造业，具有技术含量高、经济效益好、创新能力强、资源消耗低、环境污染少、服务功能全、就业比较多等特点。它不仅包括高新技术产业，也包括运用高新技术和先进应用技术改造的传统产业，是上海按照“两个率先”要求，贯彻落实科教兴市主战略，充分发挥综合优势，体现特大型城市国际竞争力的重要方面。

加快上海经济转型，必须要提高工业制造业的国际竞争力，促进工业优化升级，推动二、三产业融合发展。制造业是服务业发展的前提和基础，服务业则是制造业的补充。随着信息通信技术的发展和广泛应用，传统意义上的服务业与制造业之间的边界越来越模糊，两者开始出现了融合趋势。

上海制造业对生产性服务业的发展具有明显的推动作用。上海主要制造业对生产性服务的中间需求较大。但上海高端制造业与生产性服务业发展仍呈现出不平衡发展的态势。高端制造业与生产性服业务尚未形成良性互动机制，制造业层次不高抑制了生产性服务业的形成，制造业与服务业相互需求存在缺陷，生产性服务业的发展还无法满足上海的潜在需求，等等。

因此，在未来一段时间，上海必须依托先进制造业和生产性服务业的互动发展来提高制造业的产业能级，使生产性服务业对高端制造业起到显著的推动效应。

（二）推进现代服务业发展

1. 上海航运保险业的战略地位与发展方向

从国家战略的要求来讲，建设具有全球航运资源配置能力的国际航运中心是上海国际航运中心建设的目标，为此，迫切需要加快构建与国际航运中心建设相匹配的现代航运服务业体系。

上海航运保险业曾经辉煌过，也有过衰退。航运保险处于国内领先地位，但远远落后于伦敦等国际航运保险中心。2009 年以来，包括航运金融、保险、交易、管理和研究等在内的航运金融及高端服务业发展速度很快。从港口经济发展情况看，上海目前已集聚了一定的航运中下游服务资源，上海港货物吞吐量连续 6 年保持全球第一。2011 年上海航运保险企业总量继续居全国之首，且种类较为齐全；航运保险保费增长显著，2011 年上半年，航运保险相关保费同比增长都在 30% 以上；税收优惠政策初见成效，带动了航运保险业务量

的增加。

但是，上海航运保险业在发展过程中依然存在诸多挑战，主要表现在：总体保费规模有限与追求规模发展模式之间存在矛盾，保险企业内在发展动力不足；再保险业务的国际性与引进再保险机构之间存在矛盾，并致使再保险主体数量较少；母公司的垂直化管理体制与营运中心扁平化管理之间存在矛盾，航运保险营运中心管理体制尚未理顺；专业性和国际性服务要求与低水平恶性竞争的现实使得相关人才培养问题长期未受重视。

因此，上海航运保险业未来的发展方向要求进一步深入改革保险企业传统的经营管理体制；要求再保险市场的发展有实质性的突破；同时，发展环境需要在更大范围内得到完善。

2. 保持上海房地产市场的健康运行

房地产业是关系国计民生的重要领域，是服务经济的重要组成部分，对促进经济发展与转型，以及维护社会稳定具有极为重要的意义。

2011 年 1 月 26 日国务院出台了“新国八条”，针对房地产市场启动了新一轮的政策调控，最终不得不启动强制性的行政手段。在“新国八条”中最严厉的一招是“限购令”。顺应“新国八条”政策，各地方政府纷纷颁布相应的限购措施，响应中央政策，全面落实住房限购。在一、二线城市和部分房价上涨过快的三线城市实行“限购”，上海和重庆两地试行“房产税”，上海制定“房价调控目标”。

2012 年上海房地产市场在严厉的“限购令”形势下，在上海经济向创新、转型发展的背景下，其发展的总体态势是，市场调整势在必行，房价将有小幅下跌，商品房成交量继续萎缩。房地产投资额在保障房的刺激下仍将有小幅增长，总体成交量也将会有所增长，处于小幅盘整阶段。而如果国家宏观调控政策有所放松，那么房价就会迅

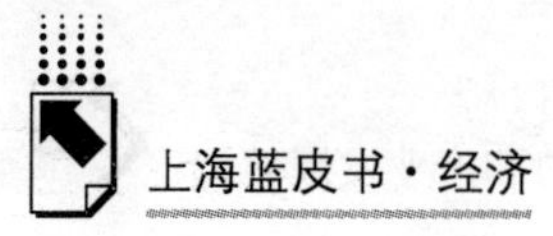

速反弹，原来调控政策所希望达到的效果将无法实现。因此，保持上海房地产市场的稳定发展与健康运行至关重要。

（三）营造适宜的市场环境

1. 营造适宜上海电子信息制造业发展的外部环境

2008 年全球经济危机爆发以来，许多国家特别是发达国家在其政策执行过程中，再次认识到信息产业对经济增长的重要性，将信息产业与未来国家发展联系起来，并从资源方面予以倾斜配置。从国内来看，随着中西部相关产业的快速发展，及东部其他城市逐步加大电子信息产业发展力度，国内的电子信息制造业竞争格局将发生新的变化。

电子信息制造业是上海 9 个高新技术产业化重点领域中的重要产业，如今正面临着产业转型及外部的严峻挑战，处在一个复杂多变的发展环境之中。目前，上海电子信息制造业在克服自主创新能力薄弱、产业地位低端、增加值率偏低等长期存在的问题并取得一定成效之时，却面临着国际市场激烈动荡，原材料、能源、劳动力等要素价格上升和人民币升值加快的压力，还要面对来自国内其他地区产业同行日趋激烈的竞争挑战。

为此，面对国内外电子信息制造业发展格局的变化，上海电子信息制造业需要拥有一个良好的外表发展环境，应对多重压力，通过实施与国际国内其他城市“错位竞争”的战略，实现产业的有效转型。根据上海电子信息制造业的发展特点和基础，上海在选择未来发展重点行业方面，应摒弃片面追求发展规模的思路，在技术创新基础上抢占高端制造领域和制造环节，以技术创新、技术领先取得竞争优势，进而拓展产业发展规模、获得产业发展效益。

2. 营造适宜上海民营经济发展的市场环境

民营企业是最具活力和创新潜力的市场主体，是当前和今后长时

期上海发展高端服务业和战略性新兴产业的新生力量。“十一五”时期，上海民营经济得到了持续、快速、全面的发展。2009 年年底，民营企业占全市企业总数已接近 81%，对全市经济增长贡献率达 28%，成为推动上海经济社会持续健康发展的重要组成部分，并逐步形成了都市型、广域性和国际化的三大特征，为上海城市转型提供了重要支撑。

但是，近年来，在宏观层面，由于受到人民币加速升值、货币政策渐趋紧缩、原材料价格上涨的影响；在区域层面，受到本市土地资源约束、商务成本高企、劳动用工成本增大等的制约，上海民营经济的发展面临着公平待遇、汇率风险、融资困难、经营成本等市场大环境方面的突出问题。为突破民营企业面临的一些发展瓶颈问题，上海市政府推出一系列相关措施，如 2011 年 6 月，《上海市促进中小企业发展条例》的实施为民营经济发展带来了新的契机，部分民营企业也因此开始了转型提升的探索与实践。

“十二五”时期，上海民营经济的发展环境能否进一步优化，不仅直接关系到民营企业自身的发展，更关系到上海经济发展方式转变、产业结构调整、民生改善与社会和谐等重大问题。

3. 推动产业融合与业态创新下的管理体制转型

产业融合与业态创新是当今全球经济发展的新趋势。上海正面临长期的结构转型和动力转换，经济转型中的新型业态企业正大量涌现，成为推动上海从工业生产力向信息生产力转向的新兴力量。新型业态彻底颠覆了传统产业和行业的划分标准和管理模式，对传统体制和机制、对政府管理职能等提出了严峻挑战。由于传统体制和机制对企业仍采取条块分割、纵向管理的方式，使得新型业态企业在运营过程中遇到诸多困境，主要包括：市场准入问题、企业性质界定与归口管理问题、税制管理问题、投融资政策及授信担保问题，行业优惠政策问题等等。因此，产业融合与新型业态的迸发对传统产业的划分标

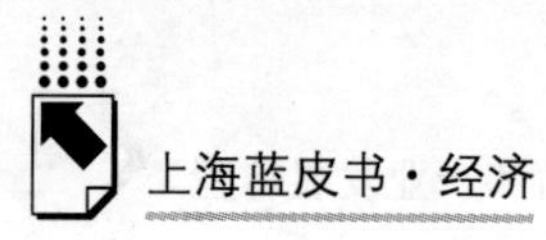

准及管制模式提出挑战，对原有的行业管理体制与机制构成冲击。

2012 年及今后几年，上海必须要积极应对新型业态，努力改革管理体制与转变政府职能。特别是要重视交叉前沿产业的发展，推进金融领域改革；营造制度环境和体制机制环境；在市场准入、行业管理、外汇管理、企业融资等方面的法规政策废旧立新。

四 结论

由此可见，从上海经济发展的动力角度看，经济增长处在从投资驱动向创新驱动转变的关键时期；从上海经济结构调整转变的角度看，经济形态处在从制造业向服务经济转变的关键阶段。

通过对国际国内经济格局及上海区域经济现状所进行的整体判断与分析可知，两大核心问题——“增长动力转型”、“产业发展转型”是当前上海迫切需要解决而又密切相关的现实问题；这涉及上海增长新动力的探寻、经济发展关键产业的培育等，也是当前上海亟待深入剖析的重要领域。以“转型”为主要线索，对未来若干年上海经济发展主线作全面分析，符合国家区域经济发展的重大战略要求，符合上海“十二五”时期实现“创新驱动、转型发展”的战略部署，符合上海区域经济发展的大背景，有助于从战略高度对上海“十二五”时期经济发展路线进行深入阐释。

综　合　篇

Comprehensive Reports

B.2

当前投资与消费对上海经济增长的贡献与趋势分析

雷新军*

摘　要： 随着上海经济的持续、快速发展和城市功能的转变，需求结构也在不断地优化。特别是进入“十一五”时期以来，上海的投资与消费结构发生逆转，消费需求超过投资需求逐步成为经济增长的主导力量。但是，与国际大都市相比，目前上海经济增长主要是由内部的消费与投资来驱动的，是一个相对封闭的经济发展模式。上海经济中的“外部需求”（货物与服务净流出）规模很小，不但与其作为全国经济中心城市的地位不相

* 雷新军，上海社会科学院经济研究所副研究员，日本专修大学经济学博士，研究方向为产业经济、中小企业发展等。

适应，也制约了上海经济发展方式的转型。在未来上海经济发展过程中，上海应重点考虑如何扩大“外部需求”问题。

关键词： 上海经济　投资　消费　需求

一　上海投资与消费的变化趋势

自改革开放以来，上海经济发展取得了巨大成就。2010 年上海市生产总值（GDP）超过 17000 亿元，人均 GDP 超过了 7.6 万元（以美元计算超过 11000 美元）。按可比价格计算，1979 ~ 2010 年，上海 GDP 规模与人均 GDP 分别增加了 22.6 倍和 11.0 倍，年均增长速度分别为 10.2% 和 7.8%。[①]

从投资、消费和净流出（货物和服务净流出）的三大需求变化来分析，由表 1 可直接观察到，20 世纪 90 年代，在浦东开发开放和“三、二、一”产业调整战略的影响下，这一时期的投资需求增长速度明显快于消费需求。但是进入 21 世纪后，消费需求的扩张明显快于投资，特别是 2008 年全球金融危机爆发以来，消费需求呈现出加速扩张的态势，并逐步拉大了与投资需求的差距。同时，我们也发现，上海经济发展中的外部需求规模相对较小，且变动较大。

（一）消费与投资需求结构变化情况分析

自改革开放以来，特别是进入 20 世纪 90 年代以后，随着上海经济发展战略的转变和产业结构调整的推进，上海经济的需求结构发生了变化，即总需求中的消费比例上升和投资比例下降的趋势特征逐渐

① 上海市统计局：《上海统计年鉴（2011）》，中国统计出版社，2011。平均增长率根据上海市生产总值指数和上海市人均生产总值指数计算的。

表 1　三大需求的规模与增长变化

	绝对值(亿元,现价)				增长率(%)			
	上海市 GDP	净流出	消费	投资	上海市 GDP	净流出	消费	投资
“八五”时期	8017.6	84.3	3632.3	4301.0	153.5	-77.8	180.5	189.1
“九五”时期	19157.3	89.5	8911.3	10156.5	138.9	6.2	145.3	136.1
“十五”时期	34965.9	2202.2	16797.8	15965.9	82.5	2360.6	88.5	57.2
“十一五”时期	69348.6	2626.9	35811.1	30910.5	98.3	19.3	113.2	93.6
2006 年	10572.2	523.8	5175.2	4873.3	14.3	-4.5	15.5	15.5
2007 年	12494.0	604.0	6170.4	5719.6	18.2	15.3	19.2	17.4
2008 年	14069.9	753.4	7172.7	6143.8	12.6	24.7	16.2	7.4
2009 年	15046.5	411.8	7868.6	6766.0	6.9	-45.3	9.7	10.1
2010 年	17166.0	333.9	9424.3	7407.8	14.1	-18.9	19.8	9.5

注：增长率按当年价格计算。

资料来源：上海市统计局：《上海统计年鉴（2011）》，中国统计出版社，2011。

显现。“十五”时期的消费与投资比例发生了逆转，“十一五”时期（2006～2010 年）两者之间的差距呈现加速扩大的趋势。2008 年消费突破 50% 上升至 51.0%，2010 年比 2009 年增加 2.6 个百分点到达了 54.9%，创下历史新高（见图 1）。

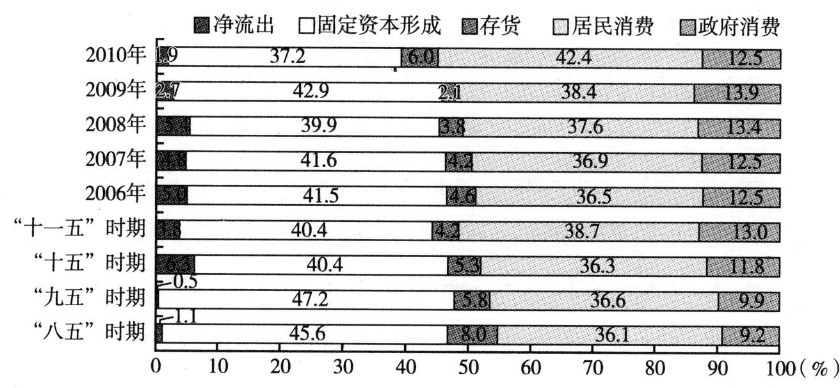

图 1　需求结构的变化

资料来源：上海市统计局：《上海统计年鉴（2011）》，中国统计出版社，2011。

在消费需求中，“十一五”时期的居民消费与政府消费的增长速度发生了逆转。“九五”时期与“十五”时期，居民消费年均增速分别为13.6%和13.7%，低于同期政府消费年均增长率3.2个百分点和5.0个百分点，也低于同期消费总需求的增长率。但“十一五”时期，居民消费年均增长达到16.9%，高出同期政府消费年均增速3.6个百分点，特别是2010年居民消费增长达到25.9%，而政府消费增长仅为2.7%。随着居民消费的增长，“十一五”时期的居民消费比例呈现加速上升态势。

在投资需求中，“十一五”时期的固定资本形成总额年均增长率为11.1%，低于同期存货年均增速7.2个百分点。与“十五”时期相比，固定资本形成总额的增速下降3.3个百分点，而存货的增速则上升4.9个百分点。2008年爆发全球金融危机对上海的投资需求产生了较大的影响，导致2009～2010年间固定资本形成与存货的大幅变化。与2009年相比，2010年固定资本形成额增长下降1.0%，固定资本形成总额的比例下降5.7个百分点至37.2%，分别为1989年和1993年以来的新低。2010年的存货增长了222.6%，这一增幅也创下了1985年以来的新高。

（二）消费与投资对经济增长的拉动作用分析

从对经济增长的拉动作用来看，“九五”时期以来，消费需求对GDP的拉动作用大于投资需求，而且保持着平稳扩大的态势。“十一五”期间，上海经济发展的平均速度为11.2%，其中消费、投资和净流出三大需求分别拉动经济增长6.2个百分点、4.9个百分点和0.1个百分点。与“十五”时期相比，消费与投资对经济增长的拉动作用均有所增大，分别上升了0.3个百分点和0.5个百分点，但净流出的拉动作用有较大的减退，下降了1.5个百分点（见图2）。

全球金融危机爆发后，上海经济在2008～2009年的2年间连续

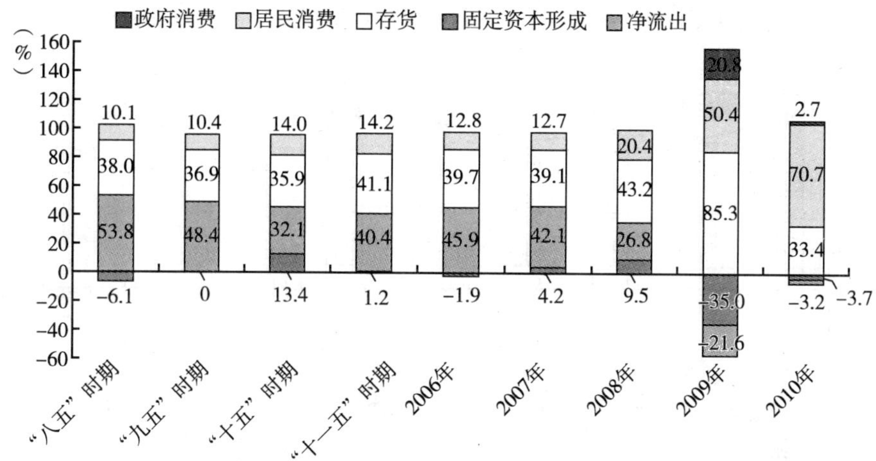

图2　各种需求对经济增长的贡献率

注：贡献率指各种需求增量与支出占市内生产总值增量之比。

资料来源：上海市统计局：《上海统计年鉴（2011）》，中国统计出版社，2011。

出现了增长幅度下降，从2007年的15.2%下滑至2009年的8.2%，下降幅度达到7个百分点。2010年经济增长率虽然回升至10%的水平，但仍低于“十一五”时期的平均值。导致2008～2009年间经济增长下降的原因，主要是投资与净流出需求的大幅下降，对经济增长拉动作用的减退。2008年投资需求中的固定资本形成对经济增长的贡献率为26.8%、拉动2.6个百分点，分别比2007年下降了15.3个百分点和3.8个百分点。2009年虽然投资需求、特别是固定资本形成有较大的增加，对经济增长的拉动作用有所回升，但出口等净流出需求大幅缩小，又对经济增长的拉动作用下降2.9个百分点（见图3）。

2010年的经济增长回升，主要是居民消费和存货增加来推动的，居民消费在“世博会”消费和全球金融危机后的消费刺激政策的影响下大幅上扬，拉动经济增长7.3个百分点，存货也因2009年的“去存货化”出现大幅增加，拉动经济增长3.4个百分点。但固定资本形成和净流出需求的减退，抑制经济增长。

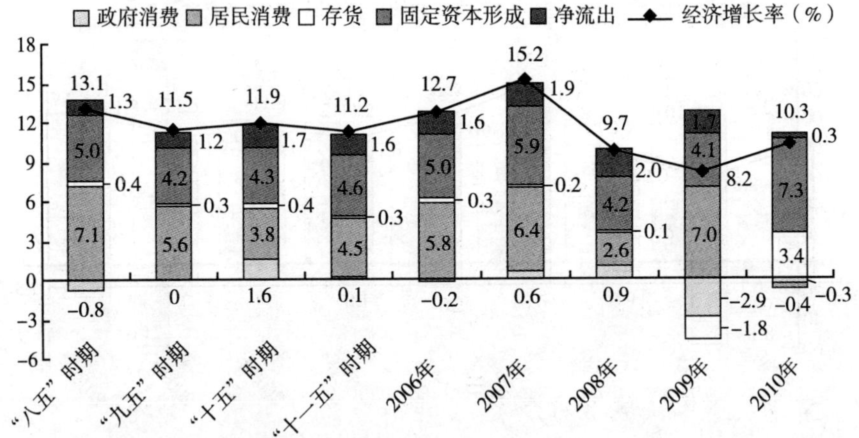

图3　各种需求对上海经济增长的拉动作用

注：对经济增长的拉动指市内生产总值增长速度与三大需求贡献率的乘积。
资料来源：上海市统计局：《上海统计年鉴（2011）》，中国统计出版社，2011。

二　2011 年上海投资与消费的变化

以上的分析表明，自“十五”时期以来，消费需求对经济增长的拉动逐渐增强，而投资需求则呈减弱的态势。特别是 2008 年全球金融危机爆发以来，消费与投资对经济拉动的这一变化趋势更为显明。实际上，这也是上海经济发展战略的转变和长期、快速的经济增长必然结果。

（一）固定资产投资增长下降

全球金融危机爆发后，上海全社会固定资产投资增长速度明显放缓。2010 年上海完成全社会固定资产投资 5317.7 亿元，增长 0.8%，与 2009 年的 9.2% 相比增幅缩小了 8.4 个百分点（见图 4）。2011 年 1 ~6 月份完成全社会固定资产投资 1975.9 亿元，与 2010 年同比下降 5.8%。

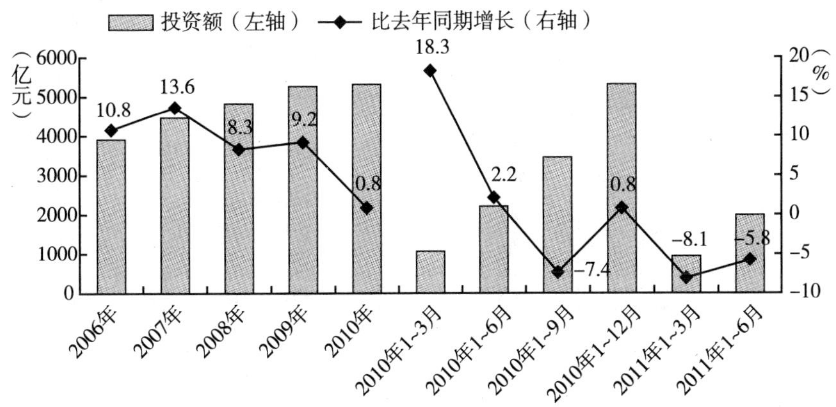

图4　全社会固定资产投资总额及增长变化

资料来源：上海市统计局：《上海统计年鉴》，中国统计出版社，2011；月度数据来自于上海统计局网站。

首先，从国有和非国有两个经济部门来看，占上海经济总量半壁江山的国有经济部门固定资产投资的大幅回落是导致2010年以来上海全社会固定资产投资增长回落的主要原因。2010年国有经济部门完成投资2234.1亿元，比上年减少384.5亿元，下降14.7%，非国有经济部门完成投资3083.6亿元，比上年增加428.8亿元，增长16.2%。进入2011年后，国有经济部门的投资进一步下滑，1~6月份同比下降23.8%，非国有经济部门的投资放缓，1~6月份的投资同比增长7.2%，相比去年同期的15.9%增幅缩小了8.7个百分点（见图5）。

其次，从占全全社会固定资产投资份额90%以上的房地产、城市基础设施和工业等三大投资领域来看，2010年共完成投资4900.2亿元，比2009年减少97.7亿元，下降2.0%；2011年1~6月份共完成投资1800.3亿元，同比减少88.1亿元、下降9.5%。2010年1~3月份以来，三大投资领域中的城市基础设施投资大幅下降，工业投资保持相对平稳的态势。2010年投资大幅上扬的房地产开发进入2011年后，受物价调控政策的影响，增幅出现较大的回落（见图6）。

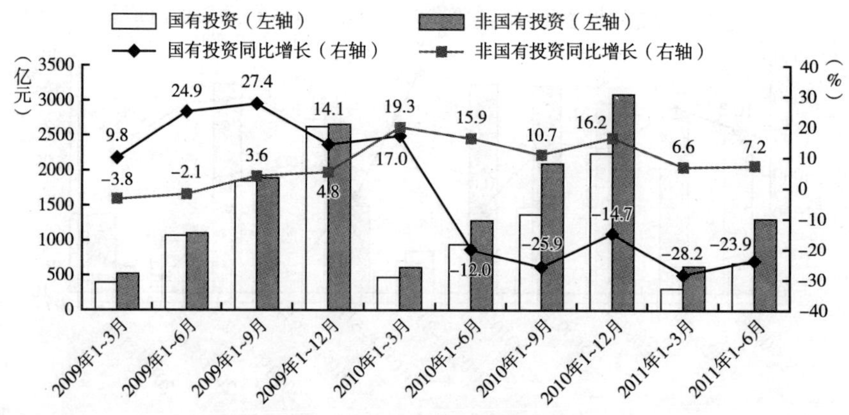

图5　国有经济与非国有经济的投资变化

资料来源：上海市统计局网站月度数据。

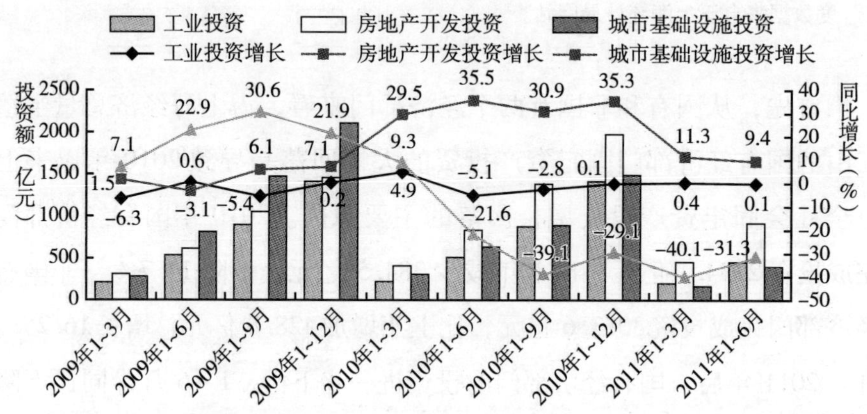

图6　三大投资领域的变化

资料来源：上海市统计局网站月度数据。

再次，从第二、三产业的投资变化来看，2010 年第二、三产业分别完成投资 1435.4 亿元和 3865.9 亿元，同比增长 0.6% 和 0.8%。但自 2010 年 1～3 月份以来，第二、三产业投资均有较大的下滑，特别是 2011 年 1～6 月第三产业投资同比下降了 7.4%（见图7）。

（二）消费增长趋缓

2010 年上海全社会消费品零售总额达到 6070.5 亿元，比 2009

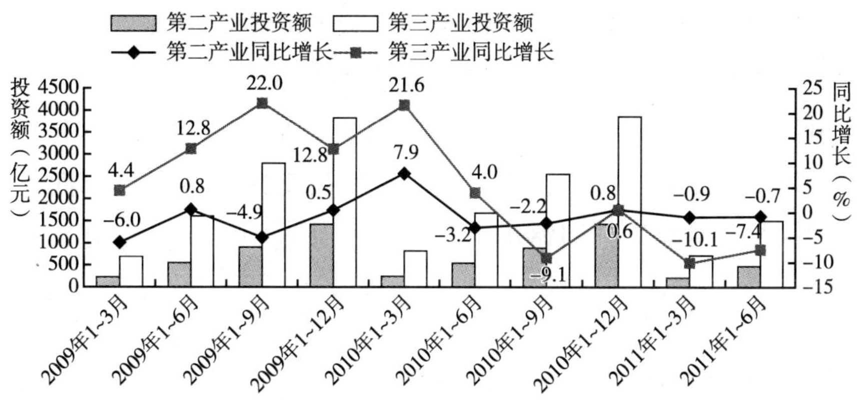

图7　第二、三产业投资变化

资料来源：上海市统计局网站月度数据。

年增长 17.3%，是 2005 年的 2.0 倍，“十一五”时期（2006～2010 年）年均增长率高达 15.3%，大幅高于同期全社会固定资产投资增长速度。进入 2011 年后，上海全社会消费品零售总额增长速度虽然增速比上年同期有所减缓，但仍保持在 11% 以上的增长（见图8）。

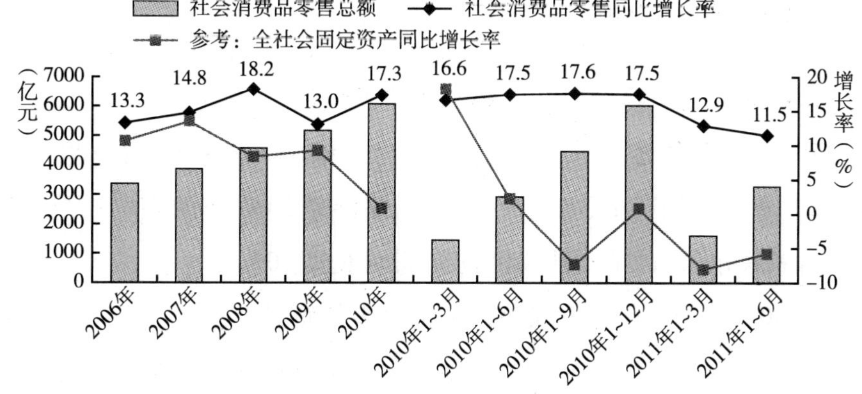

图8　全社会消费品零售总额及增长变化

资料来源：上海市统计局：《上海统计年鉴（2011）》，中国统计出版社，2011；月度数据来自于上海市统计局网站。

从行业来看，2010 年，批发零售贸易业和住宿餐饮业在“世博会”消费的带领下，实现零售 5391.6 亿元和 678.9 亿元，分别比 2009 年增长 17.5% 和 16.9%。2011 年批发零售贸易业和住宿餐饮业的增长速度明显放缓、且呈持续下滑态势，与上年同期相比，1～6 月份增幅分别缩小了 6.6 个百分点和 5.9 个百分点（见图9）。

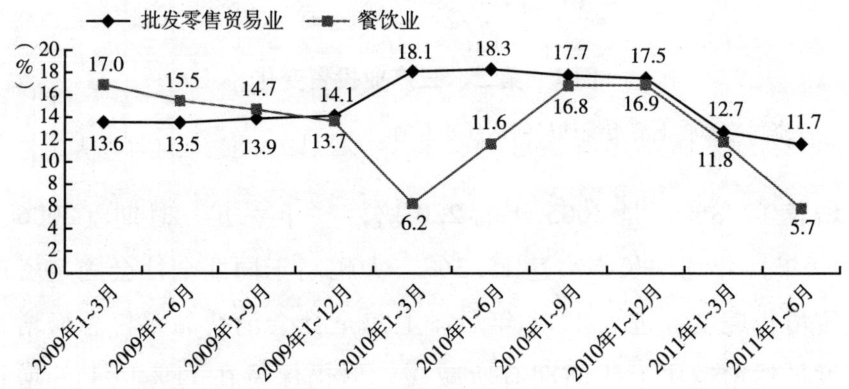

图9　批发零售贸易业和住宿餐饮业的同比增长变化

资料来源：上海市统计局网站。

从商品类别来看，2010 年燃料类增长最快，增幅超过了 20%；用品类和衣着类次之，增速分别为 19.4% 和 18.3%；食品类增长了 12.9%。2011 年 1～6 月份，燃料类仍保持着 2010 年的高增态势，而用品、衣着和食品类的增长则明显放慢（见图 10）。

从 2011 年 1～6 月份限额以上批发零售贸易业主要商品零售额来看，金银珠宝类、日用品类等仍保持着高增长的态势，但汽车类因受小排量汽车购置税优惠政策取消、汽油价格持续上涨等因素影响，增幅同比回落 23.8 个百分点。家电、家具、建材等商品也因楼市成交萎缩，销售增幅减小 1 个百分点（见表 2）。

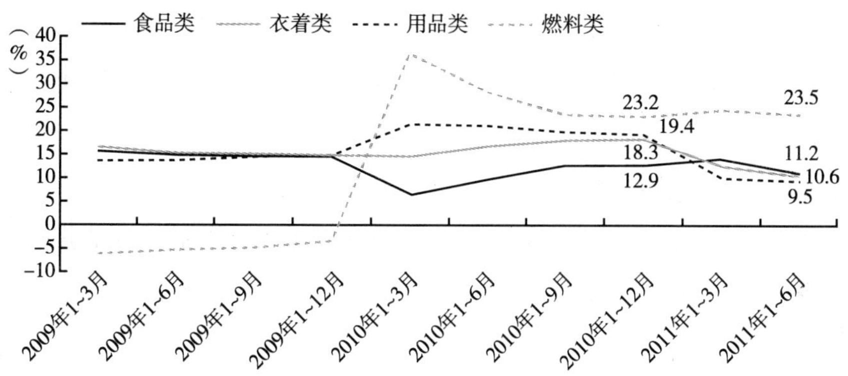

图 10　商品类消费同比增长变化

资料来源：上海市统计局网站。

表 2　2011 年 1 ~ 6 月份限额以上批发零售贸易业主要商品零售额增长变化

类　　别	零售额(亿元)		增长率(%)	
	2010 年	2011 年 1 ~ 6 月	2010 年	2011 年 1 ~ 6 月
食品、饮料、烟酒类	708.0	401.5	13.5	14.3
化妆品类	126.7	64.2	50.0	13.5
金银珠宝类	190.6	81.5	122.9	30.5
日用品类	267.6	134.7	41.5	20.2
汽车类	792.2	464.6	60.5	8.1

资料来源：上海市统计局：《上海统计年鉴（2011）》，中国统计出版社，2011；2011 年 1 ~ 6 月份数据来自《2011 年上半年上海市国民经济发展情况简介》，上海市统计局网站，2011 年 7 月 22 日。

（三）投资和消费增长变化的原因

2011 年 1 ~ 6 月份的投资需求的大幅减退和消费需求增长的趋缓，导致上海经济增长的下滑。分析其原因主要有以下几个方面。

1. “世博”投资需求后的反动

“十一五”时期，为了迎接 2010 年“世博会”的召开，上海加大了城市基础建设投入，提前消化了“未来”投资需求。2006～2009年，上海城市基础建设累计投资额达到6438.5亿元，是“十五”时期的2.0倍，年均增长24.3%（见表3）。“十一五”时期，新增轨道交通运营线路304.8公里、高架道路119.0公里、黄浦江越江大桥4座和越江隧道6条。短期内对城市基础设施的大规模投入，不但改善了上海城市交通和居住环境，也为“世博会”的成功提供了重要支撑。但这也造成了城市基础设施投资的“透支”，而导致“世博会”后的投资下降。

表3　2005～2010年主要城市基础设施建设

基础设施项目	2005年末	2010年末	2005～2010年间	
			增加	增长(倍)
轨道交通运营线路(公里)	147.8	452.6	304.8	3.1
高架道路(公里)	77.0	196.0	119.0	2.5
越江大桥(座)	6	10	4	
越江隧道(条)	6	12	6	
城市绿地(公顷)	28865.0	120148.0	91283.0	4.2
其中:公园绿地(公顷)	12038.0	16053.0	4015.0	1.3

资料来源：上海市统计局：《上海统计年鉴（2011）》，中国统计出版社，2011。

2011年1～3月份，约占上海城市基础设施投资50%的交通运输部门投资同比下降了56.0%，1～6月份的同比下降幅度虽然有所收窄，但仍下降了41.0%。公用事业、邮电通信、电力等投资，进入2011年以来均呈加速下降的态势。

2. 投资与消费刺激政策退出的影响

2008～2009年间，政府为了应对全球金融危机，出台了一系列的投资与消费促进措施以确保经济增长。2008年11月份出台“扩大内需、促进经济增长的十项措施”，提出4万亿元投资计划；2008年12月份“家电下乡”财政补贴试点推广；2009年1月份“小排量车

表 4　城市基础设施各部门投资增长变化（与上年同比，%）

投资类别	2010 年				2011 年	
	1～3 月	1～6 月	1～9 月	1～12 月	1～3 月	1～6 月
电力建设	-13.8	-26.2	-49.9	-41.4	-2.9	-28.5
交通运输	-2.2	-12.3	-39.1	-22.9	-56.0	-41.0
邮电通信	34.8	-5.5	-25.6	-9.1	-33.8	-35.7
公用事业	-2.8	3.6	-9.4	-36.3	-41.7	-51.9
市政建设	47.6	-38.2	-42.5	-36.4	-24.8	-8.6
合　计	9.3	-21.6	-39.1	-29.1	-40.1	-31.3

资料来源：数据来自于上海市统计局网站。

购置税优惠”（对 1.6 升及以下小排量乘用车车辆购置税减半征收），3 月份“汽车下乡”和 5 月份“汽车以旧换新”财政补贴政策等。在这些政策的刺激下，几年之间，中国建设了全球最大的“高铁”网络，成为全球最大的汽车消费市场。但是，这些投资与消费刺激政策随着中国经济增长的回升，已逐步退出。刺激政策的退出对投资与消费带来了负面影响。2010 年年底汽车消费刺激政策退出后，汽车消费出现大幅回落，2011 年 1～6 月份全国汽车销售台数增长 3.8%，与 2010 年同期的 44.1% 相比回落了 40.3 个百分点，上海汽车类消费总额同比增长为 8.1%，同比增长回落了 23.8 个百分点。

3. 物价调控政策的影响

2010 年 1～12 月份全国居民消费价格指数（CPI）的同比增长率从 1.5% 上升到 4.6%，上涨 3.1 个百分点，进入 2011 年后，更是一路攀升，至 2011 年 7 月份上升到 6.5%。为了抑制物价上涨，政府从市场调节和直接干涉两个方面采取了强有力的措施。前者主要是通过调整金融机构的存款“准备金率”和人民币存贷款基准利率，抑制市场的资金供应；后者主要是通过行政手段加大供应、抑制消费需求，如住房限购政策等。

自2010年以来，中国人民银行上调金融机构存款“准备金率”11次（见图11），上调金融机构人民币存贷款基准利率5次（见表5）。目前，大型金融机构的存款“准备金率”上升至21.5%，比2010年1月份前的15.5%提升了6个百分点；金融机构人民币一年期贷款基准利率达6.56%，五年以上人住房公积金贷款基准利率达4.90%，分别比调整前上升1.25个百分点和1.03个百分点。“准备金率”的大幅上调，使金融机构对市场资金投放规模的收缩，导致市场资金供给趋紧；贷款利率的上调增加了投资成本，抑制了投资的意欲。

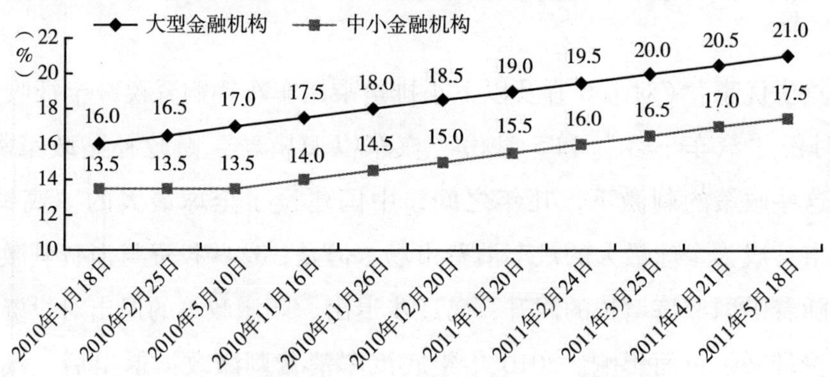

图11　金融机构存款“准备金率”的变化

资料来源：中国人民银行网站。

表5　金融机构贷款基准利率和个人住房公积金贷款基准利率的变化

单位：%

	一年期贷款基准利率	个人住房公积金贷款基准利率	
		五年以下(含五年)	五年以上
调整前利率	5.31	3.33	3.87
2010年10月20日	5.56	3.50	4.05
2010年12月26日	5.81	3.75	4.30
2011年2月9日	6.06	4.00	4.50
2011年4月6日	6.31	4.20	4.70
2011年7月7日	6.56	4.45	4.90

资料来源：中国人民银行网站。

2011年1月，《国务院办公厅关于进一步做好房地产市场调控工作有关问题的通知》（新国八条）发布，主要是从加大保障性安居工程建设力度和加强对投资及投机购房者的控制两个方面来抑制房价的过快上涨。同年2月份，上海市住房保障和房屋管理局发布《关于本市贯彻执行住房限售等政策有关问题的通知》，对上海限购限售作出政策性规定。大幅提高第二套住房贷款的首付款比例和利率、全额征收二手房交易税和全面停售第三套房等措施，对上海住房投资和消费均起到了抑制作用。受房价调控政策的影响，2010年，上海市住宅销售面积比2009年下降了42.4%，2011年1～6月份住宅销售面积的同比下降幅度虽然收窄，但其下降的趋势仍未扭转（见图12）。

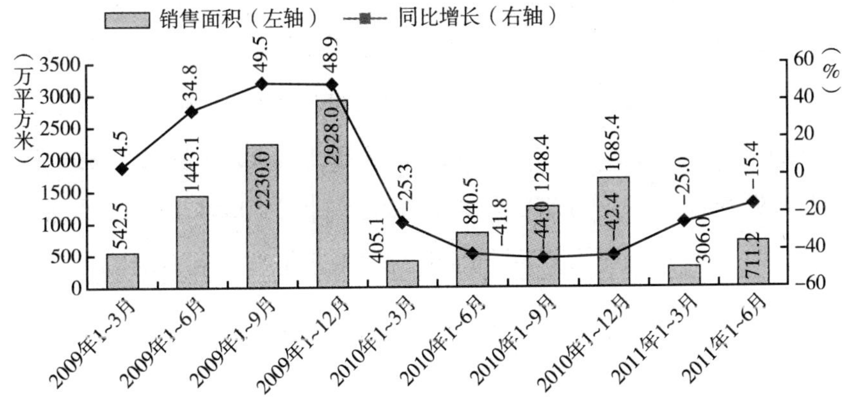

图12　上海住宅销售面积变化

资料来源：上海市统计局网站。

4. 居民消费支出增长趋缓、平均消费倾向下降

2008～2010年间，上海城市居民家庭人均消费支出与人均可支配收入保持了同步增长的态势，但是2011年1～6月份人均消费支出明显低于人均可支配收入的增长速度，平均消费倾向（人均消费支出/人均可支配收入）有所下降（见图13）。

居民消费支出增长趋缓的现象，在农村家庭中更为明显。自

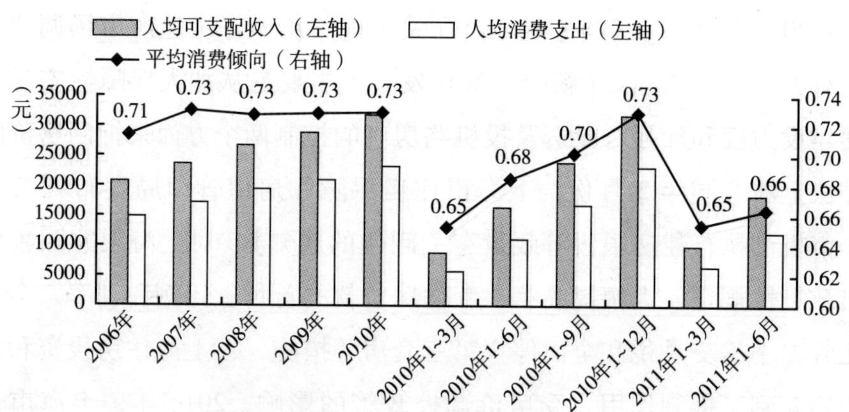

图13　上海市城市居民家庭人均可支配收入与人均消费支出

资料来源：上海市统计局：《上海统计年鉴（2011）》，中国统计出版社，2011；2011年1~6月份数据来自上海市统计局网站。

2010年1~6月份以后，人均生活消费支出增长明显减缓，特别是进入2011年以后，人均生活消费支出增长呈现下降态势。2011年1~3月份和1~6月份的人均生活消费支出与上年同期相比分别下降了4.0%和2.6%，1~3月份的平均消费倾向仅为0.51。居民消费支出增长趋缓、平均消费倾向下降说明上海消费有效需求不足。

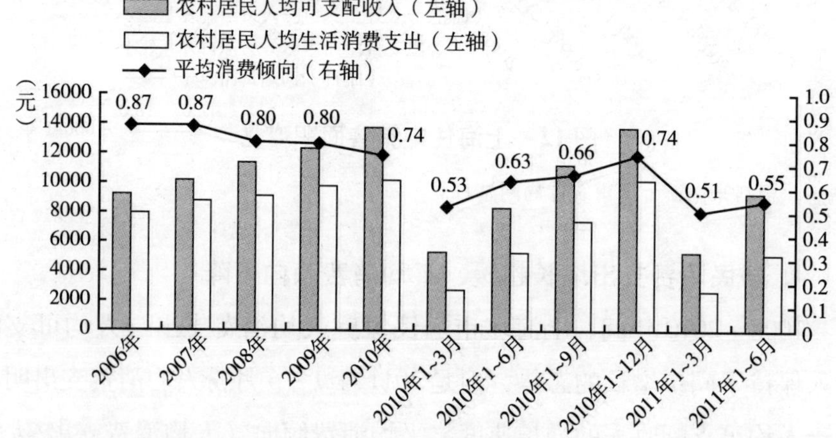

图14　上海市农村居民家庭人均可支配收入与人均生活消费支出

资料来源：上海市统计局：《上海统计年鉴（2011）》，中国统计出版社，2011；2011年1~6月份数据来自上海市统计局网站。

三　投资与消费的相关问题思考

上面分析表明，随着上海经济发展和市民收入水平提升，消费对经济增长的拉动作用越来越大。但是，就如何处理好投资、消费和净流出的关系，实现上海经济增长方式、即从以往的“投资驱动型”向“消费驱动型”转换，需要对以下几个问题进行认真思考和探索。

（一）关于消费率和投资率的问题

有不少的专家学者以及政府部门认为，投资与消费的失衡是制约上海经济增长方式的主要原因之一，这主要是从投资与消费占 GDP 的比重即投资率与消费率的角度来分析。投资率偏高、消费率偏低，这只是一个相对的概念，往往是参照一个国家特别是发达国家的投资率和消费率而言的。

如果按照世界银行钱纳里和塞尔奎因等经济学家对多个发展中国家工业化进程的研究结果（见表 6），目前处于后工业化初期阶段的上海，其消费率应该大幅上升，而投资率也应大幅下降。如果与现阶段的主要发达国家或发展中国家相比，其结果也是一样，2010 年上海 54.8% 的消费率不仅远低于美国、日本和德国等发达国家的水平，也低于巴西、俄罗斯和印度等主要新兴市场国家的水平。但是如果与都市国家新加坡、日本的东京、大阪两大国际都市相比，我们不难发现，上海的消费率和投资率均高于他们，特别是居民消费率高于东京和大阪（见表 7）。以上比较结果的差异，实际上体现了一个城市与一个国家之间的经济结构和功能的差异。

基于以上的比较，我们应该从都市经济的特性来理解上海的消费率和投资率。从上海目前发展状况和城市功能看，未来一段时间内的投资需求仍然较大，特别是在推动城乡（郊）一体化过程中的投资

表6　发展中国家的投资率与消费率标准

单位：%

发展阶段	人均 GDP(美元)	投资率	消费率	其中	
				居民消费率	政府消费率
工业化初期	140	15	85	73	14
工业化中期	560	20	80	66	15
工业化末期	2100	23	77	60	18

注：人均 GDP 为1970年的数字。原始资料中显示居民消费率与政府消费率之和大于消费率，这与四舍五入有关。

资料来源：〔美〕钱纳里、鲁宾逊、塞尔奎因：《工业化和经济增长的比较研究》，吴奇、王松宝等译，上海三联书店、上海人民出版社，1989。

表7　上海与主要国家和城市的投资率、消费率比较

单位：%

	人均 GDP(美元)	投资率	消费率	其中	
				居民消费率	政府消费率
美国	44872	14.0	88.0	71.0	17.0
日本	39530	20.0	79.0	59.0	20.0
德国	40528	17.0	79.0	59.0	20.0
中国	3769	46.0	51.0	37.0	14.0
印度	1075	35.0	69.0	57.0	12.0
俄罗斯	8736	18.0	75.0	55.0	20.0
巴西	8114	17.0	84.0	63.0	21.0
韩国	17225	26.0	70.0	54.0	16.0
新加坡	37394	28.0	52.0	41.0	11.0
东京*	81179	18.6	49.7	37.2	12.5
大阪*	83439	15.7	40.0	28.6	11.2
上海市**	11238	43.2	54.9	42.4	12.5

注：1. 东京和大阪为2008年数据，上海为2010年数据，其他均为2009年数据。

2. 东京和大阪的人均 GDP 按1美元兑93.54日元的期中平均汇率计算。

资料来源：日本总务省统计局：《世界统计》，2011；日本总务省统计部：《都民经济计算年报》，2010；大阪府：《市民经济计算年报》，2010；上海市统计局：《上海统计年鉴（2011）》，中国统计出版社，2011。

需求将保持扩大趋势。消费需求也将随着收入水平和消费结构的提升而稳步增长，如果不考虑外部需求（货物与服务的净流出），短期内的投资率和消费率难有较大的变化。

（二）关于城市功能和外部需求的问题

从需求的角度来看，上海的外部需求占经济总量的比重很小，是一个相对封闭的城市，与作为中国经济中心城市的定位不相适应。2010 年上海的净流出占 GDP 比重为 1.9%，而且这一比重自 2000 年以后呈下降趋势。我们通过对日本的东京、大阪和名古屋三大都市分析发现，20 世纪 80 年代后期以来，这三个城市经济中的外部需求比例都很高，且相对稳定。东京都和名古屋的比例保持在 30% 以上，大阪超过 40%。同时，在 20 世纪 60 年代日本经济快速发展时期以及后工业化初期（70 年代初期），日本三大城市的外部需求比例上升趋势非常明显（见图 15）。实际上，这是日本三大城市功能变化的一个重要表现，即中心经济城市对周边城市或地区的辐射能力大幅增强。

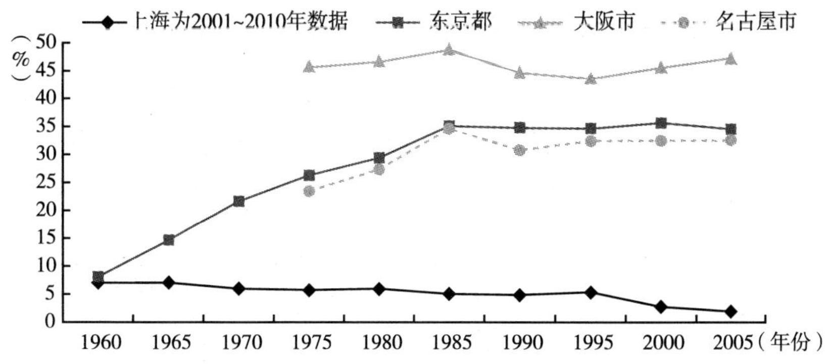

图 15　上海与日本三大都市净流出占 GDP 比率变化

资料来源：上海市统计局：《上海统计年鉴（2011）》，中国统计出版社，2011；日本总务省统计局：《都民经济计算年报》、《县民经济计算年报》。

改革开放初期，上海作为全国的“工业基地”，对周边地区及全国的影响很大，以工业产品为中心的外部需求占上海 GDP 的比率超过 50%。随着改革开放战略的深化和周边地区经济的快速发展，上海城市的功能逐步从“工业基地”向以“服务经济”为主导的国际化大都市、全国经济中心城市转变。但是，在这一转变过程中，“工业基地”的功能被弱化，而作为国际大都市、全国经济中心城市的服务功能未能及时跟上，弥补“工业基地”的作用，导致上海外部需求的大幅下降。

（三）关于居民消费率问题

分析日本东京都的长期需求结构变化，居民消费与“外需”（货物与服务净流出）之间存在较强的替代关系。20 世纪 50 年代东京都的居民消费率上升、“外需”下降的态势很明显，但进入 60 年代后，则转化为居民消费率下降、“外需”上升的态势，而且这一态势持续至 80 年代末期。90 年代以来，居民消费与“外需”保持相对稳定，两者合计约占东京都 GDP 的 70%（见图 16）。

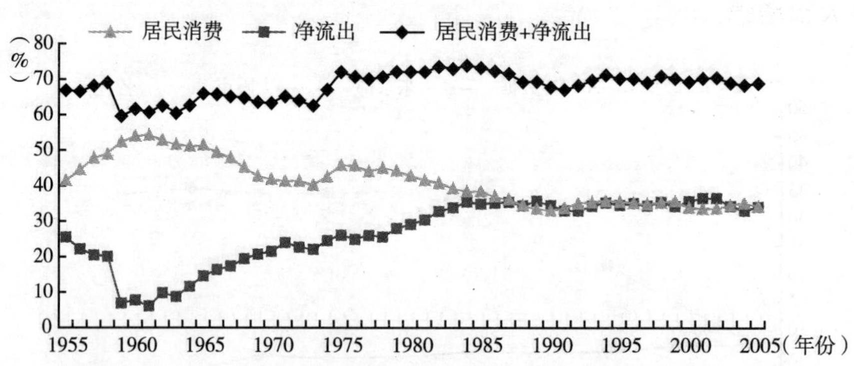

图 16　东京都居民消费率与净流出比率

资料来源：日本总务省统计局：《县民经济计算年报》。

与东京都相比，上海的居民消费与“外需”之间难以观察到替代关系的存在，虽然两者共计占 GDP 的比例自 21 世纪以来相对稳

定，但其与东京都的差距超过20个百分点。2008年以来的居民消费率的上升和“外需”比率的下降（见图17），主要是受全球金融危机后的消费刺激政策和外部需求减少的影响。2008年全球金融危机爆发之前的10年间，上海的住民消费率非常稳定，变动幅度不足1.5%（最低36.0%，最高37.2%），与20世纪90年代以来的东京都走势相似（1991～2005年，最低33.9%，最高36.2%）。从居民消费率的绝对值看，目前上海的居民消费率并不低，已超过90年代的东京都。

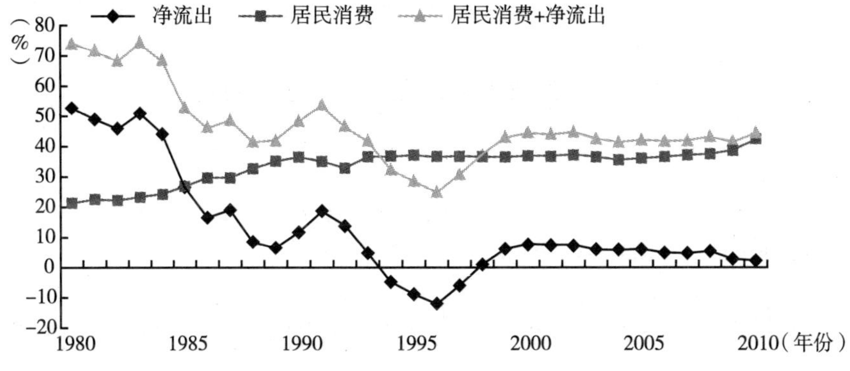

图17　上海市居民消费率与净流出比率

资料来源：上海市统计局：《上海统计年鉴（2011）》，中国统计出版社，2011。

基于日本东京都的居民消费率长期走势判断，上海的居民消费率在短期内难有较大的变化。目前，上海居民消费受到了两个方面的制约，一是平均消费倾向递减的制约，即居民消费支出与居民收入的增长不是同步的，随着居民收入水平的上升，居民消费支出占收入的比例将呈下降倾向。2010年上海城市居民消费支出占可支配收入的比例为72.9%，与东京都的水平相当，但其下降的速度快于1975年以来的东京都（见图18）。二是消费结构的制约。20世纪90年代快速扩张的城市居民家庭服务性消费支出，自2005年以来明显放慢，“十一五”时期的平均增长率9.4%，不但远低于90年代的24.9%，也大幅低于“十五”时期的15.6%。

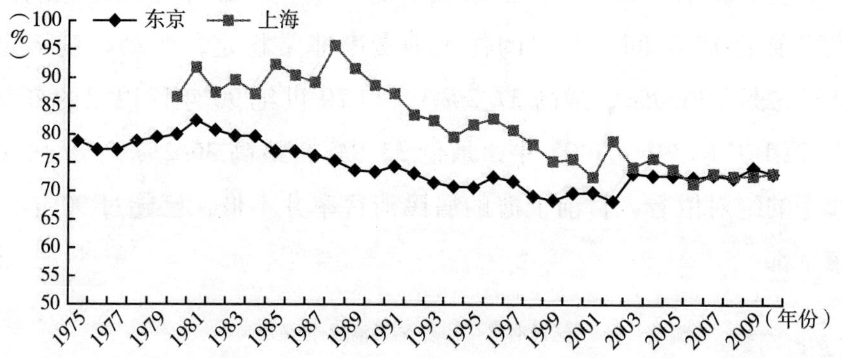

图18　上海与东京都的居民平均消费倾向

注：平均消费倾向=居民消费支出/居民可支配收入×100，上海的平均消费倾向为城市居民人均数据，东京都为工薪家庭数据。

资料来源：上海市统计局：《上海统计年鉴（2011）》，中国统计出版社，2011；东京都：《东京都生计分析调查》，1998、2010。

基于前面的比较与分析，“十二五”时期上海在推动经济转型过程中，应该围绕城市功能的提升和区域融合、特别是长三角一体化等方面大做文章，重点考虑如何扩大“外部”需求的问题。从城市经济的特点来看，外部需求包括国外和国内两个方面，而且国内的需求远大于国外的需求。但是，目前的上海的外部需求，主要来自于国外，而来自周边地区及国内其他地区的需求并不大。这是因为，一方面上海作为全国经济中心城市的生产和服务功能不强，对周边地区及全国的辐射作用较弱；另一方面受到国内地方主义的影响，各种壁垒严重阻碍了区域之间的经济融合，使上海作为经济中心城市的功能难以发挥。为此，上海今后应通过城市功能建设和区域经济融合来拓展外部需求。

B.3

当前上海进出口、外商直接投资变动趋势及影响因素分析

闫彦明*

摘　要：当前国际经济形势变化对上海进出口、外商直接投资产生着重要的影响。在国际金融危机爆发后，上海进出口、外商直接投资出现了一些新的特点，发生了较为积极的变化，这对上海加快经济转型有推动作用。然而，当前主要发达国家经济复苏乏力，经济增长面临不确定性，使得2012年上海外向型经济发展受到挑战。结合当前上海经济发展中存在的“瓶颈”问题，可以通过政策引导与支持，推动上海进出口、外商直接投资等关键领域的合理化发展。

关键词：上海　进出口　外商直接投资　国际贸易中心

2011年是中国加入WTO十周年，入世以来上海外向型经济特征不断增强。近些年来，进出口和外商直接投资（FDI）两大因素在拉动区域经济增长中发挥着重要作用。国际金融危机爆发后，对上海进出口产生了较大影响，最近才重新呈现复苏迹象；同时，外商直接投资作为引进外资的重要途径，2011年呈现出结构性小幅增长态势。但是，由于目前国际经济形势依然严峻，上海外向型经济发展仍面临

* 闫彦明，上海社会科学院经济研究所副研究员，经济学博士，金融学博士后。主要研究方向为区域金融、金融产业组织、产业经济等。

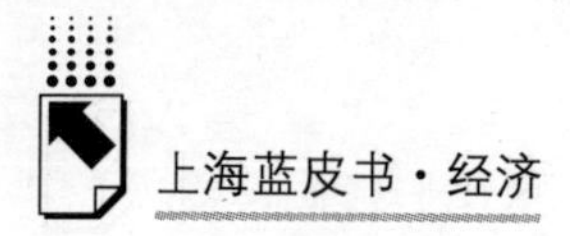

较多不确定性因素。本文在剖析当前上海进出口、引进外资变动趋势及影响因素的基础上，探讨上海外向型经济发展的政策思路。

一 上海进出口、外商直接投资的现状与特点

2011 年是我国“十二五”规划的开局之年，深入分析上海市进出口、外商直接投资现状与趋势，有助于更为准确地把握上海外向型经济的发展方向。统计数据显示，2011 年前三季度，上海进出口规模有较大幅度的增长，并高于危机前的总体水平。在规模增长的同时，进出口结构也进一步优化，反映出上海在经济转型方面取得了一定成效。尤其是在上海进出口结构中，服务贸易增长速度较为迅猛，正逐渐成为未来支撑上海经济发展新的增长动力。从外商直接投资的情况看，目前也保持了较为良好的发展态势。

（一）当前上海进出口的特点与趋势

2011 年前三季度，上海累计实现进出口总额 3243.28 亿美元，较去年同期（下同）增长 20.7%。其中，进口额为 1696.29 亿美元，同比增长 23.9%；出口额为 1546.99 亿美元，同比增长 17.5%；实现贸易逆差 149.3 亿美元。前三季度，上海进出口主要表现出以下特点。

1. 进出口总体规模增长较快

从近些年上海进出口规模情况看，总体呈现逐步扩大的态势。其中在 2009 年度，受到国际金融危机冲击、上海产业发展转型等因素的共同影响，使得进出口规模有所下降。但 2010 年以来，进出口步入恢复性增长阶段，进出口总体规模也高于 2008 年的水平。2011 年前三季度进出口总额已经比较接近去年 3688.69 亿美元的水平，即使今年第四季度增幅缩小，但全年进出口规模高于去年已成定局。图 1 显示出近些年来上海进口额、出口额规模变化情况。

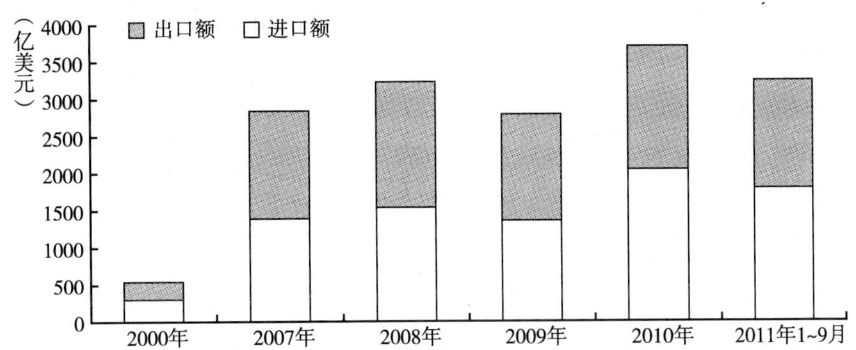

图1　主要年份上海进口额、出口额规模变化情况

资料来源：历年《上海统计年鉴》及上海市统计局网站。

2. 进口增幅总体上高于出口

2011 年，整体国际经济环境不理想，美国、欧洲、日本等主要国家不同程度受到债务危机的影响，经济复苏乏力、失业率居高不下；3 月份，日本爆发的大地震及核辐射事故为日本经济带来了巨大冲击；在此背景下，全球经济复苏势头减弱，外需动能显著减弱。同时，由于国内经济仍保持相对平稳的增长态势，使得上海出现进口增幅高于出口的格局：在前三季度中，除了 3、4 月份出口增速较高外，其余月份都是进口增速较高；在此期间，上海进口累计增幅大于出口 6.4 个百分点，这导致进出口出现逆差（见图 2）。

3. 私营企业进出口额增幅最大但比重较低

2011 年前三季度数据显示，私营企业进出口增幅均高于外商投资企业与国有企业。从进口情况看，1 ~9 月份，私营企业进口额为 192.98 亿美元，同比增长 31.5%，增幅高于全市总体增幅 7.6 个百分点；同期国有企业进口额为 369.09 亿美元，同比增长 18.5%；外商投资企业进口额为 1120.94，同比增长 24.6%。从出口看，1 ~9 月份，私营企业出口额为 227.5 亿美元，同比增长 37.9%，增幅高

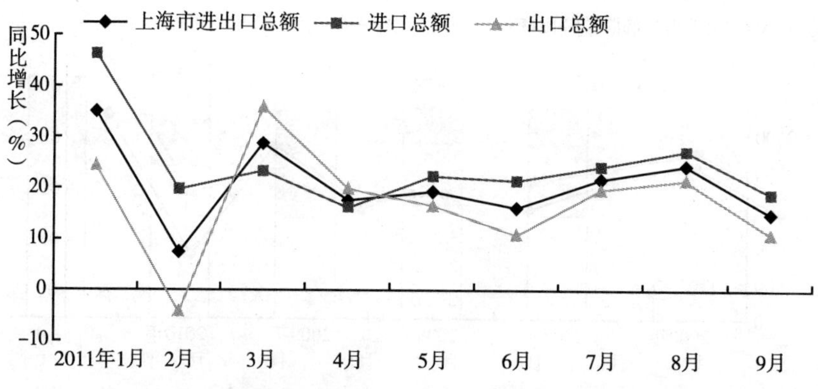

图2　2011 年前三季度上海市进出口逐月增长情况

资料来源：上海市统计局网站。

于全市总体增幅 20.4 个百分点；同期国有企业出口额为 260.18 亿美元，同比增长 13.1%；外商投资企业进口额为 1046.55，同比增长 14.7%。1～9 月份，三类企业出口规模及增幅均小于进口的数据，显示出当前上海各类企业出口增长相对乏力；另外，从绝对值看，私营企业进出口额仍是三类企业中最小的，进口额和出口额分别占全市进出口总额的 11.4%、14.7%（见图 3）。

4. 一般贸易进出口增幅明显高于加工贸易

随着上海产业结构及经济发展方式的不断转型，对上海进出口贸易结构也产生了积极影响，今年以来上海一般贸易进出口增幅明显高于加工贸易，这显示出低附加值、劳动力密集型的产品贸易逐渐被替代。例如，从出口看，1～9 月份，上海一般贸易出口 574.03 亿美元，比去年同期增长 24.9%，增幅高出全市出口 7.4 个百分点；加工贸易出口 801.57 亿美元，仅增 9.6%。从进口看，上海一般贸易进口 795.93 亿美元，增长 30.4%，增幅高出全市 6.5 个百分点；加工贸易进口 315.86 亿美元，增长 10.4%；在进口方面一般贸易的规模、增速均高于加工贸易，这也反映出上海贸易结构仍需进一步优化。

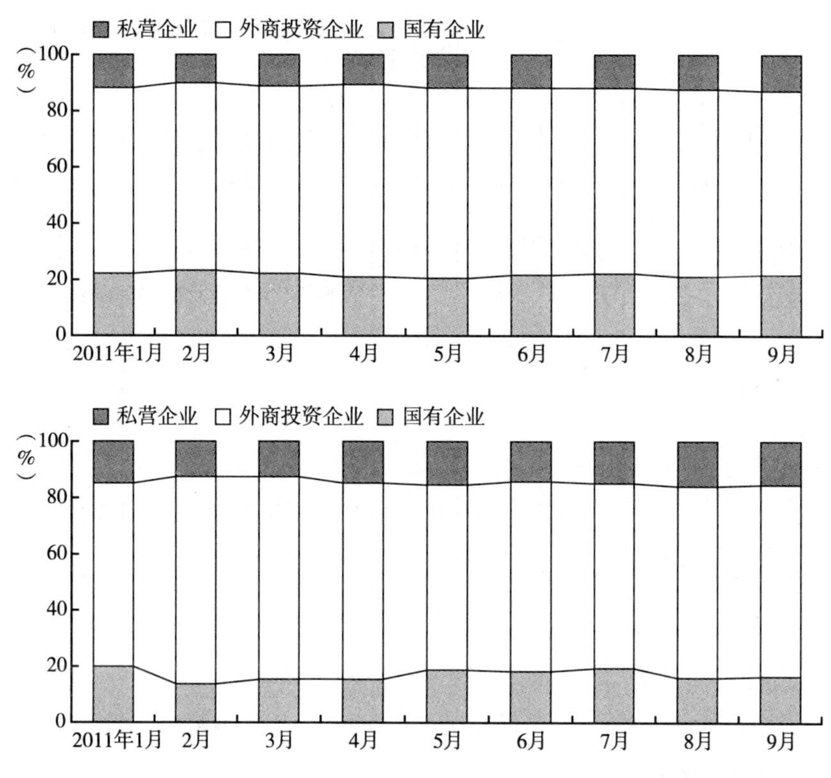

图3　2011 年 1～9 月三类企业进出口比重情况对比

资料来源：上海市统计局。

除了以上几个特点，当前上海对外贸易结构还显示出机电、高新技术产品等附加值较高的产品出口增速低于全市平均水平，以及对新兴市场进出口增幅高于发达国家市场等特点。另外，受国内经济增长、需求增加的影响，上海部分工业原材料进口快速增长，从而也助推了贸易在短期内向“逆差”格局的转化。从全年趋势看，由于近期国际上主要经济体复苏乏力、就业形势严峻，使上海出口形势不容乐观，预计第四季度出口增速将有所减缓，并呈现“前高后低”的局面，从而对上海经济增长产生负面影响。从图 2 情况看，9 月份三组数据均出现掉头向下（其中出口环比下降幅度达到 3.2%）也显示了近期的发展态势。

（二）当前上海外商直接投资特点与趋势

长期以来，上海重视发挥外资在推动区域经济发展中的重要作用，其中外商直接投资（FDI）是最为重要的投资方式。随着经济转型的不断深入，上海近年中也着重优化外商投资结构，产生了良好效果。据统计，2011 年前三季度，上海服务业合同外资同比增长幅度达到44%（第一季度曾高达50.5%），对于推动区域产业结构优化、升级发挥了积极作用。

1. 总量较快增长

在经历了国际金融危机，并在2009 年度出现外商直接投资规模、项目数量均不同程度下降的情况之后，近两年上海外商直接投资规模重拾升势，呈现良好的发展态势。2011 年1～9 月，虽然上海外商直接投资合同项目数为 2742 个，比去年同期下降 7.8%；但是外商直接投资合同金额却达到了 153.03 亿美元，比去年同期增长 29.6%；外商直接投资实际到位金额为 100.53 亿美元，比去年同期增长 27.1%。由此看出，在项目数量大幅度下降的同时，外商直接投资总体规模却有较大幅度上升，这表明外商投资的单个项目规模有较大幅度提高。而且值得提出的是，2011 年前三季度实现的外商直接投资合同投资金额数量已超过去年全年的水平，实际到位金额也接近去年全年水平（见图4）。

2. 产业结构有所优化

随着上海加快调整产业结构、推动经济转型的不断深入，外商直接投资的产业结构投向也受到一定影响，结构有所优化，其中服务业外商直接投资的规模及增长速度远高于第二产业。根据上海市统计局发布的数据，2011 年 1～9 月，第二产业外商直接投资合同金额为 20.85 亿美元，同比微增 1.1%；而同期第三产业外商直接投资合同金额为 133.75 亿美元，同比大幅增长 44%。经过多年的调整、升

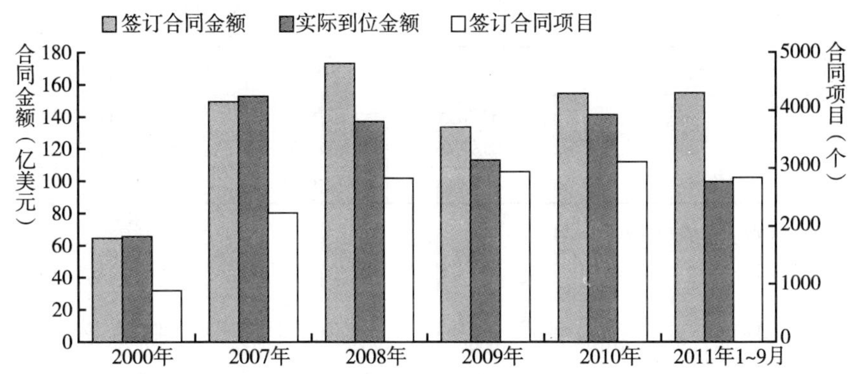

图4　主要年份上海FDI项目数量、规模变动情况

资料来源：上海市统计局：《上海统计年鉴》、上海市统计局网站。

级，服务业已经成为吸引外资的主要领域。①

3. 外商独资企业成为引进外资的主要载体

近年来，受到投资理念、投资环境等因素的影响，外商更为倾向于通过独资企业的途径投资于上海。从统计数据情况看，通过独资企业开展外商直接投资的规模占据了绝对的主导地位：2011 年 1 ~ 9 月，该途径实现的外商直接投资合同金额为 122.25 亿美元，占总体的 80%（见表 1）。

表1　2011 年 1 ~ 9 月上海外商直接投资项目情况（按投资方式分）

分类统计	投资方式	1 ~ 9 月	比去年同期增长(%)
外商直接投资合同项目(个)	中外合资	312	5.4
	中外合作	11	-8.3
	外商独资	2419	0.7

① 上海市统计局资料显示，2010 年以来，上海商业引进外资项目快速增加，成为上海引资的首要力量。商业利用合同外资项目增速高于全市和第三产业。据统计，2011 年 1 ~ 4 月份，上海商业（含批发零售业、住宿餐饮业）利用外资合同项目 586 项，同比增长 24.9%，分别占全市（1078 项）和第三产业（965 项）利用外资合同项目总数的 54.4%、60.7%；同时，商业利用外资合同项目同比增速分别高于全市（11.1%）、第三产业（13.7%）、工业（-15.2%）增速 13.8 个、11.2 个和 40.1 个百分点。

续表

分类统计	投资方式	1~9月	比去年同期增长(%)
外商直接投资合同金额(亿美元)	中外合资	16.46	-11.9
	中外合作	14.32	1301.6
	外商独资	122.25	32.0

资料来源：上海市统计局网站。

从2011年前三季度情况分析，预计随着上海现代服务业和战略性新兴产业一些重大项目的启动并投入建设，将会带动更大规模的外商投资，而全年外商直接投资规模则有望总体保持较快速度的增长。

二　当前上海进出口、外商直接投资的主要影响因素

2011年，国际国内经济环境的情况非常复杂。从国际来看，美、欧、日主要发达国家集体出现复苏乏力的态势，同时欧债、美债相继出现危机，日本核电事故等都给当前及未来全球经济增长带来负面影响。从国内来看，在持续通货膨胀环境下，中央采取了一系列财政货币政策实施调控，使得资金面有所趋紧；虽然近来通胀压力稍有减缓，且政策取向更为温和，但是对国内投资与需求产生一定影响。从上海情况看，在率先转变经济发展方式、调整经济结构的战略指引下，一些制造业加速转移，使得经济结构进一步向服务经济转型。总体而言，2011~2012年美、欧、日等主要贸易对象国复苏乏力将对上海进出口、外商直接投资的增长产生较大的影响。

（一）共性因素

作为外向型经济的两大领域，进出口与外商直接投资受到诸多国际国内环境与因素变化的影响，其中也存在一些共性的影响因素。

1. 积极因素

（1）新兴市场经济国家经济发展态势良好，为出口和引进外资带来机遇。在发达国家陷入经济困境的同时，由巴西、俄罗斯、印度、中国组成的“金砖四国”（BRIC）或者说由中国、印度、越南、印尼、土耳其和南非组成的“灵猫六国”所代表的新兴市场经济国家仍保持着强劲的发展态势。根据汇丰银行2011年三季度报告的研究结果，2011年全球经济增长率为3%，2012年将为3.4%；其中，新兴经济体分别为6.3%和6.2%，远高于发达经济体同期1.8%和2.3%的增长水平。①

近年来，上海及我国其他地区与新兴市场经济国家之间的贸易与投资往来也趋于活跃。自去年年初中国—东盟自由贸易区全面启动以来，上海市对东盟进出口保持持续、快速增长。根据上海市商务委员会统计，2010年东盟占上海对外贸易的比重升至11.8%，已经取代香港成为上海第四大贸易伙伴（同东盟、俄罗斯、巴西等新兴市场在上海外贸中的占比明显提高）。表2显示出2011年1～6月上海对各经济体进出口规模增长情况。

表2　2011年1～6月上海市对各经济体进出口规模增长

贸易对象	进出口规模(亿美元)	同期增速(%)	与全市平均增速比较
东　盟	263.01	31.6	+10.6
拉丁美洲	117.85	22.9	+1.9
欧　盟	416.34	15	-6
美　国	329.81	15.9	-5.1
日　本	281.11	21.8	略高

资料来源：上海市统计局网站。

（2）上海区域经济发展中出现新的“增长点”。近两年，在国家战略支持下，上海陆续启动了几个重大项目，从而对吸引境外投资、

① 王涛：《新兴经济体将成为全球经济增长主动力》，2011年8月29日《经济日报》。

推动贸易往来都将发挥积极作用。例如，迪士尼项目已于2011年4月开工建设，该项目直接投资额约245亿元人民币，配套项目投资预计为400亿元人民币，有关分析认为其带动的潜在投资则可能超过1000亿元人民币。[①] 又如，上海虹桥商务区（又称“大虹桥”项目）于2011年3月26日正式开工建设，随着第一批6号、8号地块的开建，上海国际贸易中心新平台和服务于长三角的高端商务中心建设正式启动；作为千亿元投资级别的重大项目，其中国家会展综合体项目的投资总规模约230亿元人民币；根据有关规划，虹桥主体功能区内将有18个建设项目陆续投入建设。这些重大项目的启动，不仅会吸引更多国际机构参与投资、兴建，也会集聚更多跨国企业落户，从而有助于推动上海对外贸易的进一步发展。

（3）上海建设国际贸易中心为进出口及吸引外资带来契机。自浦东开发区开放以来，上海在国家战略支持下，致力于发挥良好的区位优势、建设国际贸易中心。2011年，上海贸易中心建设迎来了实质性进展。2011年9月8日，上海市政府公布《上海建设国际贸易中心“十二五”规划》，明确提出了上海在市场流通规模、贸易总量规模、服务竞争力、贸易便利化等方面的预期性指标，并且详细阐述了“十二五”期间推进建设服务全国的贸易和投资促进十大平台的具体举措，以及相关政策保障措施。随着该规划的逐步落实，必将对上海国际贸易往来和国际投资带来巨大的推动作用。[②]

① 作为中国内地首个、世界第六个迪士尼主题乐园项目，一期项目将于“十二五”期间建成，预计2014年年底开园，每年接待游客人次约730万人。

② 国内外大量研究表明，外商直接投资与国际贸易存在密切关联性，其中一些观点支持两者能够相互促进。例如，Markusen和Svensson（1985）运用要素比例模型分析了商品贸易和要素流动（资本、劳动力等）关系，该研究区分了贸易与非贸易因素“合作”和“非合作”的两种情形，其中在“合作”模式下，商品贸易和要素流动能保持互补和相互促进的关系。

背景资料:《上海建设国际贸易中心“十二五”规划》有关战略部署

根据规划，上海国际贸易中心核心功能框架包括五方面内容:

一是基本形成国际经济、金融、贸易、航运“四个中心”互为支撑，内贸与外贸互相融合，货物贸易、服务贸易、技术贸易同步发展的总体格局;

二是基本形成市场开放度与贸易便利化程度高，资金流、商品流、信息流、技术流、人才流等生产要素流动顺畅的运行机制;

三是基本形成有形市场和无形市场并存，国际市场与国内市场相通，要素市场与消费品市场并举，贸易标准化程度高的市场结构;

四是基本形成口岸货物集散中心、大宗商品交易与定价中心、贸易营运与控制中心、国际会展与跨国采购中心、国内市场流通中心、国际购物中心等功能构架;

五是基本形成贸易设施完备、信息化程度高、服务体系发达、法制环境完善、政府廉洁高效、社会治安良好、人居环境舒适的商贸环境。

（4）人民币跨境贸易结算试点的推进及资本项目逐步开放。近年来，人民币国际化进程有所加速，对推动我国贸易往来和国际投资发挥了积极作用。在此过程中，跨境贸易结算试点的推进及资本项目逐步开放等方面是重要的推进途径。从人民币跨境贸易结算试点情况看，自 2009 年 7 月 1 日，我国发布《跨境贸易人民币结算试点管理办法》以来，相关业务发展迅猛。上海作为首批试点的五个城市之一，在制度建设和业务发展方面取得了较大突破：2010 年 8 月，上海公布《关于促进本市跨境贸易人民币结算及相关业务发展的意见》，明确提出要鼓励银行和企业开展部分资本项下人民币结算试点，并将放宽可采用人民币进行跨境结算的出口企业范围。国家和地方政策的推出，使上海跨境贸易人民币结算业务得到快速发展。根据央行上海总部有关统计，截至2011年8月中旬，上海跨境贸易人民币结算量自试点以来累计突破2600亿元，位居全国前列。

2. 消极因素

（1）发达国家经济复苏乏力，抑制出口和引进外资。在经历了国际金融危机的冲击后，发达国家经济复苏状况并不理想，一方面美、欧各国受巨额债务的拖累，金融政策发挥作用的空间非常有限；另一方面各国经济增长速度、失业率等宏观经济指标面临持续下滑，并存在进一步恶化的可能性。根据国际货币基金组织（IMF）9月20日发布的《全球经济展望》报告，全球经济活动已经趋于疲软，市场信心大幅降低，下行风险正在积聚。其中，欧元区债务危机和美国可能过快紧缩的财政已经对经济前景构成风险；国际货币基金组织（IMF）将2012年全球经济增幅预期由4.5%下调至4%（见表3），并指出如果各国决策者未能有效解决经济、金融问题，欧元区和美国将于2012年陷入衰退；并且，如果美国和欧洲不尽快转变政策，全球经济都将受到“严重影响”。

表3　国际货币基金组织对全球主要经济体今明两年经济增速预期调整一览表

国家/地区	调整情况(2011年)	调整情况(2012年)
美国	2.5% ~ >1.5%	2.7% ~ >1.8%
日本	-0.7% ~ > -0.6%	2.9% ~ >2.3%
欧元区	2.0% ~ >1.6%	1.7% ~ >1.1%
中国	9.6% ~ >9.5%	9.5% ~ >9.0%
意大利	1.0% ~ >0.6%	1.3% ~ >0.3%
新兴市场国家	6.6% ~ >6.4%	6.4% ~ >6.1%
发达国家	2.2% ~ >1.6%	2.6% ~ >1.9%
亚洲发展中国家	8.4% ~ >8.2%	8.4% ~ >8.0%
巴西	4.1% ~ >3.8%	3.6% ~ >3.6%
墨西哥	4.7% ~ >3.8%	4.0% ~ >3.6%
拉美地区	2011年增速为4.5%	2012年增速为4.0%
全球	4.5% ~ >4.0%	无

资料来源：环球外汇网：《IMF：下调今明两年全球主要经济体经济增长预期》，2011年9月20日。

由于发达国家目前仍是上海主要的贸易和投资对象，其经济衰退必然对未来上海出口和外商直接投资带来消极影响。图5显示的是目前上海出口市场结构的大体情况：

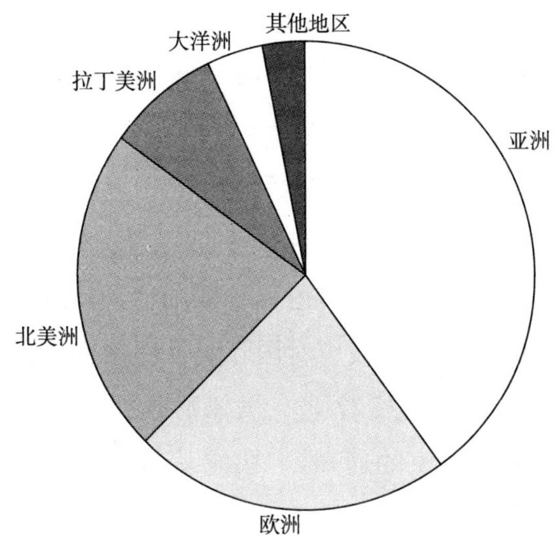

图5　上海出口市场结构

资料来源：根据《2010年上海市国民经济和社会发展统计公报》有关数据计算、绘制而成。

（2）上海产业外移存在隐忧。“创新驱动、转型发展”将是上海在未来一段时期经济发展的主线，在此过程中必须完成产业结构调整、淘汰弱势产能及提升高端产业环节的任务。为此，上海加快制定推出了一系列相关政策与文件，如《上海市淘汰劣势产业“十一五”规划》、《关于加快本市产业结构调整盘活存量资源若干意见的通知》等，并在指引区域经济结构优化方面发挥着重要作用。但是，在产业转型过程中，由于上海近年来出现的高商务成本、固定资产投资规模下降等问题，同时也存在中西部地区及其他发展中国家在产业发展方面的竞争与挑战，甚至出现了少量高端制造业、现代服务业等重点领域产业外迁、资源流失的现象，这些新问题的出现应当引起警惕，同时应当深入分析其对上海外向型经济发展可能带来的负面影响。

（二）个性因素

外向型经济具有一定的系统性特征，其中贸易和投资领域具有一定的内在联系，并同时受到国际国内环境中诸多因素的共同影响。然而，每个领域往往又存在一些独特的影响因素，或者说一些因素会对某一领域产生更为强烈的影响。

1. 当前影响上海进出口的主要因素

（1）出口退税政策调整的影响。1994 年税制改革以来，我国已经连续进行了多次大幅度的出口退税政策调整，其目的是为了不断优化调整出口产品的结构、积极应对国际贸易环境变化，增强出口产品竞争力。例如，2010 年 6 月 22 日，国家财政部、税务总局下发《关于取消部分商品出口退税的通知》，决定从 2010 年 7 月 15 日起取消部分钢材、有色金属加工材料等 406 个税号的退税率。而根据国家财政部信息，2011 年政府将继续运用有关出口退税的政策和措施，进一步支持调整优化出口产品的结构，继续促进机电产品、具有优势特色的产品出口，与此同时也通过运用税收政策，严格控制诸如高耗能、高污染等产品的出口。与此同时要大力增加进口，首先是扩大进口国内需要的能源、原材料、关键零部件、先进的设备和技术等，进一步改善进出口贸易的结构。在此背景下，将对上海进出口贸易的结构产生一定影响，尤其是那些属于高耗能及附加值低、粗放式加工领域的产品出口将受到进一步的抑制，而一些符合国家产业发展方向的高新技术产品将获得更大支持。

（2）贸易摩擦不断加剧。贸易摩擦，是国际贸易中国与国之间存在贸易格局不平衡而产生的争端及引发的贸易保护措施等现象。金融危机以来，各国为了保护自己的利益，都纷纷对本国产业进行保护，对外实施贸易保护措施。由于近年来中国一直“领跑”全球经济，并处于贸易顺差状态，因此成为全球贸易摩擦的焦点，涉案产品

种类、单起案件金额迅速扩大。近期，中国对中欧、中美之间的摩擦又有激增之势。例如，2011 年 5 月 14 日，欧盟宣布对从中国进口铜版纸开征反倾销税和反补贴税，这是欧盟首次对中国产品动用反补贴措施，也是首次同时采取两项贸易救济措施，并开创了欧盟针对中国产品的“双反”先例。据不完全统计，自 2010 年以来，美国已经连续十余次对中国出口产品进行反倾销和反补贴产业损害裁定，并采取强硬的反倾销措施，使中美贸易摩擦不断升级。由于美、欧、日等主要发达国家目前在上海出口结构中比重很高，随着贸易摩擦的频繁、升级，将对上海产品出口及原材料产品进口等产生不利影响。

（3）国际贸易性机构的集聚。一般而言，在贸易性机构集聚的区域，其进出口活动往往比较活跃，同时，该区域国际国内贸易的辐射力也会因此而增强。长期以来，上海作为我国改革开放的前沿区域，在集聚国际、国内贸易机构方面取得了突出的成效。根据上海市商务委员会有关统计，自 1984 年 5 月份日本国际贸易促进协会在上海设立第一家外国非企业经济组织的常驻代表机构以来，同类机构集聚态势明显：截至 2010 年 4 月份，经国家商务部批准同意，在上海设立的中国台港澳及外国非企业贸易促进机构 13 家，官方机构 2 家，半官方机构 1 家。其中来自亚洲的贸易性机构有 34 家，非洲 2 家，欧洲 34 家，加拿大 3 家，美国 10 家，澳大利亚 4 家。这些国际贸易机构在上海的分布特点体现在表 4 和图 6 中。

（4）人民币持续升值使出口压力进一步增强。国际金融危机爆发以来，发达国家经济不振、出口乏力，汇率也成为各国刺激经济复苏的重要工具。[①] 与此同时，人民币国际化进程也不断加速。受此双重影响，人民币汇率节节攀升，尤其是对美元汇率屡创汇率体制改革

① 2011 年 10 月 11 日，美国参议院以 63 票赞成、35 票反对，通过了《2011 年货币汇率监督改革法案》。该法案的主要内容是要求美国政府对所称“汇率被低估”的主要贸易伙伴征收惩罚性关税。

表 4　上海国际贸易性机构情况

亚洲	中国香港	日本	马来西亚	新加坡	印度	韩国						小计
	2	21	2	3	1	5						34
非洲	尼日利亚	加蓬										
	1	1										2
欧洲	俄罗斯	德国	法国	意大利	荷兰	比利时	英国	瑞士	西班牙	斯洛文尼亚	爱沙尼亚	
	3	3	7	5	1	2	5	1	5	1	1	34
美洲	哥伦比亚	加拿大	美国									
	1	3	10									14
大洋洲	澳大利亚											
	4											4
分类情况	政府机构	协会	贸促机构	商会	官方机构	半官方机构						
	17	40	13	17	2	1						90

资料来源：上海市商务委员会外事处、上海国际经济贸易研究所：《上海加快集聚国际国内贸易性机构研究》，载于《上海商务发展研究报告（2010）》，上海科学技术文献出版社，2010。

（2005 年 7 月）以来的新高，截至 2011 年 10 月上旬，人民币对美元累计升幅已达 30.2%，人民币名义和实际有效汇率分别升值 13.5% 和 23.1%（见图 7）。[①] 从进出口贸易角度看，本币升值意味着出口产品价格上升，可直接导致国际订单的减少，从而对出口带来直接的冲击。从近两年上海对主要发达国家出口增速降低的情况看，在某种程度上与汇率因素有必然的联系。[②]

① 中国人民银行金融研究所：《人民币汇率形成机制改革进程回顾与展望》，中国人民银行网站，2011 年 10 月 12 日。

② 人民币汇率升值对进出口贸易和外商直接投资均会产生影响，在我国资本项目管制条件下，其对进出口的影响更为直接。

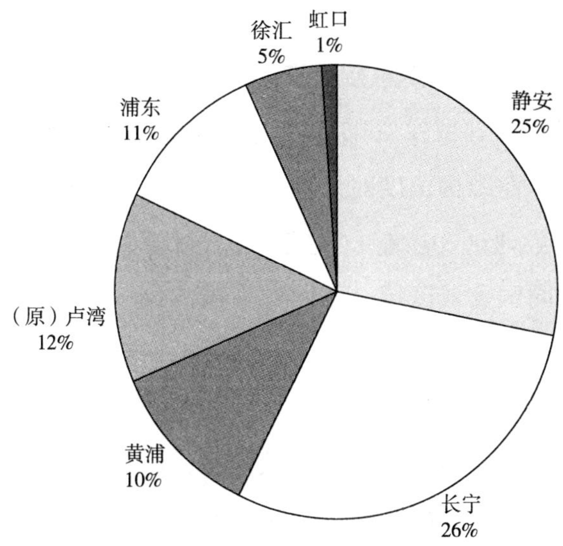

图 6　上海国际贸易性机构的区域分布

资料来源：上海市商务委员会外事处、上海国际经济贸易研究所：《上海加快集聚国际国内贸易性机构研究》，载于《上海商务发展研究报告（2010）》，上海科学技术文献出版社，2010。

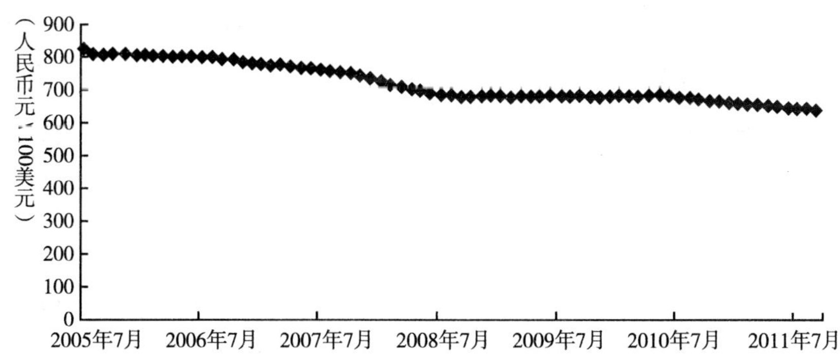

图 7　汇率体制改革以来人民币对美元中间价变动情况

资料来源：中国人民银行网站。

除了以上提到的因素外，实际上影响进出口的因素是非常广泛的。例如，2010 年下半年以来受货币政策调控及国际经济复苏乏力的影响，一些出口导向型中小企业在融资、出口等方面出现困难，部分企业生存状况受到挑战。

2. 当前影响上海外商直接投资的主要因素

关于影响外商直接投资的因素和机理，国内外学者有深入的探讨。如海默从产业结构角度对外商直接投资进行了解释，邓宁提出了著名的“三优势理论（所有权优势、区位优势和内部化优势）”等。实际上，在不同国家或区域，不同的发展阶段，影响外商直接投资的因素不尽相同。从上海当前情况看，主要的影响因素如下。

（1）人民币国际化进程加速。随着我国国际经济金融地位不断提升，人民币在区域国际贸易等领域被作为结算货币使用的频率逐渐提高，人民币区域化、国际化进程已经开始启动并呈现出了加速发展的趋势。特别是在国际金融危机爆发后，美元、欧元等主要货币汇率的大幅波动为各国企业跨境贸易结算带来了很高的汇率风险，客观上也对其他强势货币产生了更大的需求。[①] 人民币国际化趋势将对上海外商直接投资带来多方面影响：一是资本项目管制呈现渐进式放松趋势，上海在率先探索跨境直接投资方面取得新的进展。例如，2011年1月份，经过近两年的筹备，外商投资股权投资企业（PE）试点政策在上海率先推行，这意味着外资投资机构在中国直接投资打开了一条新通道。[②] 二是在人民币国际化背景下，一些国际资金基于人民币持续升值的预期，存在加速投资中国、投资上海的潜在趋势。

（2）国际投资性机构加速集聚。近年来，在金融创新的引领下，上海各类国际投资性机构加速集聚。随着这些机构不断落户，对于开展国际性投资发挥了积极的推动作用。根据上海市统计局发布的数

① 目前，在我国与周边国家或地区的贸易交往中，人民币得到了广泛使用。据估计，在中国与东盟国家和地区的贸易交往中，使用人民币进行结算的比例占50%左右。人民币在东南亚地区已经成为仅次于美元、欧元、日元的“硬通货”，人民币区域化特征比较显著。

② 2011年1月11日，上海市金融办、商务委员会和工商局等部门联合公布了《关于本市开展外商投资股权投资企业试点工作的实施办法》，标志试点工作正式开展。

据，截至2010年年底，在上海投资的国家和地区已达149个，在上海落户的跨国公司地区总部达到305家，投资性公司213家；2010年年内新增跨国公司地区总部45家、投资性公司22家，呈现出快速集聚的态势。另外，从新型国际投资机构看，也在加速进入上海，如全球排名前十位的私募股权投资机构（PE）中就有百仕通、黑石、凯雷等6家投资机构已经落户上海并成立相关投资基金，这对于带动上海外商直接投资具有积极的导向作用。

（3）商务成本持续上升。根据外商直接投资相关理论，在国际资本流动中，外商直接投资往往被认为是相对稳定的、非投机性的并以获得企业实际控制权为目标的投资行为。因此，外商直接投资关注的核心因素之一就是企业的潜在赢利性。但是上海近年来商务成本（包括土地成本、办公成本、生产成本、工资成本、生活成本等）的持续提高，却对于外商直接投资产生不利影响：一是随着商务成本提高，一些既有的产业资源可能会加速外移，从而会使外商直接投资随之向外分流；二是一些外商投资企业（尤其是制造业领域的企业）基于成本核算，会考虑重新进行产业布局，包括将全部或部分生产环节迁移到国内外商务成本较低的区域，这也会使上海外商直接投资规模增长受到抑制。

三　2012年上海外向型经济展望及政策思考

上海外向型经济的发展有助于推动区域经济的持续、合理增长，提高上海在国际范围内进行资源配置的能力。在此过程中，进出口贸易与外商直接投资分别发挥着不同的作用。例如，根据有关理论，进出口贸易对于区域经济增长的推动作用主要体现为：发挥区域比较优势、参与国际产业分工、促进社会就业、推动技术创新、拉动经济增长等方面；外商直接投资对区域经济增长的积极影响主要体现为：增加国内投资和促进资本形成、吸纳劳动力就业、提高综合要素生产率、促进区域产业结构升级、改善国际贸易结构等。在积极推行外向型经济发展战略过程中，上海应当根据当前国际国内经济形势、针对现实中存在的突出问题，制定并采取有针对性的发展举措。

（一）2012 年上海出口及外商直接投资趋势展望

2012 年是上海市贯彻落实“十二五”规划和深入推进经济转型的重要年份。在新的国际国内环境下，2012 年上海进出口及外商直接投资的总体趋势是：2012 年上海进出口贸易、外商直接投资等领域有望持续保持较快增长，但是出口增长短期内形势相对严峻。

1. 出口将呈现规模较为平稳的增长

出口结构特点主要体现为：一是更多向一般贸易倾斜；二是服务贸易将继续保持快速的增长态势；三是出口对象国（地区）更多地向新兴市场倾斜等特点。同时，作为拉动经济增长“三驾马车”的重要动力，在进口持续增速大于出口的预期下，净出口对经济增长的贡献率可能呈现持续下降的趋势，全年净出口出现负增长的可能性较大，且贡献度会低于消费、投资等因素。

2. 外商直接投资规模将随着人民币汇率的提升、重大项目的建设而进一步扩大

其主要特点体现为：一是在总体规模持续上升的同时，投资来源国结构会出现发达国家投资增速低于新兴经济体投资增速的情况；二是在上海推进产业结构调整的背景下，由于产业结构和政策导向的变化，外商投资领域将更为合理化，更符合上海产业发展方向与特点。

（二）问题与政策思考

1. 进出口及外商直接投资结构优化问题

一般而言，区域产业结构与进出口及外商直接投资的结构是密切

相关的，其中产业结构决定着贸易结构和外商直接投资结构，而后两者反过来又能够推动产业结构的演变。按照居民人均收入等指标衡量，当前上海经济发展已经开始迈入“后工业化”阶段。然而，上海的产业结构调整却相对滞后，低端传统产业被调整的“快变量”与高端新兴产业培育的“慢变量”发展不协调。这使得上海在原有的增长动力明显减弱的同时，新的增长动力却在短期内难以发挥支撑作用，尤其是现代服务业和战略性新兴产业还需要一个培育过程。然而，从产业结构、进出口贸易以及外商直接投资之间的关系来看，却可以通过合理引导，使其相互之间发挥相辅相成的作用。

虽然目前上海净出口对区域经济增长的拉动作用有总体减弱趋势，但从结构看却有趋于优化的趋势。十年来，上海本地货物贸易进出口规模增长了6.1倍，服务贸易进出口规模增长了11倍，对外工程承包和劳务合作完成营业额规模也增长了9.9倍。[①] 从发展方向看，这与上海市产业结构升级、大力发展现代服务业是一致的。今后，应当继续通过政策引导，在推动产业升级的过程中，推动服务贸易等重点领域更快更好的发展。同时，针对上海的加工贸易总量大、占比高等问题，考虑采取如下措施加以解决：一是引导加工贸易向技术含量和附加值高的先进制造领域延伸，提高出口产品档次和附加值，逐步实现从贴牌生产向设计研发加贴牌生产的转变；二是改变出口加工区功能单一的现状，探索推进加工区的功能拓展，如增强产业融资、金融租赁、维修服务等方面的功能；三是进一步加强对重点产业领域的进出口贸易扶持，如将集成电路设计企业的加工贸易试点的经验在更大的产业范围推广，不仅有利于推动相关领域贸易繁荣，也有助于提高这些领域出口产品的附加值。

① 萧遥：《上海外向型经济发展：未来着力于功能性突破》，2011年10月28日《第一财经日报》。

从外商直接投资情况看，由于受国际金融危机及发达国家经济复苏乏力的影响，上海外商直接投资出现了规模和结构的变化。一方面外商直接投资的规模可能会再度随全球经济走弱而出现类似2009年度下降的态势；另一方面外商直接投资结构却在向积极的方向发展，并已逐步形成了以服务业为主的引资结构，引进了很多先进的业态，近期又出现服务业融资增速较高、大型项目融资比重提升等特点。今后应当进一步结合产业结构调整方向，综合运用财政、税收、土地、技术、金融等方面政策推动一些高端产业领域、技术密集领域的外商直接投资。

2. 贸易逆差问题

在我国区域经济体系中，上海的进出口贸易结构具有一定独特性，例如从1999年以来，有10个年份（含2011年度）出现贸易逆差——即净出口为负值。图8显示，1999～2006年曾经出现连续8年的贸易逆差格局，而十分醒目的是2007～2009年国际金融危机爆发阶段却恢复了贸易顺差，而后，在2010、2011年又恢复到贸易逆差的情况。

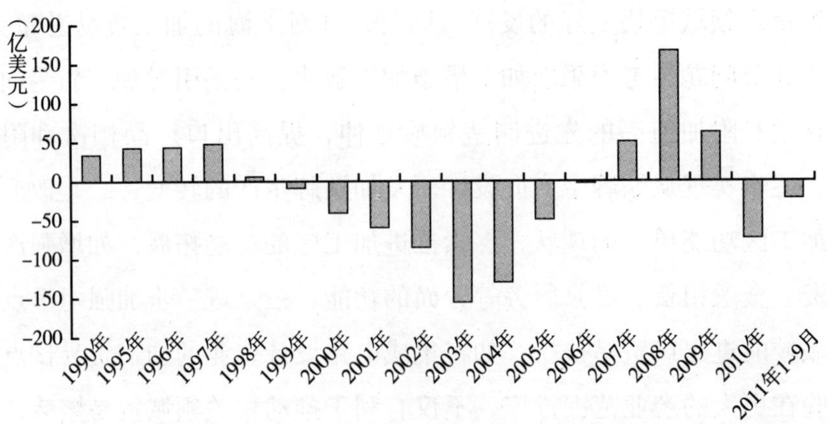

图8 上海主要年份净出口规模变动情况

资料来源：上海市统计局：《上海统计年鉴（2011）》，中国统计出版社，2011；上海市统计局网站。

对近些年上海净出口变动情况可以作如下分析：其一，上海在经历了工业化加速阶段后，逐渐呈现出发达经济市场所普遍存在的贸易逆差现象；其二，上海在国际金融危机影响最大的阶段，“逆市”出现贸易顺差，不仅对区域经济增长产生积极拉动作用，而且反映出上海对海外的服务与产品在国际市场上具有较强的竞争力；其三，作为我国国民经济体系中的组成部分，上海出现贸易逆差，对于减缓资本净流入的速度、降低人民币升值压力、减少国际贸易摩擦等具有积极意义。

进一步看，一个较为健康的经济状态应当是进出口并重、进出口规模基本平衡。过大的顺差和逆差从长期看都不利于本国经济发展。而结合上海经济转型面临的产业动能有所减弱的情况，在不断做大进出口贸易“蛋糕”的同时，积极扩大出口、发挥净出口在拉动经济增长方面的作用依然是应当高度关注的，这也是上海发展外向型经济的必然要求。为此，一方面要继续稳定出口市场，采取多元化措施开拓新兴市场，使国际服务贸易格局从发达国家占绝对主导向发达国家和发展中国家共同发展的格局转变；另一方面应当完善措施，进一步鼓励企业加大技术创新力度，提高出口产品附加值和技术含量，增强国际市场竞争力。

3. 优化贸易及投资环境问题

外向型经济发展需要建设国际化、规范化的市场环境。中国加入WTO的10年来，经济开放推动了上海地方经济环境的深刻变化，已经逐渐形成了具有包容性、创新性的贸易及投资氛围，形成了独特的外向型经济发展道路，形成了若干国际贸易与投资资源集聚的区域。[①] 从客观来看，在我国仍处于经济体制转型、上海处于深入推进

① 2011年9月29日，国家商务部正式授予上海外高桥保税区为全国首个“国家进口贸易促进创新示范区”，试图以外高桥为试点，为其他地区进一步加大进口提供样本经验。此举不仅是对上海长期开展对外贸易成果的肯定，同时也将助推该保税区加快推进离岸服务贸易功能的突破，打造跨国公司全球定价中心、订单中心和结算服务中心，形成以国际产品第三方检测维修服务为核心、以离岸金融、研发外包、数据外包等为重点的离岸服务贸易产业集聚区。

产业转型的综合背景下，仍存在许多制约国际贸易、国际投资活动的瓶颈问题，如关税壁垒问题[①]、资本项目管制问题、税收体制问题、产业标准问题、知识产权保护等问题。结合当前上海国际贸易与投资的现状，应当重点从如下几个方面进行政策考虑。

1. 进一步提高市场开放程度与贸易、投资的便利化水平

依托浦东综合配套改革试点及其他国家政策，积极探索深化行政审批制度改革，减少审批事项，简化审批手续，降低市场准入门槛；深化贸易管理制度改革，简政放权，方便企业；深化口岸通关模式改革，加强口岸监管部门协作，提高口岸通关效率。进一步扩大对内对外开放，建设扩大服务业对外开放的试验区域；进一步推进跨境贸易人民币结算试点，建设促进人民币国际化的先行区域；整合提升海关特殊监管区域的功能，建设市场开放和贸易便利的示范区域。

2. 不断完善具有国际一流水平的商贸与投资环境

依托洋山国际深水港、浦东国际机场、虹桥综合交通枢纽、外高桥保税区等重要贸易相关区域的建设，以及陆家嘴金融贸易区、外滩金融带等金融集聚区的发展，提升上海整体国际贸易与投资平台的硬件实力，打造一批具有国际竞争力的经济金融载体，为外向型经济提供重要支持。

3. 进一步完善有利于国际贸易与投资的制度环境

注重市场开放、公平竞争、企业诚信、知识产权保护，完善立法、执法以及仲裁服务；进一步优化人才环境，建立贸易紧缺人才教育培训和人才市场体系，形成国内外贸易专业人才的吸引机制；建设一流人居环境，全面实现上海世博会“城市，让生活更美好”的主题，建设国际国内认同的最宜居城市；完善内外贸一体化商务管理体

---

① 在“世界经济济论”发布的《全球贸易便利指数》报告中，中国排名第48位，主要体现在进口贸易方面的关税、非关税壁垒方面。这与中国国际贸易地位排名具有很大差距，上海作为国内重要经济中心城市也存在同样问题。

制，形成政府、社会组织、企业三位一体的管理机制，强化政府公共服务职能。

4. 进一步集聚国际性贸易和投资机构，为国际经济活动提供载体和服务支持

尤其应当注重加强集聚国内外知名贸易与投资机构总部或分支机构的落户，强化上海“总部经济”功能，提升贸易辐射效应、商务活动枢纽功能和投融资服务功能。在产业布局上，鼓励一流的贸易、投资组织机构和促进机构在空间上的集聚，打造国际贸易组织和贸易促进机构集聚区，并在资产购置、税收缴纳和人员出入境等方面进一步加强支持。

参考文献

上海市统计局：《上海统计年鉴》，中国统计出版社，历年。

上海市商务委员会：《上海商务发展研究报告（2010）》，上海科学技术文献出版社，2010。

上海市人民政府：《上海建设国际贸易中心“十二五”规划》，2011 年 9 月 28 日。

B.4

探寻上海产业升级和结构转型中的新增长动力

冯 梅*

摘 要： 2011年上海正处在动力转型和结构调整的关键时期，传统增长动力的日益衰竭迫使上海必须尽快寻找新的增长动力。“创新驱动、转型发展”是对新增长动力的要求。立足上海产业现状，突破现有产业制约因素，寻找“创新驱动”的突破点和着力点，新增长动力来源主要有三个方面：一是现代服务业的发展，通过经济形态向服务经济转型带来新的增长动力。二是通过高新技术产业的发展和战略新兴产业的培育，带动制造业的技术突破和结构转型。三是通过生产性服务业的发展促进制造业专业化发展，提升制造业附加值，形成新的增长点和产业业态。

关键词： 投资驱动 创新驱动 转型 增长动力

一 上海产业发展需要新的增长动力

（一）投资驱动经济增长力量不断减弱

钱纳里根据101个国家1950~1970年的统计资料进行归纳分析，

* 冯梅，上海社会科学院部门经济研究所副研究员，经济学博士，主要研究方向为产业经济、工业经济。

构造“标准产业结构”模型，库兹列茨经过对西方发达国家经济发展的全过程进行研究得出的“经济增长统计”模型，都是根据人均收入水平的不同将经济划分为不同的发展阶段。不同的经济阶段，经济增长的驱动力具有显著区别。波特根据驱动要素的不同，进而将经济发展的驱动力分为四个阶段，即要素驱动阶段、投资驱动阶段、创新驱动阶段和财富驱动阶段。2010 年，上海地区生产总值达到 17165.98 亿元，工业总产值规模达到 31038.57 亿元，根据经济发展阶段理论，在上海 6700 平方公里的地域上通过大规模投资带动经济持续高位增长是不可持续的；上海的劳动力成本、商务成本不断增加，土地、环境等约束作用不断增强，投资驱动难以为继，上海产业发展需要新的增长动力，上海经济发展面临由投资驱动向创新驱动的转型。

1. 上海 GDP 构成中资本形成总额不断减少

投资、消费和净出口是经济增长的三驾马车，其中投资在上海经济增长中曾经起到非常重要的作用，是上海经济增长的重要驱动力，推动上海经济从 1992 ~2007 年连续 16 年保持两位数的高增长。从投资、消费、净出口在地区生产总值中的比重可以看出，投资对上海 GDP 贡献最大是 20 世纪 90 年代中期，投资在地区生产总值的比重超过 50%，1996 年达到 66.6%（见图 1）。这一时期正值浦东开发区开放初期，上海将自身的土地、劳动力优势与国际资本相结合，通过大产业、大项目、大园区建设快速建立产业体系。通过基础设施投资使得上海城市建设获得较快的发展，这一时期，上海房地产建设也获得较快发展。投资成为上海经济增长的重要动力。经过投资推动上海经济快速增长阶段后，20 世纪 90 年代后期，资本形成总额在上海地方生产总值中的比重趋于平衡，2008 年金融危机使得投资在地区生产总值中的比重开始下降，至 2010 年降到 43.2%，与此同时，上海也结束了长达 16 年的两位数增长，2008 年 GDP 增长 9.7%，2009 年

8.2%，2010年由于世博会的举办，GDP实现10.3%的增长。随着投资下降，最终消费在GDP的比重中稳步上升。一般而言，投资推动经济增长的阶段是工业化初期和中期粗放型增长阶段，随着人均GDP的提高，经济进入工业化后期和后工业化时期，投资在经济增长中的贡献下降是必然趋势。

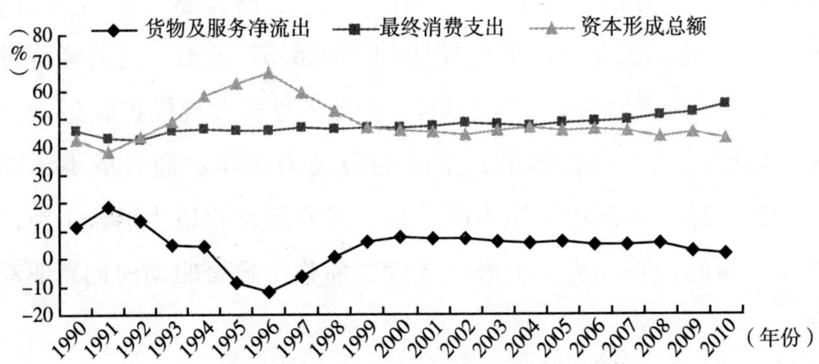

图1 1990~2010年上海GDP（支出法）构成

资料来源：上海市统计局：《上海统计年鉴》，中国统计出版社，1990~2010。

2. 上海投资增长率不断下降

上海经济增长得益于投资驱动，从投资的总量规模看，上海固定资产投资总额逐年提高，到2010年达到5317.67亿元。但从投资增长率看，20世纪90年代初期到中期，是上海固定资产投资快速增长时期，1994年投资增长率曾一度达到71.8%，这一时期也是上海经济快速增长时期。1997年亚洲金融危机后，投资增长处于低迷期，2001~2004年，世博会申办成功的前后几年，上海投资再一次经历了快速增长时期，2004年后，上海投资增长率呈下降趋势，到2010年世博会成功举办后，上海投资增长率接近于0，基本出现停滞的状况（见图2）。

进入2011年，上海固定资产投资一直呈现同比负增长的局面

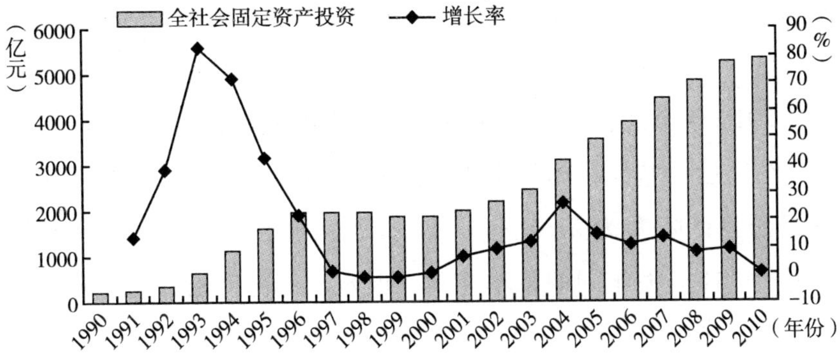

图2　1990～2010年上海全社会固定资产投资及增长率

资料来源：上海市统计局：《上海统计年鉴》，中国统计出版社，1990～2010。

（见表1）。1～3月，上海全社会固定资产投资下降较大，到3月份累计比去年同期降幅达8.1%，从4月开始，降幅不断收窄，到9月份，累计比去年同期降幅达到2.2%。

表1　2011年上海固定资产投资月度增长情况

单位：亿元，%

月份	全社会固定资产投资	比去年同期增长
1～2	570.83	-4.3
1～3	932.13	-8.1
1～4	1228.28	-7.2
1～5	1545.58	-6.9
1～6	1975.94	-5.8
1～7	2376.93	-5.7
1～8	2737.62	-4.2
1～9	3211.29	-2.2

资料来源：上海市统计局统计月报。

2011年，上海投资总量不断下降，具体投资领域表现则各不相同（见图3）。房地产投资上升，但增幅呈不断下降的趋势，由年初增长24.7%，到9月份累计与去年同期相比增长7.1%；基础设施投资同比负增长态势比重严重，年初1~2月下降幅度为43.3%，主要是由于2010年世博会在上海举行，去年上海基础设施投资规模较大，世博会结束后，基础设施投资下降所致，不过投资降幅不断收窄，到1~9月份累计降幅为21.6%。工业投资由年初下降6.6%，到6、7月份累计增速与去年同期基本持平，但8月份再度出现与去年同月相比下降12.9%的情况，使得上海工业1~8月份累计下降1.5%，9月份工业投资增长7.8%，扭转了累计负增长的局面，1~9月份，上海工业投资累计同比增长0.1%。

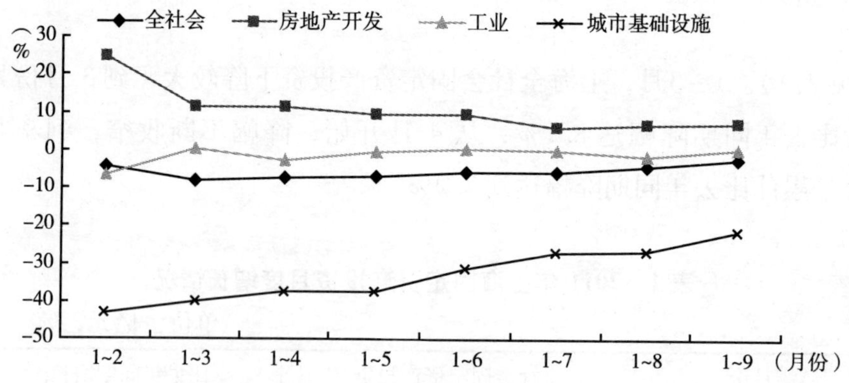

图3　2011年1~9月份上海全社会固定资产投资及三大领域增长情况

资料来源：上海市统计局统计月报。

从投资对经济发展的影响看，房地产受国家宏观政策影响较大，前景具有较大的不确定性。曾经在上海经济增长中发挥重要作用的工业投资和城市基础设施投资的不容乐观，使得上海产业发展面临动力不足的状况。

3. 国内各省市投资快速增长

与上海投资下降不同的是，全国各地投资呈现快速增长的势头。2011年1~8月份，除上海外，全国各省市投资均呈2位数增长态势。

其中，14 个省市的投资增长在 30%（含）以上，28 个省市投资增长在 20% 以上，增长低于 20% 的只有上海、北京和广东。其中，1～8 月份，广东的投资增长率达到 17.4%，北京 12.3%，上海 -3.8%，只有上海呈现同比负增长态势（见图 4）。

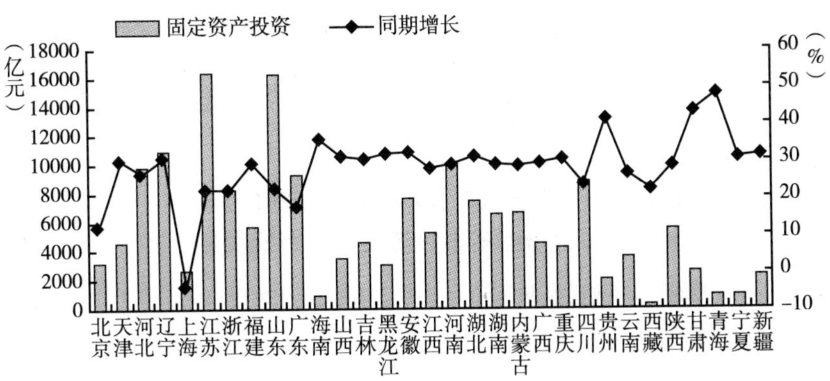

图 4　2011 年 1～8 月份全国各省市固定资产投资及增长率

资料来源：中国统计信息网。

造成上海与国内其他地区投资增长情况出现较大背离的原因主要是经济发展阶段的不同。从经济发展阶段看，全国大部分省市人均 GDP 仍处于 2000～6000 美元区间，超过 6000 美元的省市有上海、北京、广东、山东、江苏、浙江、内蒙古和天津，超过 8000 美元的只有上海、北京和天津。人均 GDP 处于 2000～6000 美元区间的省市，投资增长率基本都在 30% 以上。也就是说全国大部分地区处于投资驱动的经济增长阶段（见图 5）。

4. 上海地区生产总值增长率低于其他省市

从中国经济发展的现实情况看，中国工业化整体处于中期阶段，投资驱动带来国内各地经济快速增长，而处于后工业化时期的上海改革开放的先发效应减弱。再加上海商务成本的不断上涨，GDP 增长率不仅低于全国大部分处于工业化中期的地区，也低于北京、天津、

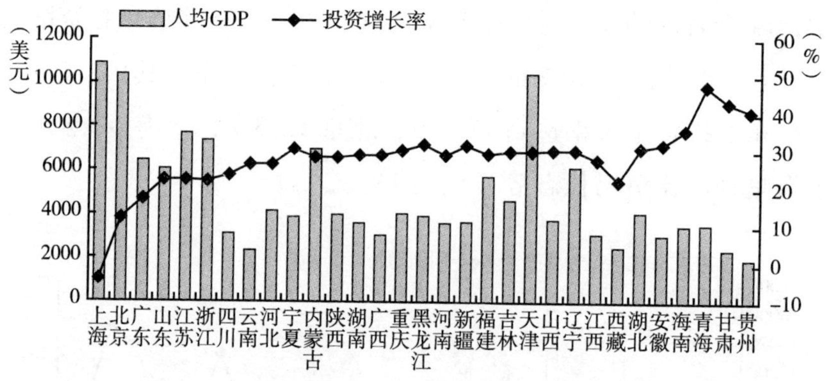

图 5　2010 年各省市人均 GDP 与 2011 年 1～8 月份各省市投资增长率对比关系

注：各省市人均 GDP 数据根据 2010 年人口普查数据计算得出。

资料来源：中国统计信息网。

江苏、浙江、广东和山东等几个经济规模比较大的省市（见表 2）。从表 2 中可以看出，除了 2007 年外，上海 GDP 增长均低于其他五省市。

表 2　2005～2010 年主要省市地区生产总值增长率情况（按不变价格，上年 =100）

单位：%

年份	北京	天津	上海	江苏	浙江	山东	广东
2005	12.1	14.9	11.4	14.5	12.8	15.0	14.1
2006	13.0	14.7	12.7	14.9	13.9	14.7	14.8
2007	14.5	15.5	15.2	14.9	14.7	14.2	14.9
2008	9.1	16.5	9.7	12.7	10.1	12.0	10.4
2009	10.2	16.5	8.2	12.4	8.9	12.2	9.7
2010	10.3	17.4	10.3	12.6	11.8	12.5	12.2

资料来源：《中国统计年鉴（2010）》，中国统计出版社，2011；相关各省市统计年鉴或统计公报。

（二）通胀压力迫使上海尽快寻求新的发展动力

为应对金融危机，2008～2009年中国政府推行低利率和扩张的货币政策，广义货币供应量M2和人民币贷款余额快速增长，在抵御金融危机、保持经济平衡增长的过程中，也推动了工业生产成本的上涨，给经济带来了通胀的压力。2010年以来为抵御通胀，央行连续提高存款准备金率限制货币供应量调高利率也使企业的资金成本提高，再加上劳动力成本的上升不可逆转，生产型企业的成本上升、利润挤压迫使上海需要尽快寻求新的发展动力。

1. 原材料、燃料和动力价格不断上涨提高企业生产成本

2011年以来，以原材料、燃料和动力为主要内容的工业生产者购进价格指数不断上涨，且上涨幅度远高于工业生产者出厂价格上涨幅度（见图6）。1～9月份，在工业生产者购进价格指数中，燃料动力类、黑色金属材料类、有色金属材料和电线业、化工原材料等上海都超过110%，分别为118.9%、113.9%、118.8%和112.9%。工业生产成本增加远大于销售价格上涨，上海工业企业利润受到一定程度挤压，成本型工业生产企业面临较大压力。

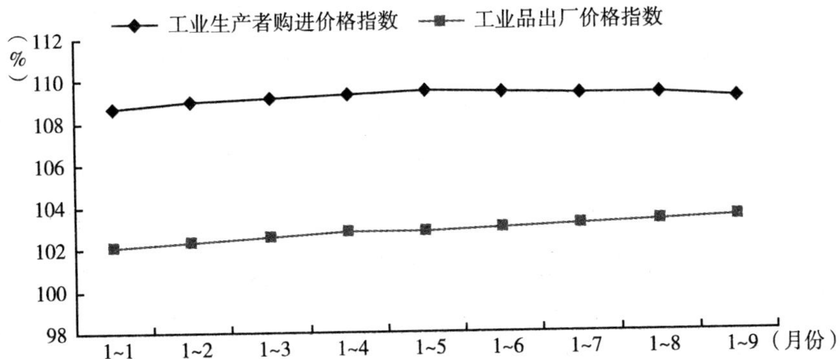

图6　1～9月份上海工业生产者购进价格指数和出厂价格指数对比

资料来源：上海市统计月报。

2. 融资成本上升提高企业生产成本

为应对金融危机，2008～2009年中国政府推行低利率和扩张的货币政策，广义货币供应量M2和人民币贷款余额快速增长。2009年在银行信贷投放量创历史纪录的同时，民间资本也在不断抛弃实业、追逐投机利润。巨额资金不断涌向房地产、股市、矿产资源三大领域，以至于2011年，当资金供应状况发生逆转时，资金短缺的效应被迅速放大。

2010年，央行货币政策开始转向。自2010年1月18日央行上调存款准备金率，货币政策转向以来，到2011年5月12日，中国人民银行共上调存款准备金率12次，到目前大型金融机构存款准备金率达到21%，而中小金融机构也达到17.5%。央行货币供应量的收紧带来各银行资金的紧张，银行放款总量受控、放款速度变慢，企业融资困难，资金链紧张。与此相对应，银行存贷款利率也在上升，从2010年10月央行上调存贷款基准利率以来，到2011年7月7日，先后5次上调利率，目前一年期贷款利率达到6.56%。

对中小企业来说，银行借贷门槛太高，放款速度慢，资金紧张局面波及整个产业链，企业生产经营风险增大。出于风险控制的目的，银行信贷资金向"大企业、大行业"集中，使得中小企业贷款难问题进一步突出。而且，中小企业贷款手续烦琐、审核时间长，部分通过审批的中小企业，贷款资金也不能及时到位。中小企业资金紧张波及上下游产业链，原先可以赊销的，现在必须携款提货，在银根紧缩的前提下，企业采购多采用银行承兑汇票的形式，这也使企业的采购成本激增。银行贷款不到位、资金使用成本上升造成到货慢、生产周期延长、产供销不平衡、资金链断裂等一系列连锁反应，影响企业生产经营。

由于银行贷款门槛高、速度慢，部分中小企业转向民间融资，民

间融资风险大、利息高，甚至高于部分企业的经营收益。资金成本上升影响企业的生产经营。

3. 企业用工成本上升提高企业生产成本

投资驱动形成的产业结构往往对劳动力需求较大，劳动力成本的上涨往往影响企业的生产经营。企业用工成本的上升主要包括劳动者平均报酬的上涨、最低工资标准的上涨和2011年新《社会保险法》实施后企业为职工缴纳各种保险费用上涨等。

劳动力平均报酬的上涨是一个长期的趋势，2000年上海从业人员年平均报酬是1.8万元，到2010年达到4.7万元，是2000年的2.6倍。制造业从业人员平均报酬也从2000年1.7万元到2010年上涨到3.9万元，是2000年的2.3倍（见图7）。

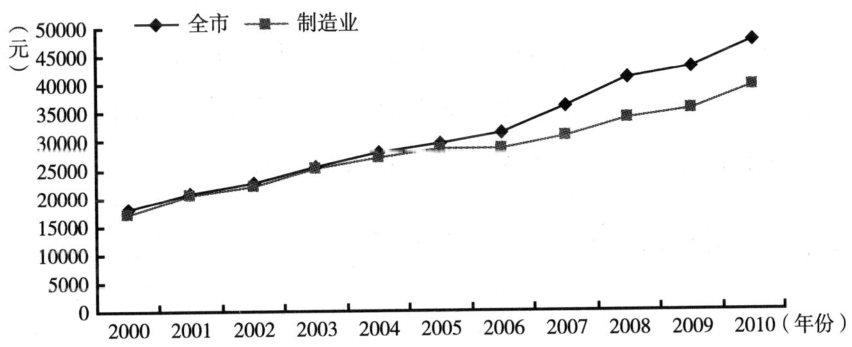

图7　2000～2010年上海全市和制造业从业人员平均报酬

资料来源：上海市统计局：《上海统计年鉴》，中国统计出版社，2000～2010。

而同期的工业品出厂价格指数并没有同幅度上涨，与2000年相比，上海工业品出厂价格除2008年有所上升外，其余年份持平或降低（见表3）。以原材料、燃料和动力为主要内容的工业生产者购进价格的上涨，与上海从业人员的平均报酬的上涨，大大提高了企业生产成本。

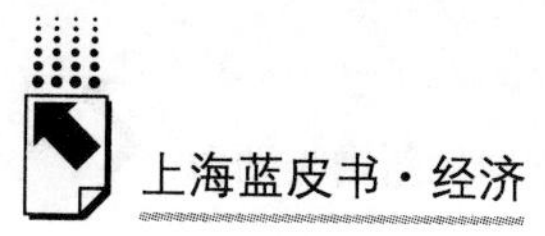

表3　2000～2010年工业品出厂价格指数（以2000年价格为100）

年份	2000	2001	2002	2003	2004	2005	2006	2007	2008	2009	2010
指数	100	96.7	93.2	94.5	97.9	99.6	100.2	101.4	103.6	97.2	99.4

资料来源：上海市统计局：《上海统计年鉴（2011）》，中国统计出版社，2011。

随着从业人员平均报酬的上涨，以及物价的上涨，农民工招工难问题日益突出。进入2010年，全国30个省市竞相提高最低工资标准，上海月最低工资标准也提高到1120元，小时最低工资提高到9元。2011年4月，上海再次提高最低工资水平，月最低工资提高到1280元，小时最低工资标准提高到11元。

2011年新《社会保险法》实施后，再一次提高了企业用工成本。上海的养老保险分城保、镇保、综保、农保等多种保险。《社会保险法》实施后，上海外来劳动力综合保险将实行新标准，上海市参加综合保险的外来务工人员逐步纳入城保，由于城保保障水平较高，缴费水平也较高，这就使企业必须承担更大的压力。

（三）美债信用评级下降加剧传统增长动力集聚的产业风险

外贸依存度（即外贸进出口额相当于GDP的比率）往往被用来衡量国家、地区或城市是否从事外向型经济和市场经济的一个重要标准。就城市而言，外贸依存度越高，城市国际化程度也越高，与国际市场的联系更紧密，对周边国家、地区的辐射力和经济拉动力也越强，但同时受外部经济的影响程度也更大。外贸依存度又分为进口依存度和出口依存度，反映城市对外部市场的依赖程度。美国国债信用评级下调和欧洲债务危机对世界经济的影响是多方面的，对于中国这个以出口大量制成品换取外汇，再购买美国国债的发展中国家而言，不仅意味着债务风险，而且也意味着传统的增长动力所带来的巨大产业风险。

上海改革开放的路径选择，决定了上海经济具有较高的外贸依存度和出口依存度（见图 8）。上海外贸依存度在 2004 ~ 2008 年居高不下，一度达到 172.2%，金融危机后有所下降，2010 年又回升至 148%。从制造业看，出口交货值占工业销售产值的比重一直较高，2010 年达到 27.5%，其中外商投资和港澳台投资企业占上海出口的比重更高，2010 年两者合计占全上海出口交货值的 86.8%，港澳台投资和外商投资企业，也主要以外部市场为主，出口占各自工业销售产值的比重也较高，分别是 55.3% 和 32.3%。从行业看，通信设备、计算机及其他电子设备制造业的出口比重较高，占整个出口的 58.1%。

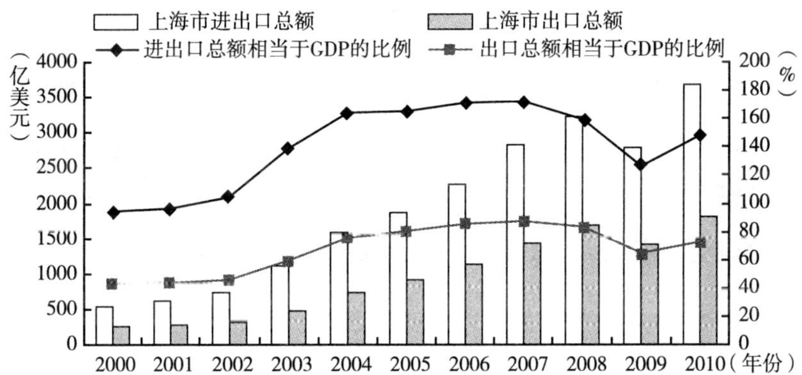

图 8　2000 ~ 2010 年上海进出口额及外贸依存度变化

资料来源：上海市统计局：《上海统计年鉴》，中国统计出版社，2000 ~ 2010。

上海较高的外贸依存度以及制造业中外商投资和港澳台资企业较高的出口交货值，说明这些外商投资企业主要是利用上海较低的生产要素。美国国债信用评级下调，对这些企业意味着风险，从控制产业风险的角度看，上海也需要新的增长动力代替传统增长动力。

二　上海产业结构和能级现状、制约和新动力的方向

传统增长动力的日益衰竭迫使上海必须寻找新的增长动力。满足“创新驱动、转型发展”的新增长动力必须基于产业技术水平的提高、产业附加值的提高，产业整体控制力的提高、产业结构和发展方式的转型，以及减少对资源、能源的依赖和对环境的影响，并能够形成经济增长点。

（一）新增长动力的要求

1. 提高产业技术水平

根据上海经济发展阶段，“创新驱动、转型发展”首先要立足产业技术水平的提高。产业技术水平的提高意味着提高单位投入要素的产出数量和质量水平，意味着减少对资源能源的依赖、意味着减少对环境的影响。现阶段，在上海投资增长乏力的情况下，产业技术水平的提高是关键。而且，后金融危机时期，世界各国也正致力于科技竞争，科技创新已经被公认为是争夺未来经济制高点的法宝。西方发达国家都强调知识创造和创新是未来经济增长的推动力。科技竞争将带来国际产业分工格局新一轮的调整，世界各国和地区都希望在新一轮国际分工中处于有利的地位，区域竞争的压力日益加剧。无论是从上海经济发展的内在要求、还是国际竞争、区域竞争的需要看，产业技术进步都是对新增长动力的要求。

2. 提高产业附加价值

产业技术水平的提高解决了单位投入的产出问题，经济发展还需要注重的是产业价值增值能力，即单位投入所创造的财富水平。提高产业附加价值有多种方式，从传统的产业价值链讲，包括前端的研发

以及后端的营销、服务等，都是提高产业附加价值的环节。不仅如此，随着新的商业模式的不断涌现，价值链日益成为一个生态系统。不同产业价值链的融合、相互支持使得单个产业的价值链不再是线性的，而是构成了价值生态链中不可缺少的各个环节，通过价值链的组合进一步提高附加值，从而构成产业整体的竞争力。实现产业价值增值的方式选择也是对新增长动力的选择。

3. 推动产业结构和发展方式转型

产业技术水平和价值增值能力的提高，意味着新增长动力能够推动上海产业升级。不仅如此，从上海经济发展的内在要求上看，上海还面临产业结构的转型和发展方式的转型。从三次产业结构看，面临着从以制造业为主向以服务经济为主的转变。从服务业内部结构看，面临着形成以知识密集型现代服务业为主的产业结构。从制造业内部结构看，面临着从劳动密集型、资本密集型产业向技术密集型产业转型。从发展方式上看，需要改变过去密集使用资本和劳动要素的发展方式，转型为密集使用知识、创新创意等要素。通过新增长动力推动产业结构和发展方式转型“创新驱动、转型发展”的要求。

4. 能够形成新的经济增长点

新增长动力带来持续的创新、推动产业结构转型和升级必须要形成新的经济增长点，才能形成支撑经济增长的力量，才能改变现有的产业结构、提升现有的产业能级，以改变经济发展方式。形成新的增长点包括两个方面的内容，一是形成新的产业业态，或是通过培育和发展形成新的产业业态，或是通过从传统产业中分离出来的专业化规模化而发展成为新的产业业态，新的产业构成上海经济的重要组成部分，不仅要带动上海的经济增长，也要改变产业结构。二是推动现有的产业技术升级和改造从而形成新的增长点，改变传统产业的投入产出结构，提高产业的投入产出效益，成为产业新的“发动机”，带来经济持续增长。

（二）产业结构的现状、制约及新动力的方向

1. 服务业与制造业结构：通过发展服务经济形成新动力

在上海固定资产投资增长率不断下降的基础上，保持上海经济增长的途径是提高单位固定资产投资的收益，资本边际收益较高的产业是上海新增长动力的方向。与工业相比，服务业每百元增加值对应的固定资产低于工业（见图9），服务业比重的提高是上海经济发展的新增长动力来源。

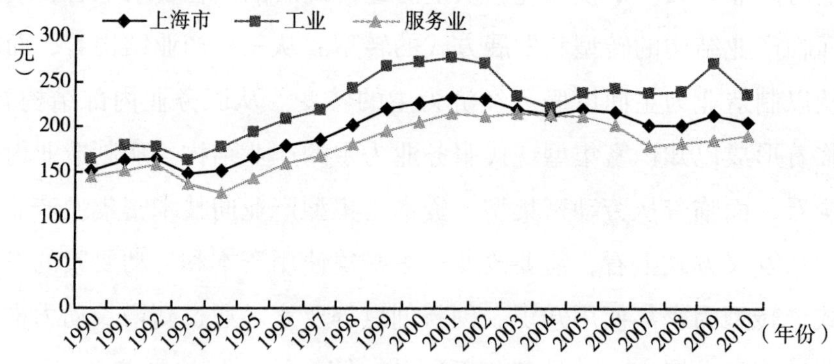

图9　上海每百元增加值对应的固定资产

资料来源：上海市统计局：《上海统计年鉴（2011）》，中国统计出版社，2011。

提高单位固定资产投资的收益，上海必须完成产业结构的转型和升级，形成以服务经济为主的产业结构。按照国际经验和公认的国际标准，对服务经济的认定是以第三产业比重和从业人员比重超过60%为标准，上海现有的经济结构与服务经济还有一定的距离。

从上海三次产业比重看，第一产业比重一直处于不断下降的过程中，到2010年，第一产业增加值114.15亿元，在上海GDP总量16872.42亿元中占比仅为0.7%。第三产业在2003年“非典期间”经历了短暂的下降后，一直处于不断上升过程中；2009年金融危机期间，上海制造业受冲击较大出现下滑，第三产业比重一度达到59%，但始终未达到60%；2010年制造业回暖，第三产业比重回到57.3%，仍未超过60%（见图10）。

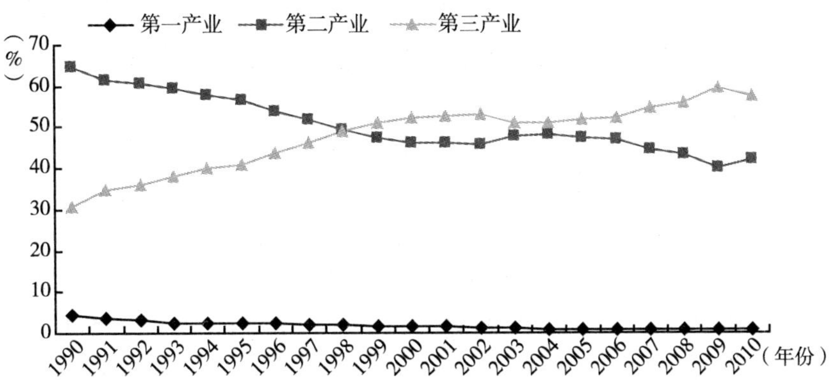

图10　上海三次产业结构比重

资料来源：上海市统计局：《上海统计年鉴（2011）》，中国统计出版社，2011。

从三次产业从业人员比重看，上海第一产业从业人员一直在下降，除2007年度年，第二产业从业人员也不断下降，相反，第三产业从业人员除2007年度外，一直处于上升过程中，最高年度达到56.8%，近两年稳定在55%左右，但始终未超过60%（见图11）。

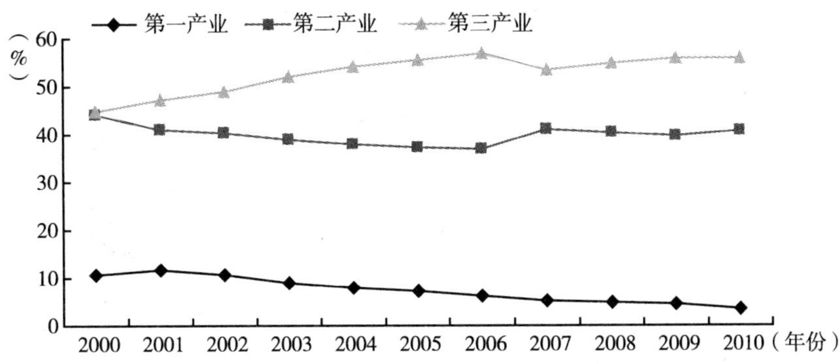

图11　上海三次产业从业人员结构

资料来源：上海市统计局：《上海统计年鉴》，中国统计出版社，2000~2010。

服务业占GDP比重和从业人员比重均未达到60%的比重，一方面说明上海的产业结构与“创新驱动、转型发展”的要求还有一定的距离，另一方面也明确了上海新增长动力的方向之一是发展服务经济。

2. 服务业产业结构：通过发展知识密集型服务业形成新动力

从上海服务业内部结构看，规模居前三位的是批发零售业、金融业和房地产业（见图12）。三个行业合计在第三产业中的占比达到56.4%。在这三大行业中，金融业受外部影响波动性大，而房地产业受国家宏观政策影响较大。批发和零售业属传统劳动密集、资本密集型行业，产业带动力不强。能够对上海产业升级和结构转型起到稳步推动作用的现代服务业，例如交通运输、仓储和邮政业，信息传输、计算机服务和软件业，租赁和商务服务业，科学研究、技术服务业规模都相对较小，在服务业中的比重不高，这四个行业合计只占第三产业的27.23%。知识密集型的服务业发展不足是制约服务业发展和结构优化的重要因素，也是未来上海产业升级和结构调整的新增长动力。

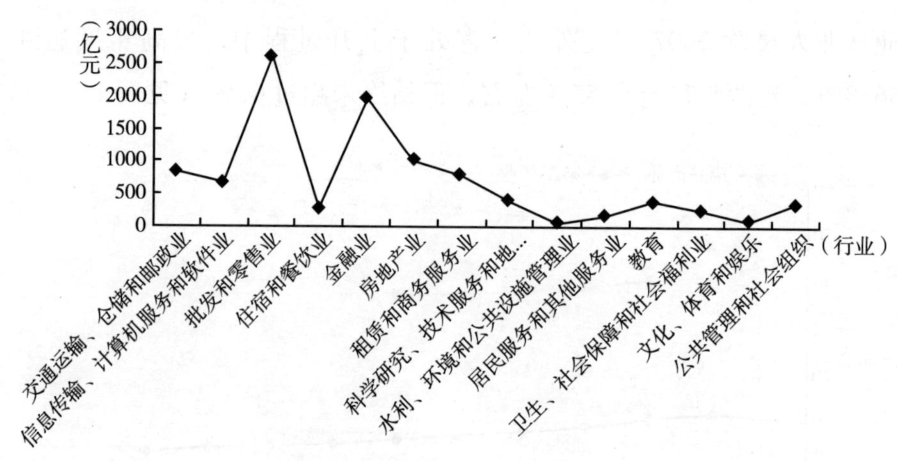

图12　上海第三产业生产总值构成

资料来源：上海市统计局：《上海统计年鉴（2011）》，中国统计出版社，2011。

3. 制造业产业结构：通过发展生产性服务业形成新动力

改革开放之初，上海曾经是全国著名的轻工业城市，经过20世纪80年代以来历次产业结构调整和现代工业体系的建立，重工业在上海工业中的比重不断提高，自1991年重工业规模首次超过轻工业以来，重工业在上海制造业中的比重不断上升，尤其是21世纪以来，重化工业化加快发展以至重工业比重居高不下（见图13）。从制造业的总产值看，2010年，上海工业总产值31038.57亿，汽车制造业、石油化工及精细化工制造业、精品钢材制造业、成套设备制造业四大行业的占比就达到66.1%。从制造业的增加值看，2010年上海规模以上工业增加值6225.98亿中，轻工业增加值1866.21亿元，重工业增加值4359.77亿元，重工业占比达到70%。

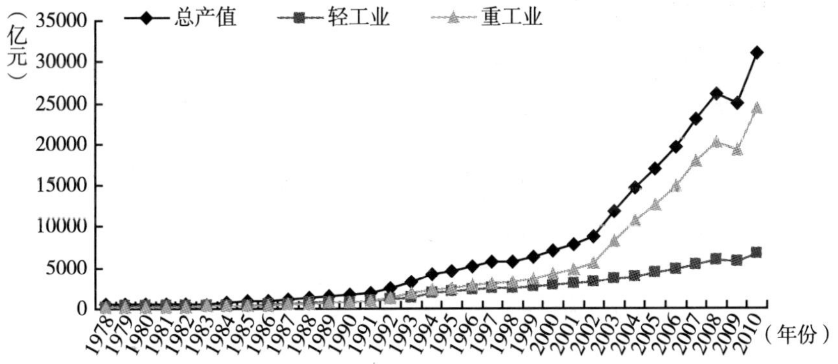

图13　1978~2010年上海工业总产值情况

资料来源：上海市统计局：《上海统计年鉴（2011）》，中国统计出版社，2011。

重工业为主的产业结构对资本的要求较高，对原材料和能源的消耗比较大。为减少制造业对资本、原材料和能源的依赖，促进产业结构轻型化，可以借助上海制造业的规模优势发展生产性服务业以形成新的增长动力。

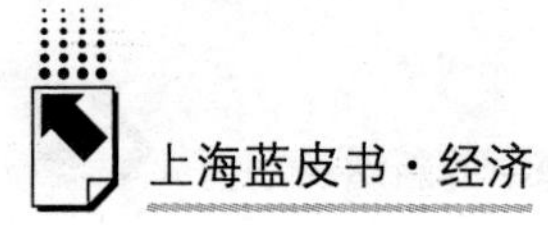

（三）产业能级的现状、制约及新动力的方向

1. 产业价值增值能力不够：通过发展高新技术产业形成新动力

产业价值增值能力如何，可以用总资产贡献率指标来反映。总资产贡献率反映企业全部资产的获利能力，是企业经营业绩和管理水平的集中体现，也是反映产业价值增值能力的重要指标。总的来说，上海制造业的总资产贡献率不高，仅为10.9%，低于全国平均数13.44%（见图14）。

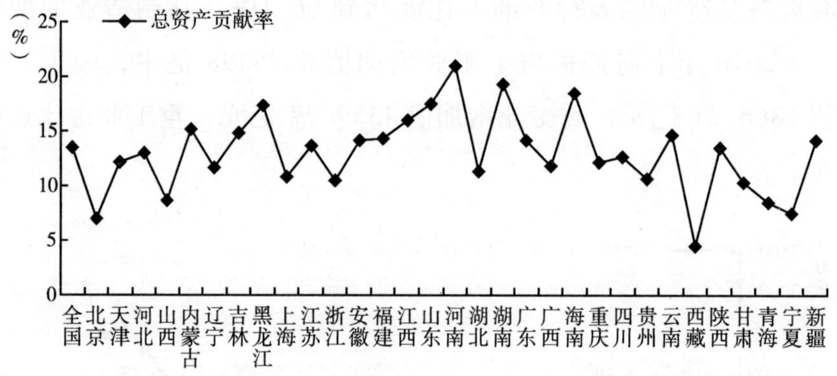

图14 全国各地区规模以上工业企业总资产贡献率

注：其中总资产贡献率（%）=（利润总额+税金总额+利息支出）/平均资产总额×100。

资料来源：上海市统计局：《中国统计年鉴（2010）》，中国统计出版社，2011。

上海总资产贡献率不高，既与上海产业结构相关，也与产业增值能力有关。上海重工业比重高，单位产出所需要的投资规模较大。另外，从工业总产值与利润率的对比看，上海产业规模最大的行业效益不高，也影响了上海总资产贡献率。以上海六大重点行业看，电子信息产品制造业比重最大，占上海工业总产值的23.3%，但产值利润率却只有3%，居各行业之末；生物医药产值利润情况较好，但在上海工业总产值中的比重只有2%（见表4）。产值规模与效益规模的

不匹配，使得上海大量的资源投入未能创造出较好的收益。为提高上海产业资源的配置效率，高新技术产业化是新动力的方向。

表 4　上海六大重点行业产值规模和利润率情况

单位：%

重点行业	占上海工业总产值比重	产值利润率
电子信息产品制造业	23.3	3.0
汽车制造业	12	17.6
石油化工及精细化工制造业	11.4	6.9
精品钢材制造业	5.7	9.1
成套设备制造业	11.6	7.9
生物医药制造业	2	14.2

资料来源：根据上海市统计局：《上海统计年鉴（2011）》（中国统计出版社，2011）相关数据计算而成。

2. 产业控制力不强：通过核心技术关键部件突破形成新动力

上海产业控制力不强主要体现在：一是60%的工业总产值是由外资（包括外商投资和港澳台投资）创造的，上海的汽车产业、电子信息产业等支柱产业以及以轻纺、日化等终端消费品产业的技术支撑大部分掌控在外资手中，上海自身的核心技术开发和品牌打造较为迟缓。而上海具有技术优势的现代生物医药产业、航天航空产业、海洋工程产业、新能源产业、环境保护产业等，由于没有外源资本和民间风险资本的大量介入而未能同步形成大的产业规模。二是关键基础零部件成为制造业发展的薄弱环节。关键基础零部件具有附加值高、技术难度大、供应商少等特点，成为制约制造业发展的薄弱环节。如大型工程机械中，液压件、发动机、电控等。三是高端仪器仪表和控制系统成为影响制造业发展的瓶颈，例如核电仪控、百万千瓦火电仪控等基本依赖国外技术。关键技术、基础零部件以及高端仪器仪表控制系统制约着上海制造业的产业控制力。核心技术和关键零部件的突破是形成新增长动力的重要内容。

三　上海产业升级和结构转型中的新增长动力

从“投资驱动”向“创新驱动”转型，对上海产业结构和能级提出新的要求。上海需要立足自身的产业现状，突破现有产业制约因素，寻找“创新驱动”的突破点和着力点。根据国际经验和上海的实际，新增长动力来源主要有三个方面：一是现代服务业的发展，通过经济形态向服务经济转型带来新的增长动力。二是通过战略新兴产业（高新技术产业）的发展，带动制造业的技术突破和结构转型。三是通过生产性服务业的发展促进制造业专业化发展，提升制造业附加值，形成新的增长点和产业业态。

（一）现代服务业的发展促进产业升级和结构转型

1. 围绕“四个中心”建设发展现代服务业

“十二五”期间，上海金融、贸易、航运中心的建设将加快，伴随金融、贸易、航运中心的建设，相关的高端服务业也会加快发展。

随着国际金融中心的建设，人民币国际化进程加快的机遇，金融创新先行先试，证券、银行、保险、期货、债券等金融业本身以及相关法律服务业、金融中介服务业（评估等）、金融信息服务业等都将获得较快发展。随着国际贸易中心的建设，部市合作机制进一步完善，贸易方式转变和贸易功能提升，贸易和投资促进平台体系建设将加快，营销网络、流通业、高端生活服务业、取得国际认证的注册会计师、律师、咨询机构的需求将会增加。随着国际航运中心的加快，围绕提升上海国际航运枢纽港功能，优化集疏运体系，航运服务产业链的发展可以带动相关现代服务业的发展。与航运相关的各种服务业，例如航运金融服务、航运法律服务、船舶租赁等都将随之加快发展。

伴随金融、航运、贸易中心建设，相关配套基础设施建设，包括

国际信息网络枢纽的建设、电子商务，以及相关功能配套的商务区建设等都将带动相关现代服务业的快速发展，例如跨国公司地区总部和研发中心、运营中心等功能性机构落户上海。

2. 依靠智力投入促进现代服务业转型升级

制造业主要投入是土地、资金、原材料以及技术等生产资料，服务业的主要投入是人力资本。对低端服务业而言，人力资本的投入主要体现为劳动服务，对高端服务业而言，人力资本的投入则是智力。通过加快发展依靠智力投入的现代服务业，例如科学研究、技术服务、信息传输、计算机服务和软件业等，其发展不仅可以成为经济增长点，调整和改善产业结构体系，而且还能够作为其他产业的投入要素，带动整个产业体系的升级。另外，拥有专业知识而形成的现代服务业，例如咨询、会计、审计等行业的发展也能够推动产业升级。通过服务业综合改革试点的推进，国家批准开展服务业增值税试点范围扩大，一些新兴服务业将进一步发展。

3. 创新服务方式促进服务业转型升级

对于传统的依靠劳动密集投入的服务业，如批发零售、餐饮、旅游等服务业，可以通过提高服务的人性化程度、提高服务质量标准、创新服务方式以及与其他产业融合等方法，创新服务业的新业态、提高服务业的附加值，促进传统服务业提升和转型发展。比较成功的例子如上海1号店，1号店将“传统超市”与现代“网络平台”相结合，这一商业创新模式以综合型的产品线、人性化的物流服务、完善的系统管理等全新的服务方式带给消费者省时、省力、省钱、省心、安全、环保的消费体验，自2008年成立，仅用3年时间成长为国内最大的B2C网上超市。

（二）战略新兴产业的发展带动产业升级和结构转型

2009年国务院确立以高端装备制造、新一代信息技术、生物、新能源、新材料、节能环保和新能源汽车为国家战略新兴产业，上海结合自身的产业基础，确立新能源、民用航空制造业、先进重大装备、生物医药、电子信息制造业、新能源汽车、船舶及海洋工程、新材料、软件和信息服务业等9大高新技术产业为战略新兴产业，2010年根据产业实际情况又增加了物联网、云计算和智能电网3个领域。战略新兴产业（高新技术产业）的发展从技术创新、规模化发展以及对制造业的关联带动，将成为上海产业升级和结构转型的新增长动力。

1. 战略新兴产业（高新技术产业）的技术创新

战略新兴产业（高新技术产业）的发展在上海具有相当的技术基础。上海研究与实验发展经费逐年增加，经费支出相当于GDP的比例也在不断增加，2008年上海研发与试验经费相当于GDP的比例超过2.5%，按照国际经验，研发费用投入已经进入创新驱动阶段，2009年和2010年这个比例分别达到2.9%和2.83%（见图15）。与研发经验增长相同的是，上海工业企业新产品产值数也逐年增加，2010年达到5870.2亿元，在上海规模以上工业企业总产值中的比重超过20%。

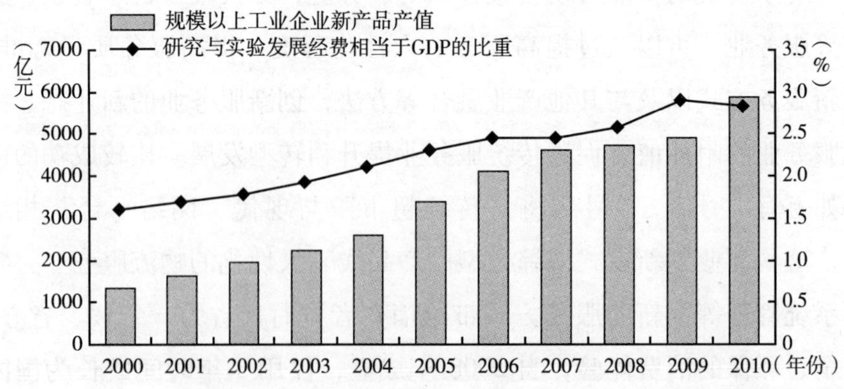

图15　2000～2010年上海规模以上工业企业新产品产值、研究与实验经费相当于GDP的比重情况

注：2004年（含）以前为大中型工业企业，2005年（含）以后为规模以上工业企业。

资料来源：上海市统计局：《上海统计年鉴》，中国统计出版社，2000～2010。

上海研发投入的增长和新产品的开发带动战略新兴产业（高新技术产业）相关技术的突破。例如在新能源领域中核电在核主泵和数字化仪控等方面取得技术突破；在先进装备方面，6 吨系列挖掘机的全套液压系统元件的研制取得技术突破，大型铸锻件、仪器仪表和控制系统都取得一定的突破；在集成电路方面，40 纳米工艺设计的芯片技术缩短了与国际先进水平的差距；在新材料领域高智能节能玻璃膜、背光模组用光学膜等产品均达到国际先进水平。

2. 战略新兴产业（高新技术产业）的产业化发展

战略新兴产业（高新技术产业）在技术不断被突破的基础之上，通过示范项目的运营加大产业化应用，通过进行大规模生产，逐步形成产业规模才能成为上海产业升级和结构转型的新增长动力。2010 年，高新技术产业 9 大领域实现增长 23%，远高于上海工业 17.5% 的增长率，其中新能源领域增长高达 94.6%，新能源汽车增长 60.1%，民用航空增长 48.8%，从增长速度看，战略新兴产业已经成为上海产业新的增长动力。但是，从战略新兴产业（高新技术产业）规模看，在上海工业总产值中的比重只有 23%，这意味着上海战略新兴产业（高新技术产业）要担负起调整上海产业结构、推动产业升级的重任还需要进一步推进其产业化，通过产业链的拓展和带动以及产业基地建设，不断扩大在上海经济总量中的比重，以提高上海制造业技术水平和附加值，推动上海产业发展方式转变。

3. 战略新兴产业（高新技术产业）带动传统制造业发展

战略新兴产业（高新技术产业）对上海产业升级和结构调整的作用不仅体现在自身的发展上，还需要通过产业的投入产出和侧向关联作用，实现对传统产业的技术改造升级，从而带动传统制造业的升级。

通过设备的投入，更新下游产业的装备，加快推进高新技术在传统产业领域的应用和推广，带动传统制造业升级，通过高新技术产业的技术创新带动相关产业的技术改造，最为典型的是通过信息制造业和软件服务业的发展，提升其他制造业信息化水平，通过仪器仪表产业的发展提高其他制造业控制系统的精密度，等等。

在高新技术产业《行动方案》中，软件和信息服务业通过实施《工业软件振兴计划》，在钢铁制造、数控与伺服、柴油电喷控制、功能安全、轨道交通制动、质量检测等领域成立工业软件工程中心，通过软件业技术支持工业发展，带动传统制造业技术升级。

（三）生产性服务业的发展推动上海产业升级和结构转型

根据统计年鉴的分类，生产性服务业主要指交通运输仓储和邮政业（包括现代物流业）、信息传输、计算机服务和软件业（包括软件服务外包）、批发零售业、金融业、商务与专业服务业等。从国际上工业城市从投资驱动向创新驱动转型发展的经验看，生产性服务业的发展是产业升级和结构转型的重要推动力。生产性服务业的发展往往需要立足现有的制造业基础，一是通过服务业与制造业的融合发展生产性服务业，二是在促进制造业专业化发展的过程中发展生产性服务业，三是在促进制造业价值链、产业链的提升过程中发展生产性服务业。

1. 服务业与制造业的融合发展生产性服务业

通过服务业与制造业融合而发展起来的生产性服务业能够提高制造业的附加值，促进制造业发展方式的转变。通过信息化与工业化整合，用现代通信技术实现先进制造业的信息化、智能化、控制化、精密化、柔性化和生态化，提升上海先进制造业的研发水平、生产水平、管理水平，以及先进制造业产品的精密度和深加工度，提升先进制造业的整体水平。通过新的理念如设计创意等促进制造业的个性化发展。形成先进制造业与现代服务业的融合发展、工业化与城市化互动发展的态势。

2. 促进制造业专业化发展的生产性服务业

上海经济的发展阶段决定了制造业的发展不能再走规模化发展的道路，必须向专业化方向发展，促进与制造业专业化发展相关的服务业，如咨询、融资租赁、仓储物流、商务服务等都是未来经济发展的重要领域。除了为上海本地的制造业服务外，还可以延伸到以长三角区域制造业为对象，在更大范围内促进制造业的专业化服务，做大生产性服务业的规模，也可以在区域产业分工中把握主动。

以上海为例，上海的电站设备、输配电设备、钢铁、化工等产业，在国内乃至国际市场占有相当的市场份额，而且在技术上具有一定的领先优势，围绕这些制造业的优势产业，培育发展总集成、总承包服务业，这不仅有利服务经济的发展，也有利于制造业的提升。另外，上海发达的制造业对商务服务与专业服务具有一定的需求，也形成了一定的供给能力。可以从制造业优势出发，通过市场化和专业化发展，培育一些专业技术服务企业，提供公共技术服务平台和信息服务平台。例如围绕汽车、电站、商用飞机等设备价值高昂的领域发展专业融资租赁服务业。同时，上海独特的经济地理位置，海陆空立体交通网络、信息网络发达完善，投融资环境较好，所在的长三角地区经济腹地宽广，制造业门类齐全，而且基础较好，发展以第三方物流为标准的制造业物流，不仅有助于提高上海生产性服务业比重，对于加强和巩固上海地区经济中心的地位具有较好的作用。

3. 促进制造业价值链、产业链提升的生产性服务业

促进制造业价值链提升的生产性服务业，主要是具有知识扩散能力的生产性服务业。例如通过公共创新研发平台的建设，以知识扩散效益带动制造业的技术创新，从而提高制造业技术创新能力。通过总集成总承包、研发设计、专业维修、检验检测等生产性服务整合优化制造业各环节的组成，进而提升制造业整个产业链价值。通过技术服务对制造业企业进行技术改造，通过品牌建设带动制造业市场，拓展提高制造业附加值等。

参考文献

〔美〕钱纳里、鲁宾逊、塞尔奎因：《工业化和经济增长的比较研究》，吴奇、王松宝等译，上海三联书店、上海人民出版社，1989。

〔美〕库兹涅茨：《现代经济增长》，戴睿、易诚译，北京经济学院出版社，1989。

〔美〕迈克尔·波特：《竞争战略/波特竞争三部曲》，陈小悦译，华夏出版社，2005。

上海市统计局：《上海市统计月报》（2011 年 1 月至 2011 年 9 月），上海市统计局网站。

上海市统计局：《上海统计年鉴》，中国统计出版社；上海市统计局网站。

国家统计局：《中国统计年鉴（2010）》，中国统计出版社，2011。

B.5

上海战略性新兴产业发展路径研究

王　丹*

摘　要： 战略性新兴产业是集战略性和新兴性为一体的产业体系，其培育和发展过程具有较强风险性、外部性和准公共性。因此，战略性新兴产业在发展路径选择上必然离不开政府功能的发挥。"十一五"以来，上海战略性新兴产业的发展取得了显著成效，但也面临着诸多困境。"十二五"期间，上海将重点围绕七大战略性新兴产业进行重点突破，尤其在发展路径方面进行优化与创新。本文首先从上海的优势与资源出发，在方向上明确了上海在发展战略性新兴产业的重点突破领域，同时从产业发展动力和技术来源两大纬度较系统地分析了上海在未来五年发展战略性新兴产业的路径模式。

关键词： 战略性新兴产业　发展　路径

自2008年开始，一场以新能源、新材料和新一代网络信息技术为代表的技术革命在全球范围内悄然兴起，催生了一系列新的产业门类，加快了新技术对传统产业的改造步伐。为了充分挖掘新技术革命的潜在契机，抢占具有战略性和高新性的新产业高地，世界各国纷纷提出或制定了发展战略性新兴产业的规划。2010年10月，国务院发布

---

* 王丹，上海市人民政府发展研究中心助理研究员，经济学博士，主要研究方向为产业发展政策、宏观经济形势等。

了《关于加快培育和发展战略性新兴产业的决定》，明确提出了短中长期的发展目标。“十二五”期间，我国将形成战略性新兴产业健康发展、协调推进的基本格局，战略性新兴产业增加值占国内生产总值的比重争取达到8%，并对产业结构升级的作用显著增强。围绕此目标，各省市纷纷制定了战略性新兴产业发展规划，并因地制宜地明确了战略性新兴产业的发展方向和重点领域。上海于2010年着手制定了《上海战略性新兴产业发展“十二五”规划》，并提出了“到2015年，上海要成为我国综合实力领先、在若干领域跻身世界前列的战略性新兴产业集聚区”的发展目标。在此背景下，上海要想有条不紊地加快推进战略性新兴产业的发展，就必须结合上海的资源条件、产业基础、城市功能以及技术导向等，有理有利有序地制定战略性新兴产业的发展路线图。

一　战略性新兴产业的内涵及发展方式

“战略性新兴产业”作为一个新兴的经济术语，它不同于纺织业、装备制造业等以技术和工艺的相似性作为标准的产业，具有特殊的内涵和外延，具有特定的评价标准及发展方式。

（一）战略性新兴产业的内涵及特征

战略性新兴产业是指以重大技术突破和重大发展需求为基础，具有明显“战略性”和“新兴性”的产业系列，它是一个国家或地区实现未来经济持续增长的先导产业，是推进国民经济发展和产业结构转换的支撑产业，是持续维护国家经济命脉和产业安全的战略产业。

1. 战略新兴产业的内涵

从战略性新兴产业的内涵看，它包含了三大内在特性。

（1）具有较强的技术或理念的首创及引领性。战略性新兴产业

一般处于产业生命周期的萌芽与兴起阶段，它往往是伴随着新一代技术革命而产生，是基于变革或创新的新技术、新理念以及新模式在成果化、产业化和市场化之后的结果。因此，战略性新兴产业必定以新兴的技术创新或理念创造为基础，体现了创新技术产业化或新式理念商业化的内涵。

（2）具有较广阔的潜在市场或发展空间。战略性新兴产业作为创新技术和先进理念的载体，它是市场自由选择或政府全方筛选之后的结果，它一方面将在市场、产品、技术、就业效率等方面应有巨大的增长潜力，另一方面将获得政府资金、政策的持续支持。因此，战略性新兴产业不仅代表着产业未来发展的方向，而且将蕴涵着较强的市场竞争力，具有较广阔的发展前景。

（3）具有较强的产业带动或扩散性。战略性新兴产业的发展关系到国家或地区的经济社会发展全局和产业安全，它将成为国家或地区未来经济发展的支柱产业。因此，它往往呈现出产业链长，产业关联度高等方面特质，并具有强大的吸纳就业，以及拉动一批相关及配套产业发展的潜在能力。

2. 战略新兴产业的外在特征

战略性新兴产业所具备的创新先导性、潜在成长性和产业扩散性等内涵，决定了战略性新兴产业在发展中将体现出发展的高风险性、成长的强外部性以及扶持的准政府性等方面的特征。

（1）发展的高风险性。由于战略性新兴产业体现了新一代技术革命，因而其核心技术和主导设计往往并不成熟，在发展过程中所面临的技术风险、产业化风险、管理风险以及市场风险都很大。

（2）成长的强外部性。战略性新兴产业来源于基础研究和原始创新，属于知识技术密集型产业。因而，知识或理念的公共属性决定了新产品进入市场后内置其中的新知识和新技术很容易溢出和扩散，并在全社会范围内产生极为可观的经济效益和社会效益。

（3）扶持的准公共性。战略性新兴产业的高风险性和强外部性决定了市场选择战略性新兴产业存在一定的“市场失灵”，仅靠市场机制的自身调节无法实现资源配置的最优。再加上战略性新兴产业直接关系国家未来安全和公众利益，关系到经济社会发展全局。因此，战略性新兴产业在发展中常常获得政府准公共性的扶持，包括政策引导、资金支撑以及资源倾斜等方面。

（二）战略性新兴产业的选择标准

一个国家或地区要扶持战略性新兴产业的发展，就必须先要制定战略性新兴产业的筛选标准，进而明确战略性新兴产业的发展方向以及重点领域。至于战略性新兴产业的选择依据，国务院总理温家宝曾反复强调了三点：即产品具有稳定并有发展前景的市场需求、具有良好的技术经济效应、能带动一批产业兴起等。这实际上揭示出战略性新兴产业选择的三大根本标准。

1. 体现技术革命趋势的技术创新成果大量涌现的产业

战略性新兴产业发展的普遍规律是“先有技术，后有产业；没有技术，就没有产业”，技术与产业具有深度融合性。因此，一个国家或地区对本国或地区战略性新兴产业的选择，理应是基于国家或地区所获得的新兴技术理念创新成果，根据所掌握的产业关键核心技术或自主知识产权，所具备的技术创新的先导性和持续生产力来确定。目前，在新一轮技术革命的冲击下，在生物、信息、医疗、新能源、海洋和环保等领域新技术创新成果快速发展，这些领域已经成为世界各国或地区大力培育战略性新兴产业的重点。

2. 具有有效推进产业资源配置优化的高成长性的产业

战略性新兴产业作为国家或地区未来经济的重要支柱，以及产业安全的重要保障，将需具有较大的潜在市场需求，体现良好的产业成长性，并能吸纳大量社会就业。与此同时，战略性新兴产业在稳步发

展中，还需促进有利于产业资源优化配置的技术开发，包括激励环境与先进技术开发、改变产业发展的要素成本结构、提升改造传统产业生产效率等方面。目前，战略性新兴产业可以涉及新技术产业化形成的产业，用高新技术改造传统产业所形成的新产业，以及传统服务业细分化、企业内部流程市场化等所形成的现代服务业等方面。

3. 具有较强创新成果产业化和产业链构筑能力的产业

战略性新兴产业是基于技术创新或理念变革所形成的产业系列，它除了需要具备原始的技术创新成果之外，更重要的是具备创新成果产业化的能力，并根据创新成果产业化形成一定的产业链，能在较短时间内实现规模化发展。因此，一个国家或地区对战略性新兴产业的选择，要着重研究本地区的技术创新能力和产业技术，选择那些在本地最有基础、最具优势条件、能率先突破的产业来发展。

（三）战略性新兴产业的发展方式

对于战略性新兴产业的发展方式，从不同纬度进行考察，将呈现出不同模式。

1. 从产业发展动力看，战略性新型产业的发展方式可以分为市场主导下的内生式发展方式、政府培育下的外推式发展方式以及内生式发展和外推式发展相结合的方式。

（1）市场主导下的内生发展路径是指产业的发展主要依赖于市场内部各要素（包括资本、技术、人才等），以市场机制为驱动，最终实现产业内与产业间要素禀赋的合理配置。该发展方式也是企业根据千变万化的市场需求，通过长期的自主研发或技术引进消化，推出适应市场需求的新产品，并将新产品进行规模化生产，最终形成新的产业的过程。

（2）政府培育下的外推式培育发展路径是指政府作为市场之外的力量，通过明确的政策导向、要素投入以及对新技术成果转化、产业化的财政扶持等直接或间接的举措来推动产业的发展，使其在与其他传统产业的竞争中获得优势地位的发育成长过程。

（3）内生式发展和外推式发展相结合的方式是指将市场主导和政府培育的优势有机结合起来的发展方式。通常情况下，战略性新兴产业在市场机制与政府政策共同构筑的环境中形成与发展，因而在不同程度上受到市场机制与政府政策的共同作用和影响。也就是说，现实中战略性新兴产业的形成与发展是市场选择与政府政策扶持共同作用的结果。

2. 从产业技术基础看，战略性新兴产业的发展方式可分为依托技术引进的外源式发展方式、依靠自主原创的内源式发展方式以及依靠“引进—消化—再创新”的外源式和内源式相结合的发展方式。

（1）内源式发展路径是指依靠自身具有较强的原始技术积累和创新能力，通过自身的努力实现技术创新，以及创新成果产业化、市场化的过程。内源式发展路径是战略性新兴产业自主创新和独立发展的路径。

（2）外源式发展路径是指通过贸易、FDI 等方式从外部引进技术，以降低战略性新兴产业的发展成本与风险。外源式发展路径是战略性新兴产业嫁接发展和依附发展的路径。

（3）外源式和内源式相结合的发展方式是指将外源式路径引进的技术进行集成创新和再创新，形成自主知识产权，以避免陷入“引进—落后—再引进—再落后”的恶性循环，以增强战略性新兴产业本土化和持续发展能力。外源式和内源式相结合的发展方式是战略性新兴产业跨越发展和赶超发展的路径。目前，我国在培育和发展战略性新兴产业方面，采取了内源式道路和外源式道路相结合的路径，旨在实现产业发展的优势互补、资源优化，但实质上最终落脚点在自主创新上。

当然，对于战略性新兴产业发展方式仍存在多种考察纬度，但本研究在分析战略性新兴产业的发展路径中将围绕以上两大纬度展开分析，并提出相关建议。

二　上海战略性新兴产业发展的现状及所面临的问题

上海作为我国最重要的创新基地之一，集聚了大量国家级的基础研究和高科技研发资源。长期以来，上海十分重视高技术产业发展和区域创新体系建设，积极探索激励自主创新的运作机制、营造良好的高新技术成果转化的政策环境。面对新一轮技术革命或产业研发的全球化，上海需要抓住契机，加快战略性新兴产业的发展步伐。

（一）上海战略性新兴产业发展的现状

1. 上海战略性新兴产业发展的基本情况

“十一五”期间，上海在加快经济发展方式转变，加快创新型城市建设以及大力推进高新技术产业过程中，从不同方面对战略性新兴产业的发展奠定了基础。

（1）高新技术产业实力不断增强。上海的高新技术产业产值从1995年的378.07亿元，增加到2007年的5631.04亿元，增长13.89倍，年均增幅高达25.24%，在全国稳居第三位（见表1）。2010年，上海高新技术产业规模达到8859亿元，同比增长23%，连续两年高于全市工业增速势头。特别是新能源、民用航空制造业、先进重大装备等9大高新技术产业重点领域加速发展。2010年，上海9大重点领域产业规模达到7364亿元，比上年增长13%以上。

表1　主要省市高技术产业产值及其在全国的位次

单位：亿元

年份		1995	2000	2003	2004	2005	2006	2007	2008
北京	产值	212.8	972.7	1188.5	1539.8	2134.3	2659.9	3186.6	2953.2
	位次	7	4	4	4	4	4	4	5
天津	产值	250.8	675.8	1021.9	1519.6	1793.0	2258.9	2211.0	1944.3
	位次	4	5	5	6	5	7	7	8
上海	产值	378.0	1004.1	2251.1	3259.7	3905.1	4473.5	5631.0	5900.9
	位次	3	3	3	3	3	3	3	3
江苏	产值	477.9	1264.4	3122.4	5029.7	6178.4	7557.1	9661.0	11910.4
	位次	2	2	2	2	2	2	2	2
广东	产值	965.3	2713.5	6583.8	8838.3	10710.7	12975.4	14701.0	16750.5
	位次	1	1	1	1	1	1	1	1

资料来源：国家统计局、国家发展和改革委员会、科学技术部编《2009中国高技术产业统计年鉴》，中国统计出版社，2009。

（2）自主创新能力不断增强。“十一五”期间，经过大力培育自主创新能力，涌现出高端硅基SOI材料、手机机芯核心芯片、超超临界燃煤发电技术等一批具有国际领先水平的自主创新成果。上海光源、蛋白质等一批国家重大科学设施落户上海。在战略性新新产业领域，获批国家工程实验室7家，国家工程研究中心18家，国家工程技术研究中心13家，国家认定企业技术中心38家。此外，2010年，国务院又批复同意将上海张江高新产业园区作为国家首批自主创新示范园区。这些将为上海战略性新兴产业的未来发展提供有力的技术积累、创新资源和创新空间。

（3）高新技术成果产业化步伐不断加快。“十一五”期间，全市高新技术成果产业化步伐不断加快，企业用于应用性研发的投入也节节攀高（见表2）。工业企业的研发投入从2006年的125.8亿元提高到2010年268亿元，增加1倍多。2010年，全市工业企业专利申请

量和授权量分别达到7.12万件和4.82万件，比2006年增长98%和190%。与此同时，为了进一步加快推进创新成果的产业化，市委、市政府出台了《关于进一步推进科技创新加快高新技术成果产业化的若干意见》，设立了自主创新和高新技术产业发展重大项目专项资金，颁布了新能源、生物医药、新能源汽车产业政策，优化了战略性新兴产业发展的政策环境。

表2　上海研发经费支出结构

单位：亿元，%

项目＼年份	2000	2005	2007	2008
研发经费支出	76.73	213.77	307.50	362.30
基础研究	4.79	10.64	16.75	26.32
应用研究	17.53	32.33	36.11	49.86
试验发展	54.41	170.8	254.64	286.12
基础研究	6.24	4.98	5.45	7.26
应用研究	22.85	15.12	11.74	13.76
试验发展	70.91	79.90	82.81	78.97

资料来源：上海市统计局：《上海统计年鉴（2009）》，中国统计出版社，2009。

（4）以知识为特性的新兴服务业不断发展。伴随着新一轮技术革命的兴起，以及工业生产环节的高端化发展，推动着以知识为特性的新兴服务业不断发展。2010年，总承包总集成、研发设计等生产性服务增加值达到5300亿元，占第三产业增加值比重的54%。工业软件、互联网服务等信息服务业的经营收入从2006年的916.8亿元增加到2010年的2300亿元，年均增长26%。以工业设计为核心的创意产业增加值从2006年的549.4亿元提高到2010年的1320亿元，占全市生产总值的比重从6%提高到8%。

（5）依托国际化的新技术能力显著提高。一方面上海聚集的促进创新的跨国投资公司和研发机构不断增加。截至2009年年底，上海累计吸引跨国投资性公司191家，外资研发机构304家；另一方面上海高新技术产业进出口交货值不断增加。截至2009年，上海高新技术产业出口交货值年均增长30%。同时，技术创新专利交易也不断增加，高技术企业走出去的步伐也在不断加快。

（6）战略性新兴产业发展环境不断优化。面对战略性新兴产业发展风险较大的现状，上海不断优化战略性新兴产业的发展环境，强化科技创新的扶持力度，降低新兴产业发展风险。尤其在金融市场环境建设方面更为突出。上海在建设国际金融中心的过程中，强化了保障战略性新兴产业发展的金融市场体系，形成了集证券、期货、产权交易以及股权投资、创业投资等为架构的体系。目前，在沪注册的证券公司14家（占全国13%）；基金管理公司30家（占全国50%）；创业投资机构238家，管理总资本占全国38%。

2. 上海战略性新兴产业发展的主要方式

上海战略性新兴产业的发展已经取得初步成绩，并为后续发展奠定了坚实基础，在发展方式方面具有以下特征。

（1）从发展方向看，聚焦重点领域，强化价值链提升和拓展。上海的战略性新兴产业的发展始终立足城市产业基础、资源特征、要素储备等方面，通过聚焦重点领域，做到“有所为，有所不为”。

第一，聚焦上海支柱产业，强化产业的高端化升级和技术革新。“十一五”期间，上海围绕汽车、生物医药、精品钢材等六大支柱产业加快了产业技术革新和升级。2010年，六个重点发展工业行业总产值达到19863.27亿元，占全市工业产值的比重达到66.2%（见图1），比2006年提高两个百分点。企业用于技术改造投资占固定资产投资比重达到50%，比2006年提高近10个百分点。

第二，聚焦高新技术产业化的重点领域，实施战略新兴产业的基地化发展。未来上海重点发展的战略性新兴产业将聚焦“9+5”个重点领域，涉及2009年开始启动的新能源、民用航空制造、先进重

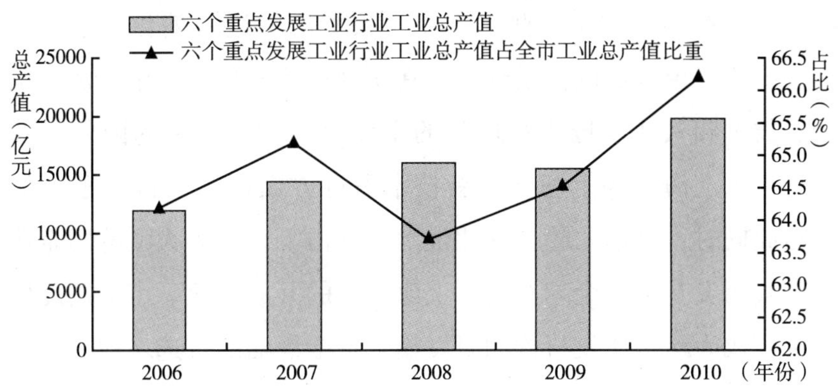

图1　“十一五”期间上海市六个重点工业行业发展情况

资料来源：上海市统计局：《上海统计年鉴（2010）》，中国统计出版社，2011。

大装备、生物医药、新材料、软件和信息服务业等高新技术产业化的9个重点领域，以及2010年新启动的智能电网、物联网、云计算，和2011年即将启动的节能环保、民用航天等5个领域。

（2）从发展动力看，强调政府引导，实施多方参与和合理竞争。上海在推进战略性新兴产业发展中，始终采取“项目引领，基地支撑”的发展模式，并形成了以张江高新区为核心的战略性新兴产业发展基地。在推进发展过程中，上海根据不同产业基地情况，因地制宜选择多元化的推进模式，鼓励多方参与和合理竞争，充分融合政府与市场的功能。主要模式包括：一是“政府主导，国企推进”，如张江高科技园区、金桥进出口开发区、漕河泾新兴技术开发区等基地的战略性新兴产业的发展均获得了基地国有开发公司的支持；二是“政府指导，民企运作”，如紫竹科学园基地的战略性新兴产业的发展通过发挥民企市场招商引资功能实现产业资源的集聚；三是“政府、高校、企业联合推进”，如杨浦“创智天地”通过构筑产学研一体化，集合政府、企业和高校的多方资源，实现战略性新兴产业从技术研发到产业化的全流程扶持。

（3）从技术来源看，侧重于创新技术的引进或消化再创新。上海作为我国改革开放的前沿阵地，在实施改革开放过程中，成为国外资金、技术和人才“抢滩登陆”的主要目的地，大量的国外创新技术纷纷进入上海，为上海在创新技术引进方面创造了得天独厚的条件。与此同时，在新一轮全球化浪潮的冲击下，世界大型跨国企业开始调整其研发基地的全球布局，上海拥有的开放环境、市场制度以及人才资源成为跨国研发机构和研发投资资金登陆的首选之地。在此背景下，上海战略性新兴产业在创新技术来源的路径上，形成了侧重技术引进或外企研发基地的技术溢出等方式，而自主创新能力相对不足。从北京中关村和上海张江这两大高新技术产业园区的创新技术现状可见一斑。截至2010年，中关村参与制定国际技术标准达20项，张江只有3项；中关村技术交易额达960亿元，张江只有160亿元；中关村技术交易输出到本市以外地区的比例达到60%，张江只有30%。但是，张江高新区参与制定国内技术标准数和承担国家重大科技专项数大大超过中关村，反映了张江引进消化吸收再创新能力较强。

（二）上海战略性新兴产业发展所面临的问题

虽然上海在战略性新兴产业发展方面已经取得一定成效，并探索出符合上海特点的战略性新兴产业的发展之路，但在战略性新兴产业发展方面仍面临着诸多困境。

1. 系统性创新体系的建设较为缺乏

战略性新兴产业是基于新技术革命而兴起的产业，它是新知识、新创意或新理念所架构的产业系统，不是一项专利、一次技术突破所能支撑的。因此，要培育和持续发展战略性新兴产业，就需要科学、系统的部署面向未来的基础研究、应用研究和成果转化、产业化等各阶段科技发展任务和重点，充分挖掘与新兴产业相关的科技成果，打

通技术研发、应用示范、市场培育和产业发展、技术标准和配套设施等各个环节的壁垒和障碍，使技术创新成果尽快产业化。目前，上海在战略性新兴产业发展方面虽然明确了发展重点或领域，但是在发展模式上往往采取项目引导和单纯的自技术引进，不仅缺乏能够把创新前端的基础研究、前沿研究，中端的关键技术和共性技术的研发、技术服务、技术交易，后端的投融资服务、项目产业化、创业孵化、人才培训等融合成一个有机的开放式创新网络，而且缺乏形成完备配套的产业链体系，致使战略性新兴产业缺乏持续发展，体现引领作用的后劲。

2. 适应性的管理创新支撑较为缺乏

战略性新兴产业不仅在技术上不同于传统产业，而且在商业模式上也会呈现相应的变革，其创新不仅是技术创新，也是技术创新与商业模式创新的有机结合。在此背景下，在发展战略性新兴产业过程中应当建立起支持和鼓励技术创新和商业创新的管理模式，以新的方式满足客户需求以及需求结构的变化、改变价值链的关键环节或者纵向一体化整合价值链、跨行业整合资源以构成独特的价值链。但目前，上海在政府行政管理、资质管理、价格管理等方面尚不能满足战略性新兴产业发展的需要，一些有利于新技术新产品进入市场的政策法规体系不健全。

3. 创新团队的形成机制较为缺乏

一般而言，领军人才是战略性新兴产业培育的灵魂，上海在发展战略性新兴产业过程中，不断强调重点引进一批直接面向企业、掌握核心关键技术的海外高层次人才和领军人才。然而，仅有领军人才远远不够，新兴技术的产业化需要一个配置合理的创新团队，需要技术专家、企业家、管理专家、市场开拓专家等的通力合作。目前，上海在战略性新兴产业人才方面，仅出台了针对领军人才、“千人计划”等高端人才的吸引政策，对于创业型创新团队却缺乏有效的寻访、推荐、吸引、积聚和培育机制。

4. 企业主体的技术创新能力不强

从国际经验看，战略性新兴产业更多萌芽于中小企业的创新，即使是在大型企业十分强盛的美国，80%以上的技术创新成果仍然来自中小企业。中小企业是将大学和研究机构的原始知识创新转化为市场可接受产品的最佳载体。但在上海，科技型中小企业一直处于弱势，政策歧视、体制约束、市场准入难和融资难等瓶颈仍没有克服。与此同时，国有企业所推进的创新多以模仿的平台衍生技术创新为主，缺乏长远的战略规划，在前沿技术和平台技术方面的创新准备严重不足，不能有效整合整个技术创新链的创新活动；外资研发中心与自主创新体系的关联度不高。总体而言，上海尚未形成以大企业为核心整合分散的中小企业的产业组织模式，缺乏具有创新活力、行业领先的龙头企业。

5. 科技成果本地转化率不高

上海科技成果本地转化率不高，一方面高校专利的转化率呈现逐年下降趋势。目前上海专利转化率远低于全国平均水平，全国专利转化率为10%左右，而上海不到5%，高校专利发展与专利转化、转让呈反向发展趋势（见图2）。另一方面即使高校科技创新成果转化，大多也在外地实现产业化，在上海本地实现成果转化的比例很低。从上海交通大学2010年科研统计情况看，在1087项申报专利中，792项为授权专利，这其中仅有10%的成果进行了转化。而在转化的成果中，在上海转化的仅占到一成，在外地转化的占到九成。

产生这个问题的根源是，一方面上海科研人员超过60%集中在高校或科研院所，因人才管理和激励机制不能有效地实现产学研利益共享，致使科研创新人才客观上不愿推进创新成果产业化。另一方面科技成果的发现、评估、筛选、转移机制以及中介服务体系发展比较缓慢，创新成果缺乏有效的产业化桥梁。

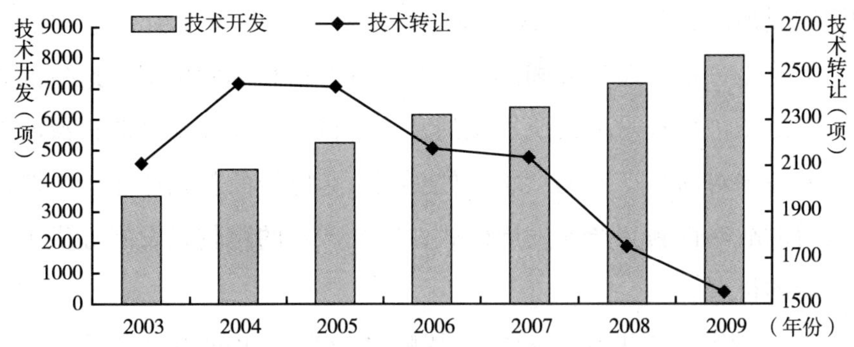

图2　2003～2009年上海技术开发与技术转让的情况

资料来源：高炜宇：《破除瓶颈，加快上海高校科技创新成果转化》，《专家反映》（上海市政府发展研究中心）总第699期。

三　上海战略性新兴产业发展的路径选择及优化

“十二五”期间，上海面对新的国内外环境，新的历史使命以及新的城市目标，必须要抓住机遇，加快战略性新兴产业的发展步伐，通过优化其发展路径，抢占新技术和新产业高点，实现产业的跨越式提升。

（一）上海战略性新兴产业发展所面临的机遇与挑战

1. 上海加快发展战略性新兴产业的历史契机

（1）新技术革命使世界各国的新兴产业处在同一起跑线上。当前，全球经济与竞争格局正发生着深刻变革，全球科技正进入一个前所未有的创新密集时代，生物、新能源、新材料、云计算等领域的科技发展正孕育着新的革命性突破，世界主要国家纷纷加快部署，推动新能源、信息、生物等新兴产业快速发展，并选择不同的新兴产业作为突破口，提出以复兴制造业为核心的“再工业化”的战略思路。从国际经验看，每次技术革命均将产生新兴产业，为技术“追赶型”

的国家或地区提供产业跨越式发展，并树立产业技术引领地位的机遇，无论是日本，还是韩国，其汽车、电子信息等领域国际地位的确立均是源于信息技术革命所提供的契机。目前，新技术革命再次激发了世界各国对新兴产业的竞争，处于同一起跑线的新兴产业为上海选择有效的战略性新兴产业发展模式，实现产业的跨越式发展提供了千载难逢的机遇。

（2）国家赋予上海引领发展战略性新兴产业的历史重任。近年来，在提升经济发展质量，加快经济发展方式转变过程中，我国将发展战略性新兴产业作为重要的战略举措。2009 年，党中央、国务院做出了加快培育和发展战略性新兴产业的重大决策。2010 年，国务院常务会议审议并原则通过《国务院关于加快培育和发展战略性新兴产业的决定》。同时，按照国家的总体部署，国家赋予了上海加快实现“四个率先”以及加快构筑以服务经济为主的产业结构，要求上海把加快培育和发展战略性新兴产业放在推进产业结构升级和经济发展方式转变的突出位置，在战略性新兴产业的发展方面起到引领和示范作用，并代表国家参与国际新兴产业竞争。2010 年，国务院原则同意将张江高新区作为国家首批自主创新示范区，再次体现了国家赋予上海引领发展战略性新兴产业的历史重任。

（3）上海城市转型发展急需战略性新兴产业提供持续支撑。加快培育和发展战略性新兴产业是上海转变发展方式、调整产业结构的必然选择。面对上海城市发展所面临的资源禀赋、土地空间、环境容量等方面约束日益突出，上海城市的转型发展急需培育和发展知识密度高、资源耗费量少、综合效益明显且具有较强成长潜力的战略性新兴产业。与此同时，上海在基础科学研究方面一直以来并不落后，很多战略性新兴产业的技术与发达国家相比差距相对较小，有些领域基本处于同等水平，甚至局部领域具有领先优势，上海在战略性新兴产业的发展方面具有更明显的创新优势。

2. 上海加快发展战略性新兴产业所面临的挑战

（1）各地对战略性新兴产业的一窝蜂式推进制约了产业发展。在我国提出大力发展战略性新兴产业政策导向的背景下，全国各省市均出台了一系列战略性新兴产业的发展规划，并且在产业方向、产业重点的选择等方面出现了较多雷同。全国各地一窝蜂式的发展战略性新兴产业，一方面使战略性新兴产业处于“高技术不高”的技术初级阶段。比如不少地区打着发展新能源行业的旗号，实际上是大上技术水平相对低下而且高耗能的多晶硅项目；另一方面使战略性新兴产业过早进入“未熟先衰”的产能过剩阶段。目前，我国风电设备、煤化工等多个战略性新兴产业的行业门类已经面临着较为严重的产能过剩。此外，各地均提出了战略性新兴产业的发展规划，加快了各地在创新资源、技术创新成果等方面的竞争与争夺，导致战略性新兴产业发展成本不断增高，产业发展难以形成有效的系统。

（2）长期的技术引进的产业发展战略已形成较强的路径依赖。长期以来，上海在产业发展方面多数采取贸易、吸引投资等方式直接引进外来技术，一方面形成了产业发展技术的“引进—落后—再引进”的持续引进之路；另一方面逐渐形成了产业发展技术的“引进—消化—再创新”的二次创新之路。但无论走哪条道路，上海的产业发展技术具有较强的外部依赖型，具有较强的路径依赖。

（3）跨国大企业对产业技术创新成果存在封杀态势。在全球范围内，技术领先的大型跨国公司对新出现的技术创新，不仅布下各类专利的“天罗地网”，而且一旦有损于自身利益，就会一路“围追堵截”，将其扼杀在摇篮之中。其原因在于一旦新的创新成果获得成功，将有可能彻底打破跨国公司的垄断，从而在根本上改变整个产业的竞争格局。在这样背景下，上海高校的科技创新成果也受到跨国公司一定程度的封杀，影响了科技创新成果的产业化。

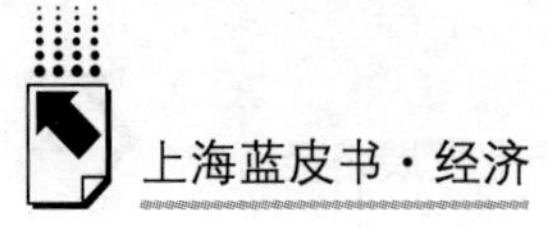

（二）上海战略性新兴产业的发展路径选择

针对战略性新兴产业的发展现状，以及所面临的机遇和挑战，上海应根据自身在发展战略性新兴产业所具备的人才、资金以及产业基础等方面的优势条件，在明确重点发展重点的情况下，进一步优化战略性新兴产业的发展路径。

1. 上海战略性新兴产业发展重点领域的选择

从总体来看，上海已围绕“高端化、集约化、服务化，推动三二一产业融合发展，加快形成服务经济为主的产业结构，努力打造我国战略性新兴产业的技术创新引擎，推动战略性新兴产业创新、集聚、跨越式发展”的方针，提出了战略性新兴产业的发展方向。若结合战略性新兴产业三大选择标准——体现技术水平的高新性和战略性、体现资源配置的高效性和根植性、体现产业发展的成长性和带动性，上海的战略性新兴产业的未来发展应重点聚焦以下领域：新一代信息技术产业、生物医药产业、高端装备制造、环保产业、新能源产业、文化创意产业、智能电网、新材料、新能源汽车产业等。

在具体发展次序的选择方面，上海应立足于自身产业资源、技术创新条件、产业配套基础、国家战略需求以及产业竞争力等方面的实际情况，制定出“率先发展、加快成长、积极培育”的梯度发展思路，聚焦重点领域或工程进行突破。

（1）率先发展新一代信息技术、高端装备制造、生物医药以及文化创意等领域战略性新兴产业。这些产业领域在上海已经形成一定发展规模，存在较大的发展空间，并积累了一定科技创新方面的经验，对上海的产业带动、技术引领以及配套完善等方面可以产生较强的带动作用。在新一代信息技术产业方面，上海可以在坚持信息产业优先战略的情况下，重点发展集成电路、新型显示技术、通信网络及设备、软件和信息服务业等产业，并依托国家重大科技专项，聚焦物

联网、云计算、半导体照明等新一代信息技术，突破核心芯片、基础软件、设备等方面的制约；在高端装备制造业方面，上海可以着力提升重大装备自主设计、制造和总包能力，积极发展数字化和系统集成为核心的智能制造装备，在特高压、轨道交通、精密仪器制造、检测设备、海洋工程装备、航空电子等装备领域实现技术突破；在生物医药方面，上海可以加快发展重大疾病防治的生物技术药物、新型疫苗和诊断试剂等创新药物品种，加快生物医学工程产品产业化，加快突破抗体药物、有源数字化大型诊疗设备等关键技术。在文化创意产业方面，以文化传媒、研发设计、建筑设计、视频服务、咨询策划、时尚消费为重点方向，提升文化创意的内涵及相关服务模式。

（2）加快新能源、新材料以及智能电网等领域的战略性新兴产业成长。这些领域的产业是新一轮技术革命的直接推动力，其技术在世界范围内尚处于研究或探索阶段，上海虽然缺乏这些产业的发展基础和经验，但面对全球范围内处于同一技术起跑线的行业，上海应该加快抢占技术先机，构筑新兴产业制高点。在新能源产业方面，上海可以重点聚焦风电、太阳能、核电等领域，积极发展薄膜太阳能高端装备，提升风电技术装备水平，发展新一代核电设备等领域；在新材料产业方面，上海可以积极发展高品质特殊钢、新型合金材料、高性能工程塑料等先进结构材料，开展纳米、超导、智能等共性基础材料研究，提升碳纤维、超高分子量聚乙烯纤维等高性能纤维及其符合材料的水平；在智能电网产业方面，上海可将新能源接入与控制、电力电子应用及核心器件、智能变电站系统及智能设备、电力储能、智能配电网与智能用户端、高温超导等作为重点方向。

（3）积极培育节能环保、新能源汽车等领域的战略性新兴产业。在我国加快转变经济发展方式的大背景下，节能环保产业、新能源汽车行业将成为我国未来重点发展的先导产业，上海急需在这些产业发展中起到引领、示范的带动作用。在环保产业方面，上海可以加快资源循环利用关键共性技术研发和产业化示范，加快建立先进技术支撑的完整废旧商品回收利用体系，积极推进煤炭清洁利用，海水综合利用等；在新能汽车产业方面，重点发展插电式混合动力车、电池电容纯电动车，继续开展燃料电池轿车技术研发，着力突破“电池、电机、电控”等关键核心技术。

2. 上海战略性新兴产业发展模式的选择及优化

在明确战略性新兴产业发展重点的基础上，上海要切实推进战略性新兴产业的发展，需要在把握上海战略性新兴产业现有发展模式的基础上，结合战略性新兴产业的发展机遇与挑战，进一步优化战略性产业发展的推进模式。

（1）从产业动力纬度看，推进战略性新兴产业集群化发展，强化政府统一引导下的多主体参与模式。战略性新兴产业由于具备的高风险性、强外部性和准公共性等特性，因而其发展总离不开政府的参与和支持。但与此同时，上海在战略性新兴产业的发展过程中，已经初步形成了政府引导下的多种发展模式。为了进一步提升战略性新兴产业的技术创新能力、构筑产业技术创新体系，以提高产业资源利用效率，上海战略性新兴产业的发展需要实施集群化发展模式，走政府的统一领导和协调下的多主体参与推进的发展之路。

第一，战略性新兴产业应向张江国家自主创新示范区集群发展。张江国家自主创新示范区是国务院批复同意的首批旨在推进自主创新能力及相关产业发展的创新基地，将在鼓励创新及创新成果产业化等方面给予大量政策、资金和项目等支持。上海战略性新兴产业向示范区聚集，不仅可以享受示范区的优惠政策，加快产业的聚集创新步伐，而且可以充分利用示范区内的各类创新平台或资源，形成相对完备的产业技术创新和产业配套体系。

第二，强化政府统一引导，建立“引逼退”的管理机制。当战略性新兴产业向张江国家自主创新示范区集聚之后，政府一方面要通

过其派出机构从全市层面对战略性新兴产业进行规划、引导和服务；另一方面要充分赋予具体推进主体参与的积极性，发挥原有模式中所体现的灵活性和竞争性等优势，以增强战略性新兴产业发展的目标性、持续性和市场性。在政府统一引导过程中，针对战略性新兴产业所处产业的生命周期特征，政府应该建立“引逼退”的管理机制，即在产业初期阶段，加大引导性和政策扶持力度；在产业成长阶段，要通过相关产业规章来逼迫企业参与市场竞争，不断增强其竞争力；在产业步入稳定发展阶段，政府的相关扶持政策或措施要主动退出。

（2）从技术来源纬度看，推进战略性新兴产业走“引进技术二次创新”和“自主创新”双轮驱动的发展模式。国内外不同时期战略性新兴产业的发展历程表明，凡是能够形成核心竞争力的战略性新兴产业，都是依靠原始技术创新发展起来的。从上海现有产业技术和研发创新能力的现实情况看，上海产业技术的积累多数来源于改革开放之后的技术引进，但上海研发创新能力多数源自改革开放前创新资源的沉淀，导致上海的研发创新能力与产业技术发展间存在着较大的不匹配性。因此，在发展战略性新兴产业过程中，上海无论是选择“引进技术的二次创新”之路，还是仅选择“自主创新”之路，均不符合上海产业发展的实际，这将影响到战略性新兴产业发展的前景与后劲。在此背景下，上海应转变技术创新的导向，变供给导向的技术创新为需求导向的技术创新，增强技术创新的实用性和产业化水平，并充分发挥产业技术引进的积累优势，走“引进技术二次创新”和“自主创新”双轮驱动的发展之路。

第一，从“引进技术二次创新”方面看：

一是将战略性新兴产业的技术创新融入到全球创新网络体系，确保技术引进。从全球创新活动的发展阶段看，进入2000年以后，全球创新活动进入了创新网络体系阶段，创新活动被分割为相对独立的

板块，各板块的创新活动因比较优势驱动而在世界各地布局。上海应依托自身创新资源主动融入全球创新体系，以吸引各类跨国创新技术组织的布局，保障技术引进。

二是推动海外创新人才与国内创新团队的对接，以实现引进技术的本土化。技术创新成果的实现最终是创新人才的知识积累或沉淀，引进创新技术的过程实质是实现创新知识输入的过程。因此，上海需要着力引进具有创新水平的领军人才或机构，以实现创新技术的溢出。同时，还要推动引进的海外人才与国内创新团队的对接，通过本土团队的知识内化，实现创新知识的本土化。

三是建立以应用实验室为核心的实验室体系，以确保引进技术的二次创新。创新实验室体系包含着技术实验室、产品实验室和应用实验等，由于产业发展中的引进技术属于技术嫁接过程，因此，在引进技术的二次创新过程中，应首先强化引进技术在本土使用中应用型创新，通过模拟应用环境的变化来改造引进技术，使其更贴近本土产业发展的需要。同时，以应用型创新为突破口逐步进入产品创新和技术创新的层面。

第二，从“自主创新”方面看：

一是强化共性技术创新组织建设，构筑一体化的“产研学”创新体系，增加自主创新的导向性。目前，上海的自主创新过程中面临着两个相对独立的“自循环圈”，一个是以高校、科研院所为核心的“原始创新圈”，一个以企业研发中心或实验室为核心的“应用创新圈”，两者之间缺乏必要的联系与互动，导致“原始创新圈”的很多创新成果或专利无法实现产业化的“无效创新”。强化共性技术创新组织建设将有助于实现“两圈”衔接，可增强创新的目的性，提升创新成果的产业化率。

二是强化自主创新成果的专利保护，加快创新技术创新成果的交易模式，激发创新成果的真实价值。技术创新成果因知识共性的特征

而很容易被窃取，因此，需要用排他性的专利保护实现维护技术创新组织的利益，否则将会制约自主创新的效率和积极性，也将会影响创新成果交易模式的创新。事实上，由于创新成果在产业化之前，其产值难以得到真实评估，因此可以通过“授权使用”等新型交易方式，来激发科技创新的内在价值，进一步激发技术创新活动。但要实现技术创新交易模式创新，激发更多创新活动，就需要加强以专利保护为主要内容的诚信体系建设。

三是完善自主创新的中介服务体系，以系统化分散自主创新的风险。战略性新兴产业在萌芽阶段面临着各种各样的不确定性，风险很大，尚未形成竞争优势，因此，必须形成支持自主创新活动的中介服务体系，尤其是金融服务体系，需要形成一整套支持创新的天使投资、风险投资、股票市场、垃圾债券市场、收购市场、再担保基金、创业投资母基金、知识产权法律、狙击型知识产权诉讼等环环相扣、有机协同的投融资机制，使自主创新活动的各个环节均有资金支持。

四是推动自主创新团队的建设，鼓励创新型中小企业的发展。科技创新人才和创业团队是战略性新兴产业发展的关键要素，新兴技术的产业化需要一个配置合理的创新团队，需要技术专家、企业家、管理专家、市场开拓专家等的通力合作，因此需要加快以领军人才为重点的创新团队建设，通过引进一个领军人才，培育一个创新团队，发展一个高科技企业，造就一批拥有自主知识产权的高端项目或产品，进而带动一个新兴产业的成长。

四　上海实施战略性新兴产业发展路径的对策建议

上海战略性新兴产业要实现上述发展路径，就需要在要素建设、主体培育、平台构筑和环境改善等方面加快推进。从上海近期可以实施或重点突破角度看，提出以下对策建议。

（一）依托技术研究引领产业发展

组建战略性新兴产业工程研究院，持续监测和跟踪最新技术创新或应用动态，组织应用型前沿技术研究。

借鉴美国的国家标准技术院（NIST）、日本的工业技术研究院（AIST）、荷兰的应用科学研究院（TNO）等的经验，组建处于“大学—产业”链条核心位置的公益性和社会性的战略性新兴产业工程研究院，其功能包括：组织新兴产业发展战略研究，掌握全球发展动态，把握产业发展方向；制定新兴产业技术战略图，整合各种创新资源，并通过顶层设计、规划和管理，提升整个系统的创新效率；攻克新兴产业发展的共性技术和关键技术；发挥技术引进、人才培育、资讯提供、衍生公司、创业孵化、技术服务与技术转移等作用，大力推动产学研的有机结合；协助政府有关部门制订具有针对性的新兴产业培育策略。

（二）形成“龙头企业 + 中小企业”的创新组织结构

加快国有企业考核机制创新，形成“龙头企业 + 中小企业”的创新组织结构。

战略性新兴产业的培育和发展需要一个大中小企业共生的市场结构。由于上海国有企业比较庞大，在经济社会活动中发挥着举足轻重的作用，但国有企业在推进企业技术创新方面普遍存在着动力不足的情况，究其根源就是国有资产考核制度。因此，要加快国有企业考核机制创新，如将研发投入不计入国有资产保值增值范围等，调整国有企业的价值取向，改变大型国有企业急功近利的心态。同时，积极介入国有企业与高校的科技合作，提高国有企业对创新长期性和创新可能失败的容忍度，进一步加大从事超前开发技术研发项目的力度。此

外，需要千方百计地促进“小而精”的中小企业发展，为战略性新兴产业发展提供基础性力量，创造产业生态活力和大量就业机会。

（三）依托环境建设，保障科技创新

加快科技创新的中介服务、科技金融等方面的环境建设，为科技创新提供全流程保障。

要大力提高创新资源的配置效率，必须充分发挥科技中介机构的桥梁作用。政府应当积极主动地承担起健全和完善中介服务体系的责任。一方面积极吸纳社会力量，重点围绕企业技术创新咨询、技术创新成果转化、公共科技信息发布、风险投资等方面发展科技中介机构；另一方面通过优惠政策等多种途径鼓励现有中介机构不断拓宽业务范围，加速技术创新成果的商品化和市场化进程。同时，建立适应科技型中小企业融资特点的信贷体系和保险、担保联动机制，促进知识产权、无形资产质押贷款等金融创新。积极探索设立政策性的科技银行，创新“银行＋担保＋额外风险收益补偿机制”的新型金融服务模式。

（四）完善开放式的科技创新平台建设

完善开放式的科技创新平台建设，推进科技创新成果交易模式创新。一方面设立全球开放的大型科技仪器、设备和实验室等，建设开放性创新平台，加强国际科技合作，获取国际创新资源和产业关键技术；另一方面建设研发专利运营平台，筛选适合成果就地转化，帮助不适合的创新成果向外输出，使上海逐步形成具有成果交易功能的全球产业标准化交易中心。此外，还要为高技术产业化提供分析、评估、预测、检测、代理等功能的服务平台。

（五）通过政府采购降低科技创新的市场风险

加大政府对科技创新产品的首购或采购，降低科技创新成果的市

场风险。政府有目的的、导向性的购买活动能够创造和增加技术创新产品的市场需求。有效降低新兴产业技术创新和市场开拓的投资风险。发达国家的实践证明，政府的公共采购政策是激励企业自主创新的重要手段。美国在每年的政府公共采购合同中都将合同总额的20%左右留给中小企业，这可以对中小企业技术创新起到很好的激励和支持作用。因此，上海应进一步加大政府对战略性新兴产业的创新产品首购或采购的力度。

（六）打造人才高地

推动领军人才引进与本土创新团队培育联动机制，打造人才高地。一方面积极引进海外领军人才，建立高技术产业化相关环节的国际智力精英储备库，重点引进一批直接面向企业的全球高水平研发人才、高技能生产人才和高层次管理人才；同时，加快引进以领军人才为核心，包括技术、管理、营销等专业人才在内的创新团队。另一方面努力培育本土优秀人才创造有利的政策环境，建立“基础科学特别研究员”、“科技特别研究员”等制度，加大自主研发人才的培养力度。强化产业工人技术培训，为高技术产业化环节奠定强大的人才基础。

参考文献

宋宗宏：《发达国家推进战略性新兴产业发展的启示》，《广东经济》2011 年第 2 期。

熊勇清、曾丹：《战略性新兴产业的培育与发展：基于传统产业的视角》，《重庆社会科学》2011 年第 4 期。

程新章、吴勇刚：《中国发展战略性新兴产业的政策选择——主流经济学和演化经济学的比较分析》，《江苏社会科学》2011 年第 1 期。

辽宁省人民政府发展研究中心课题组：《辽宁战略性新兴产业发展路径与关键环节》，《辽宁经济》2011 年第 2 期。

B.6

上海生产性服务业的创新模式与发展环境研究

陶纪明　刘学华*

摘　要：生产性服务业是上海构建服务经济时代新型产业体系和转变经济发展方式过程中一支不可或缺的力量。从城市转型的角度出发，适应产业升级和高端化发展趋势，上海生产性服务业下一步发展可重点围绕制造企业集团向总集成总承包商转型模式、平台型模式、外包型模式和嵌入型模式四种创新模式，从突破制约生产性服务业发展的税制瓶颈等出发，优化提升产业整体发展环境，全面提高发展质量和水平，真正成为推动产业升级和结构转型的重要动力源泉。

关键词：生产性服务业　创新模式　制度环境

上海在“十二五”规划中明确提出了生产性服务业增加值倍增的战略目标，并将其作为重要的战略性抓手来推动产业整体的转型升级。在生产性服务业领域，上海属于破题较早，发展较快的城市，经过多年的发展，许多行业的商业模式创新已经初露端倪，有的还展现出旺盛的发展势头。总结和梳理这些创新模式，不仅有重要的理论价值，而且对我国生产性服务业的发展也有着积极的借鉴意义。

---

* 陶纪明，经济学博士，副研究员，上海发展战略研究所副所长；刘学华，经济学博士，上海发展战略研究所助理研究员。

一 2011年上海生产性服务业发展情况分析

（一）产业规模迅速提升，服务经济主体地位进一步确立

自“十一五”以来，上海生产性服务业一直保持着快速发展的态势，年均增速超过15%，高于全市工业和服务业的平均增长速度，2009年尽管面临严峻的金融危机冲击，上海的生产性服务业增加值仍然达到4628.6亿元，占全市服务业增加值的一半以上，占全市GDP比重达30.8%，[①] 实现了GDP三分天下有其一。2011年，伴随上海转变经济发展方式和产业结构调整效应的初步显现，生产性服务业促进制造业改造提升和结构优化效应更是逐步增强。特别是在服务业增值税“扩围”改革试点等带动下，不仅催动上海宝钢、上海汽车等大型制造业企业纷纷加快生产性服务业单元剥离步伐，走社会协作、精细分工和专业化发展的道路，政策洼地效应还开始使得许多央企、长三角服务业企业表现出向上海集中的浓厚意向，整体发展势头十分强劲。2010年，上海重点生产性服务业企业完成营业收入4105亿元，同比增长23.8%；实现利润320亿元，同比增长17.5%。[②] 以宝山区为例，2011年1~3季度，全区规模以上生产性服务业企业完成收入和利润增长都在30%以上，占区级增加值比重也超过30%。生产性服务业成为上海加快构建服务经济时代二、三产业融合发展新型产业体系过程中不可或缺的重要力量，对经济转型的促进作用日益明显。

（二）重点领域优势突出，生产性服务业继续向高端延伸

2011年，上海继续聚焦总集成总承包、研发设计、金融服务、

① 王坚在“上海‘十一五’现代服务业发展专题报告会”（第六场，2010年10月15日）上的讲话。

② 吕网大：《上海积极推进生产性服务业发展》，人民网·上海频道，2011年6月28日。

供应链管理、电子商务、专业咨询和中介等重点领域，加大政策扶持和探索力度，积极推动产业集聚发展，带动生产性服务业不断向高端领域突破，从各门类来看，表现得也十分明显。例如尽管物流服务仍然是规模前三位的行业，利润占比较大，但是这些传统产业门类的利润增速仍然继续呈现下滑趋势，相比之下总承包总集成、供应链管理服务、教育培训服务、专业售后服务等产业利润的增速较快，科技研发、节能环保、专业售后服务等发展潜力进一步显现。2011 年上半年，电子商务交易额占商品销售总额的比例从 2010 年年底的 11.4% 提升为 11.7%①，增幅十分明显。龙头企业包括上海电气、上海宝钢、长江计算机、振华港机等都呈现出良好发展势头。

（三）积极推进载体建设，产业集聚发展态势逐步显现

围绕“打造成为高端生产性服务业集聚辐射区”的目标，当前上海继续加快以推动园区、功能区建设等方式引导生产性服务业的集聚发展，利用规模溢出效应等促进业态和模式创新。2011 年，上海加快推进郊区生产性服务业功能区的布局，8 月份，青浦工业园区集团公司所属的淀山湖生产性服务业功能区获批，成为上海第 24 家全市重点推进和重点创建的功能区，作为远郊区的功能区吸引了工业园区内及周边地区的日本日立电梯、德国妮维雅等国内外知名的制造业企业将研发测试中心、销售体验中心、维修检测中心等生产性服务业企业（部门）入驻，很好地实现了“产城一体”的融合化发展。中心城区和近郊区的市北高新园区、金桥等生产性服务业功能区则重点集聚发展了一批特色鲜明、错位发展的高端生产性服务业企业。从整体格局上看，上海从中心城区到郊区（县），充分发挥各区县产业基

① 杨群：《沪经济转型初现成效，消费成经济增长强劲动力》，2011 年 9 月 8 日《解放日报》。

础和区位条件优势，初步形成了与全市城市空间规划、产业布局规划有机统一的生产性服务业布局体系。

（四）税制改革迎来突破，服务外包达成共识

2011 年上海迎来了现代服务业税制改革的重大突破。10 月底，国务院正式决定在上海交通运输业和部分现代服务业开展增值税改革试点，逐步将征收营业税改为征收增值税。上海破除壁垒，大力发展生产性服务业的决心已经显露无遗[①]。当年，上海出台了《关于试行鼓励制造业分离生产性服务业若干财政扶持政策的通知》和《进一步鼓励支持制造业主辅分离促进生产性服务业加快发展的财政政策意见》两项政策，目的在于通过财政补贴的方式鼓励和支持大企业大集团主辅分离，鼓励生产性服务业从集团内部剥离出来。

我们知道，税负较重一直是制约生产性服务业健康发展的一个重要障碍，一方面按营业税征收使得服务业和制造业在税负水平上处于不对等地位，另一方面按营业税征收也制约了许多制造性大企业、大集团把内部服务部门外包出去，从而影响了生产性服务业的发展。虽然目前还无法对税制改革的效果进行评估，但作为一种展望，我们有理由相信上海的生产性服务业将由此获得进一步的推动力，松绑后的生产性服务企业将焕发出更大的发展潜能。

（五）成立生产性服务业联盟，产业功能平台不断夯实

2011 年 6 月底，上海生产性服务业联盟正式成立。联盟的宗旨是“学习交流、促进合作、服务企业、发展产业”[②]，联盟除宣传国家有关方针政策和法律法规外，还将进行行业跟踪调查，国内外行业

① 营业税是地方税，而增值税地方只能拿到25%的份额，因此，上海率先进行税改需要极大的信心和勇气。

② 徐蒙：《上海生产性服务业联盟成立》，2011 年 6 月 29 日第 4 版《解放日报》。

趋势研究，技术咨询和服务，国内外交流与合作等。应该说，联盟的成立不仅及时而且必要，比如上海一直都没有一个部门对生产性服务业的基本发展情况进行基本归纳和梳理，甚至连行业的边界都处于模糊状态。联盟成立后，便与各相关职能部门合作，率先界定了涉及生产性服务业的12大门类33个大类90个中类和141个小类的全口径统计范围，初步建立了较为完整的行业统计体系。

总体上看，2011年上海市生产性服务业无论是在内部结构还是在层次方面都开始呈现出转变，为上海经济更好更快发展提供了新的动力。但是，这些转变在很多方面仍然还没有实现根本性的突破，生产性服务业发展突破传统的路径模式还有相当长的一段路要走。比如尽管上海生产性服务业发展占服务业比重超过了60%，但仍然是跨国公司等控制高附加值的服务环节居多，外资制造业同本土服务业结合不强；上海本市制造业企业在生产性服务业领域表现参差不齐，多以低端产业环节为主，[①]在全球价值链中的分工地位有待提升。因此，理清上海生产性服务业发展的动力机制和创新模式，突破现有瓶颈束缚并制定相应的发展策略，已经成为亟待解决的重要课题。

二　上海迎来生产性服务业发展的黄金机遇期

从增长动力与产业发展转型的总体思路出发，上海大力发展生产性服务业，加快向现代服务业高端领域拓展，是遵循产业结构不断优化升级的产业发展规律的需要，是承接全球产业转移从主要发生在制造业领域逐步转向服务业领域的需要，也是上海“创新驱动、转型

① 截至2009年，上海生产性服务业产业构成中，批发零售业占比最大，为34.9%，而高端的电子信息产业和科研服务则占比较低，分别为9.7%和5.9%（臧倩：《上海经济转型破题：发展“嵌入式”生产性服务业》，2011年2月23日《21世纪经济报道》）。

发展”的必然选择。伴随上海经济发展方式从依靠投资和资源投入带动向依靠创新和提高效率驱动的转变，在城市功能转型提升和新技术应用等共同作用下，生产性服务业在外部政策环境变化的推动下即将进入黄金发展期。

（一）战略地位不断提升，制度环境获得显著改善

上海“十二五”规划纲要明确提出要加快发展生产性服务业，强调通过“促进服务业与制造业的深度融合，推动制造业企业发展品牌、研发设计等高端环节，着力发展总集成总承包、检验检测、产品认证、供应链管理、专业维修、融资租赁等生产性服务业”。在产业结构优化升级的背景下，国务院将上海列为增值税扩围改革试点城市对生产性服务业战略地位的确立意义十分重大。针对服务业所存在的营业税重复征收的问题，通过政策支持或税制改革等渠道加以解决，改善生产性服务业发展的软环境，加大扶持力度，推进生产性服务业功能区建设，为进一步打造高端生产性服务业品牌创造条件。政府扶持和政策推动的效应将会得到集中显现（见专栏1）。

专栏1 上海各区县政府积极引导传统企业向高端生产性服务业企业转型

2011 年以来，上海市宝山区有关职能部门充分利用市总集成总承包工程专项引导资金支持，重点聚焦冶建、工程技术等区域特色行业，加强企业调研与业务指导，鼓励企业创新经营理念，引导一批传统企业开展总集成总承包工程服务，加快向总集成总承包的高端生产性服务业企业发展。据统计，宝山区第一批上海市总集成总承包工程专项引导资金项目申报筛选推荐的中冶赛迪上海工程技术有限公司、上海通用金属结构工程有限公司、上海国冶工程技术有限公司与上海

宝康电子控制工程有限公司四家企业申报专项资金支持的项目合同金额便达到1.66亿元。通过专项资金引导，加快推进企业运用高新技术和现代化信息技术提升企业核心竞争力、创新企业营业模式提高企业服务能力，鼓励企业转型发展为技术先进型企业或生产性服务业企业，促进企业提高核心技术水平，积极拓展业务领域和交钥匙工程等服务模式，转型发展为技术先进、服务功能强大的总集成总承包企业。

资料来源：上海市宝山区人民政府网站。

（二）产业融合互动和企业内部升级步伐加快

从产业和企业层面看，生产性服务业与制造业发展相互融合，不仅可以加快产业转型升级步伐，更能增强企业发展的价值创造能力和国际竞争力。进入“十二五”，上海先进制造业和战略性新兴产业的快速发展成为生产性服务业快速发展的重要依托。先进制造业作为上海建设“四个中心”的重要产业支撑逐渐开拓出以研发、创新和增值为重点的路径，不断提高制造业的核心竞争力和产业附加值。2011年，上海在原2009年确定的新能源、民用航空制造、先进重大设备、生物医药、电子信息制造、新能源汽车、海洋工程装备、新材料、软件和信息服务9大高新技术产业化重点领域的基础上，进一步囊括智能电网、物联网、云计算、节能环保、民用航天5个领域，总数达到14个。高新技术产业化领域的不断拓宽和战略性新兴产业的积极培育，很好地带动了知识密集度高、资源消耗小、带动作用强的生产性服务业发展。以落户上海浦东的中国商用飞机有限公司总装制造中心为例，目前已在上海成立了大飞机的项目设计研发、总装制造和客户服务三大中心。与此同时，面对转型压力，上海和国内传统企业纷纷加快自主创新和转型升级步伐，产

业链和价值链结构不断优化，生产性服务业的外部化、专业化与市场化的趋势也日趋明显。

（三）“涌进来”与“走出去”：内需和外需两大路径的拓展

从市场需求来看，上海生产性服务业发展的路径拓展也同样包括“内需型发展路径”和“外需型发展路径”①。2011 年，受国家地位提升、世博会后续效应、日本大地震等影响，在全球产业格局深刻调整的大背景下，上海生产性服务业的路径拓展也进入一个全新的阶段。世博会后，随着上海全球城市的知名度大幅提升，越来越多的跨国企业选择上海作为其在亚太地区总部、研发中心、营销中心的布局首选地，以人才、管理、制度、网络等优势资源为依托的外资服务业也随之开始选择“涌入”上海；上海还成为我国本土崛起的跨国企业“走出去”的重要平台和跳板。特别是 2011 年 3 月份日本大地震之后，许多日资企业和驻日跨国企业开始将其高附加值环节和功能性部门向上海转移。9 月份，上海金山日本企业产业园在揭牌之初投资总额便达到 1 亿美元。伴随上海逐渐成为未来亚太地区流量经济的控制中心，从提供在沪跨国企业的生产性服务，到积极承接服务外包业务，生产性服务业发展路径得到极大的拓展。

（四）信息化与工业化融合：新技术应用的大力推动

支撑“两化融合”的生产性服务业是指能带动、促进和支撑工业企业两化融合的服务业，按价值链环节可以分为研发设计、加工制造、生产管理、市场营销、物流供应、客户服务等，按功能服务可以分为企业咨询、企业金融、安全生产、绿色生产、职业培训等。从趋

① 刘杰、何骏：《中国生产性服务业发展的创新之路——路径拓展、模式创新与机制培育》，《经济体制改革》2010 年第 1 期。

势上看，信息化与工业化的“两化融合”以及互联网、电信网和广播电视网的“三网融合”开始渗透到上海经济发展和产业结构调整的各个领域。“十二五”规划中，上海提出了到2015年“信息服务业经营收入达到6000亿元，成为全国信息服务高地”的发展目标。一方面在生产性服务业结构中，软件和信息技术服务业的规模不断扩大，物联网、电子商务等逐渐成为生产性服务业发展的核心领域，同时不断拓展新领域，发展新业态；另一方面信息技术应用进一步深化，对于提高生产性服务业知识含量、产业附加值，以至对服务经济的发展具有重大推动作用。以物流行业为例，上海郊区（县）物流信息平台建设有力带动了物流产业园区的快速发展，2011年前三季度，上海化工区物流产业园财税收入同比增长超过50%，信息技术水平提升有力推动了物流园区生产性服务业与化工区先进制造业的供需对接。

三　上海生产性服务业发展的创新模式研究

围绕上述外部环境变化，上海生产性服务业既有庞大的市场需求，也面临着重大的战略机遇。加快发展生产性服务业，需要基于制造业与生产性服务业的互动关系以及上海国际大都市未来发展的远景等进行综合性、系统性分析，从转变经济发展方式和动力机制的战略高度出发，切实转变发展观念、创新发展模式。事实上，随着“大虹桥”、“迪士尼”、“大飞机”等一些重大投资项目在2011年的持续推进，高端制造业和现代服务业中一些关键产业也在迅速崛起，这代表了上海生产性服务业增长动力与产业发展转型的新方向。具体来看，可以将上海加快生产性服务业发展的创新模式概括为制造企业集团向总集成总承包、平台型、外包型以及嵌入型创新和转型的四种发展模式。

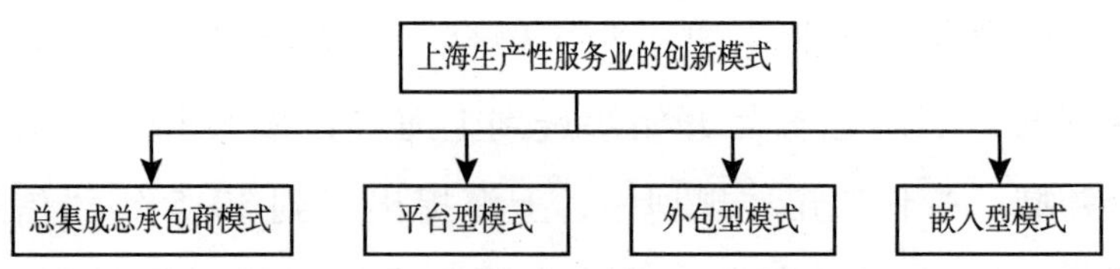

图1　上海生产性服务业的四大创新模式

（一）总集成总承包商模式

总集成总承包是企业优化整合各种资源、加强集成创新与总体管控运筹、提供综合解决方案与服务的一种商业模式，是大力发展高端生产性服务业，推动服务经济发展的重要内容。对此，大力发展总集成总承包不仅是提升上海大型制造业企业综合竞争实力的重要手段，也是加快发展高端生产性服务业，推动经济发展方式转变的重要途径。总集成总承包服务现位于上海市生产性服务业发展的十大重点之首，因此，总集成总承包商模式可以说是上海实施“创新驱动、转型发展”，提升自主创新能力和促进产业结构调整的直接途径。长期以来，上海重点监测的总集成总承包样本企业营业收入都呈现出良好的增长势头，更多上海企业完成了从“拿订单、出产品”到“拿工程、交钥匙”的转变。对于总集成总承包项目，上海市经济和信息化委员会设有专门的项目支持，支持的模式有“交钥匙”工程；融合前端咨询、设计、研发和后端运营外包、售后服务的总集成总承包模式；项目管理服务、项目承包、建筑工程管理、建造—运营—移交、建造—移交等多种模式。对服务业来说，该项目主要支持供应链管理、研发与设计、检测、节能与环保、一站式外包服务等专业服务平台的总集成总承包；支持生产性服务业功能区基础服务、第三方物流以及产业园区推进“数字工厂”的总集成总承包（见案例1）。

案例1　上海总集成总承包商从“借船出海”向“造船出海”转型

利用城市品牌影响力，上海总集成总承包商积极推进海外市场拓展。上海现代建筑集团在向总集成总承包商转型的过程当中，充分利用中高端人才资源优势等逐渐走出国门。目前，在海外市场拓展方面已形成一个包括工程项目前期咨询、设计、施工、采购在内的完整产业链。上海宝钢工程技术有限公司作为宝钢发展工程技术服务业的主体企业，着力拓展国内外市场，该公司坚持技术创新与拓展市场并举，充分发挥企业技术优势和品牌效应，新签合同额再创历史新高。目前，韩国现代300tRH、LF炉总承包项目正在紧锣密鼓地实施，纳米比亚水泥工程总承包项目合同金额达到6亿元，已完成比利时VOD转炉项目、巴西LF炉总承包项目的投标，滚筒渣处理设备和技术等优势产品已与海外多个国家达成输出意向。

资料来源：励漪：《上海生产性服务业发展迅速增长高于制造业》，人民网·时政·各地要闻，2008年12月23日。

（二）平台型模式

平台型模式主要包括电子商务和第三方支付两种行业。电子商务是指交易当事人或参与人运用现代信息技术和计算机网络（主要指互联网）所进行的各类商业活动，包括货物贸易、服务贸易和知识产权贸易。这里的电子商务是先进技术和先进商务模式的融合。所谓第三方支付，就是一些和产品所在国家以及国外各大银行签约并具备一定实力和信誉保障的第三方独立机构提供的交易支持平台。在通过第三方支付平台的交易中，买方选购商品后，使用第三方平台提供的账户进行货款支付，由第三方通知卖家货款到达、进行发货；买方检验物品后，就可以通知付款给卖家，第三方再将款项转至卖家账户。

从上海情况来看，制造业发达、产业链完整、金融市场完备、国有经济强势，有条件大力发展垂直型第三方支付企业。因为，上海开展第三方支付企业的发展优势在于渠道和产业链。上海具备交通优势、产业优势、人才优势和市场优势，应该大力发展产业链整合支付，以信息化的支付手段，带动上海先进制造业和现代服务业的发展，推动高新技术产业化，促进产业融合发展（见专栏2）。

专栏2　上海需要新的平台型企业：既要“不可怕的狮子”，也要“可怕的怪兽”

现今，许多优秀的传统制造企业正在逐步演变为平台型企业。例如，丰田把供应商和其他合作伙伴纳入平台，进行模块化的研发和生产，并使制造和设计相连通，在全球范围内灵活调配资源。波音走得更远，把一架飞机分解为无数零部件和模块，交给供应商生产，甚至让供应商参与零件与模块的研发，而自己成为一个设计和系统集成的平台，其核心能力就是对系统和流程的设计、控制和优化。如果说制造型平台企业都是从生产一种产品逐步演化为整合资源的平台，那信息技术产业中的很多新兴企业就生而具有平台基因。比如微软的Windows操作系统，各种应用软件、用户都在Windows这块平台上播种和开花结果。

无论是传统企业由卖一种产品演进为平台型企业，还是一些信息产业的平台型企业快速成长为一方霸主，它们在自己的专业领域内逐步扩张，即使长成一头凶猛的狮子，也是我们认识的物种，这并不可怕。但是，随着互联网的普及使我们进入了数字化生存时代，催生了一批互联网平台型企业，这些企业创造新的商业模式，同时不断渗入和颠覆各种相邻产业，无边界地加速成长。淘宝在成为亚洲最大C2C、B2C交易平台后，又向线下渠道、传媒业、物流业大举渗入。对媒体业，淘宝与浙报集团合作成立《淘宝天下》，并开发出了被称

为“淘代码”的全新广告模式。2010 年 6 月，淘宝网推出大物流计划，联合国内的物流企业，在北京、上海、深圳和成都等地与第三方建立了物流基地和配送中心，把商家、物流企业都纳入其物流平台，从淘宝订单流转到实物包裹递送，实现服务标准的统一，提升用户体验。

资料来源：张春燕：《诸神之战——新平台型企业的原动力》，《中欧商业评论》2010 年第 7 期。

（三）外包型模式

至 2011 年 9 月底，上海共有服务外包企业 1043 家，同比新增 221 家，吸纳就业 19. 05 万人，比去年新增 4. 82 万人。[①] 事实上近几年来，上海服务外包不论是企业数量还是从业人员都连续处于快速扩张状态。一方面一些跨国企业，诸如埃森哲、汇丰等世界 500 强企业纷纷在上海设立亚太或全球数据处理中心、采购中心、物流中心等，把其在全球的业务带到了上海；另一方面许多国内知名的外包服务企业也把上海作为战略要地，纷纷在上海成立分公司和子公司。2011 年前三季度，上海服务外包合同金额已达到 16. 02 亿美元，同比增长 36%。[②] 上海的服务业外包重点聚集在软件和信息服务等领域，包括业务流程、知识流程外包等高端软件外包，数字媒体外包、金融信息服务外包、人力资源外包等，以及云计算、移动互联网等新型业态的信息服务外包。从发展阶段上看，根据服务外包市场的层次性及其业务难度，大致可将服务外包产业的发展划分为以面向离岸的低层次外

① 郁中华：《申城服务外包合同金额 16. 02 亿美元同比增长 36%》，2011 年 10 月 21 日《劳动报》。

② 郁中华：《申城服务外包合同金额 16. 02 亿美元同比增长 36%》，2011 年 10 月 21 日《劳动报》。

包服务、吸引和开发国内服务外包以及面向国内外的高层次服务外包等三个从低到高的不同阶段。上海应紧紧抓住全球服务业加速转移的重要契机，将自身打造成为中国最适合服务外包发展的城市，努力成为亚太地区服务外包产业的集聚中心之一（见案例2）。

案例2　上海漕河泾与张江高科服务外包基地

漕河泾生产性服务业功能区将在未来重点打造生产性服务业、服务外包产业与光伏产业三大基地。漕河泾开发区生产性服务业功能区占地17万平方米、总建筑面积40万平方米。功能区建成后，集聚一批跨国公司的地区总部和研发、技术、管理、结算中心，并将为入驻企业提供科技中介、技术产品展示和交易、会计事务、知识产权等综合配套服务。到2015年，漕河泾开发区共将为光伏产业园基地投入建设资金15亿元。基地将建成光伏生产、光伏研发、光伏企业总部、光伏配套服务、企业孵化等五个功能区。漕河泾开发区在1100多家国内外企业中，集聚了一大批高附加值和高新技术企业，并在高新技术产业领域已成为跨国公司转移高科技、高附加值加工制造、研发中心和其服务外包业务的重要承接基地。预计到2015年，基地将形成1000兆瓦以上规模的光伏产业链和光电应用产业集群，实现产值1000亿元以上。浦东张江高科技园区已集聚了500多家承接服务外包业务的企业，其中包括GE、霍尼韦尔、毕博等近10家国际研发中心和惠普、花旗、印孚瑟斯、SAP等300多家技术中心，国际知名的从事服务外包的企业纷纷落户上海。从目前情况看，发包方企业主要集中在软件业、专业服务、创意设计、商务等领域；外包业务来源主要集中在美国、日本、英国、奥地利、加拿大、瑞士、法国等。

资料来源：宗晨亮：《“上海硅谷”投资25亿打造生产性服务业功能区》，中国新闻网，2009年8月22日；何骏：《聚焦中国的服务外包》，《经济导刊》2008年第5期。

（四）嵌入型模式

嵌入型模式主要指生产性服务业发展要从为制造业企业提供生产前和生产后的服务转向“嵌入”制造业企业产业链内部和整个生产过程的服务模式。大力发展“嵌入式”生产性服务业，同上海制造业中国有企业占据绝对优势的背景密切相关。国有企业“大而全”的问题是束缚生产性服务业高端化发展的重要瓶颈，要实现生产性服务业改革的突围，就得走嵌入型生产性服务业发展的道路。“上海本土制造业价值链中某些环节可以通过外包完成，但多数企业选择自己去做，导致他们需要的生产性服务业都是价值链低端的生产服务，上海的生产服务企业至今为止仍主要是低端的生产服务性企业，于是就与本土制造业配合形成了一个低端生产性服务业的封闭循环。”① 各制造业企业对生产性服务业的发展抉择有其历史的原因，多半不是基于企业自身的比较优势自然衍生而来的，难以引导生产性服务业向高端制造业配套发展。对此，不同于传统的第三方物流等同制造业的分离，以第四方物流、供应链管理、全程融资解决方案等为代表的“嵌入型”发展模式也应当成为政策扶持和引导的重点。以物流行业为例，“全程物流方案”等不再仅仅是传统的物流、仓储和配送服务外包，而是一个综合性、全面“嵌入”制造业生产环节的服务模式。如上海中远物流除了汽车物流、化工物流、家电物流和展品物流等专业化的物流品牌之外，还大力发展融资物流业务，帮助中小型企业解决融资难的问题。

四　转型背景下上海生产性服务业发展的制度环境

生产性服务业发展模式的创新需要进一步的体制机制完善作为配

---

① 臧倩：《上海经济转型破题：发展“嵌入式”生产性服务业》，2011 年 2 月 23 日《21 世纪经济报道》。

套和保障。尽管上海作为率先步入服务经济时代的城市，在税制改革试点等领域已经有所突破，但必须要看到，生产性服务业面临的税收、法律、监管、行政管理等制度瓶颈仍然是束缚发展的关键问题，具体来看，在制度环境上主要面临“三大瓶颈”。

（一）税收体制

营业税的重复征收问题和增值税改革扩围的两难选择是核心症结所在。营业税重复征税不仅对服务业造成了严重的税收负担，而且不利于制造业企业服务单元的剥离和专业化发展。现有税制下，对生产服务型企业按照营业税额全额征收营业税，并且服务分工越细，税收负担越重。以3%营业税税率计算，服务业承担的营业税要普遍高出规模以上工业企业增值税平均税率2个百分点左右。上海市服务业增加值占GDP的比重超过50%，但全市来源于服务业的税收却在75%左右。对此，增值税扩围总体进度的加快提供了新的想象空间，但必须看到，增值税扩围的顺利推进迫切需要在试点范围、增值税立法等方面加大改革力度。增值税扩围实施细则的确定、中央地方财力分配以及地方政府的支持力度等都存在不小的阻力和障碍。此外，个人所得税起征点低、税率高，导致人力成本高企，不利于上海引进和集聚现代服务业高端人才等也是重要原因所在，许多金融、保险等尖端人才难以留在上海，非常不利于生产性服务业的高端发展。

（二）管理体制

生产性服务业天然具有跨行业、跨区域的要求，发展模式的创新往往需要跨行业和部门的综合性创新、供求双方互助的协作性创新，这就要求不同的组织部门之间能够建立一种灵活的合作机制和快速的响应体系。因此，条块分割的政府管理体制对生产性服务业的拓展和创新往往存在严重的影响。以航运金融为例，其创新会涉及银监会、

保监会、证监会、交通部、海关、商务部等多家政府管理部门的介入。上海生产性服务业的发展有限，也与政府和国有企业的大量行政垄断、行业垄断有关。例如，上海市诸多行业领域的进入都有严格的限制，民营资金很难进入，企业从研发到市场培育仅靠自身发展非常缓慢，但政府却难以给予积极的引导。而在垄断条件下，现有企业已经获得了高额的利润回报，使其再进入其他新的业务领域的动力明显不足。在限制其他企业进入的同时，已进入的企业又不积极，造成了资源利用效率的低下。总之，现有生产性服务业存在的管理体制的分割问题，形成了上海市各个行政区之间互设壁垒、低效率同质化竞争问题。此外，受区县分割的影响，上海市的生产性服务业在发展过程中同样存在低水平重复建设、过度竞争和资源浪费等顽症，高度的产业同构和重复建设容易造成整个上海产业布局缺乏层次性和互补性，进而造成资源的浪费。

（三）监管体制

在产业发展与政府部门“政绩”挂钩的情况下，企业的发展将会惠及政府和政府内的个人。潜在的经济利益将行业发展与地方政府“捆绑”在一起。由于体制、政策的原因，生产性服务业（例如：金融、信息、航运等）的市场准入门槛或审批权普遍高于工业，管制过多、集中度过高、市场化程度低的问题较为突出。一些行业对非国有经济和外资经济没有完全开放，弱化了竞争机制在产业发展中配置资源的基础性作用，造成所有制结构单一、资源流入不足。结果是行业内部企业经营效率低下，难以形成创新的动力。目前在上海有很多世界级的航运公司，上海的船舶保险保费收入约占全国船舶保险 1/5 ~ 1/6 的市场份额，主要来自中远集团、中海集团，以及其他一些大型船舶公司。但上海航运保险在世界上的占比并不高，严重落后于航运业的发展。上海建设国际航运中心的目标促使国内航运保险市场的开放，中外险企开始抢夺航运险市场。较低的市场化程度，加剧了市场分工和交易的风险，抬高了交易成本，导致了市场竞争的不规范和不成熟。这在很大程度上抑制了工业企业的外包业务。同时，政府对经济资源配置的过度干预，制约了本应由市场发挥主体作用的服务行业的发展速度，造成了非政府组织、行业协会等社会组织发展的滞后，市场竞争功能受到抑制和扭曲。因此，在努力培育作为战略性新兴产业的生产性服务业成为上海经济新一轮发展驱动力的同时，破解服务业发展的体制障碍，是当前需要迫切解决的问题。

五　上海加快发展生产性服务业的对策建议

从现实层面分析，上海已经具备了在体制层面进行系统性改革和突破的可能性。一是上海服务业比重已经将近60%，一般性服务业充分发展的同时，高端服务业面临进一步拓展和提升的迫切要求，而高端服务业对体制机制环境有更高的要求。二是国务院发布的关于建设“两个中心”的意见对上海金融和航运服务业的发展提出了具体的目标、要求和相关配套的政策措施。三是浦东综合配套改革试点也赋予上海在行政管理体制方面的先行先试权。四是国家和上海不止一次地提出要建设“法治政府”、“服务政府”的要求。把上述四个方面综合在一起，不难看出上海已经具备了在体制层面产生系统性突破的内外部条件。

（一）双轮驱动：制度性完善与政策性突破

基于上述考虑，上海“十二五”期间发展生产性服务业的主要思路是：要做到制度性完善与政策性突破的双轮驱动。一方面在“法治政府”、“公共政府”和“服务政府”理念的指导下进一步调整政府与市场的关系，完善政府行政管理体制，调整两级政府在财

权、事权上的分配关系以及条块之间的协调性；另一方面充分利用浦东综合配套改革和“两个中心”、“世博会”等带来的先行先试权，大胆创新，加快推进行政管理体制、国资国企、垄断行业和社会事业改革，进一步放松管制，降低门槛，扩大开放，推动各类市场主体特别是民营经济的蓬勃发展，激发市场主体活力和经济自身发展动力，通过这些新政策促进新的市场发育，并通过市场发育进一步检验、调整甚至是倒逼与之相配套的行政管理体制，从而形成政策突破、市场发育和制度完善之间的良性互动，为生产性服务业的发展创造良好的外部软环境。毋庸置疑，上海生产性服务业的发展已经越过了信息通信、商务楼宇、交通设施等硬环境制约的发展阶段，步入了培育和创造有利于生产性服务企业健康发展的软环境的更高阶段。

（二）先试先行，着力推进“四大突破”

1. 税收突破

上海可以利用税制改革试点的先行先试优势，找准突破口，获得先发优势。增值税改革的重点应集中于以下几点：一是增值税的税率与扩围。这主要在区分营业税的基础上，合理确定增值税的税率。由于不同行业的纳税人因其可抵扣的进项税额不同，因此，改征增值税后会带来税负的波动，造成分配的不公平。增值税扩围的方向不是提高商品和劳务流转的总体税负，在试点行业内增设11%和6%两档低税率，目标在于销项税减进项税后税负不提高。中央和地方如何分配税收问题将成为焦点，立足减少改革阻力，可以将“原属于试点地区的营业税收入，改征增值税后收入仍归试点地区”等类似政策，最大限度向地方政府倾斜以获得支持，并调动政府的积极性。二是增值税的立法。作为中国第一大税种，目前增值税的政策依据还只是1993年年底发布的增值税暂行条例，尽管经过修订，但条款仍显陈旧，且法律级次过低。增值税立法工作由来已久，但经历多次搁置，目前还没有将增值税法草案提交全国人大审议的计划。增值税立法是一项复杂的、难度极大的工程。可尝试在现行征收范围内，即现行《增值税暂行条例》的基础上逐步开展立法工作。立法的内容涉及增值税的扩围和增值税的税率调整等。

2. 体制突破

在体制机制方面，要适应生产性服务业产业化、市场化和国际化发展的大趋势，通过体制改革和深度开放来减少和消除要素配置扭曲，增强活力。“十二五”期间上海应该在以下几个方面确立有效的体制环境。

一是进一步破除行政力量对市场边界的制约，提高资源配置效率，加大企业之间的重组并购以及空间布局和调整。与此相配套的是，要敢于打破国有大型企业的垄断地位，引导民间资本和外资进入生产性服务业领域，并通过竞争倒逼国有企业服务效率和服务水平的提高。惟其如此，才可能真正产生有核心竞争力的大型生产性服务企业和集团。二是要逐步解除和放松行政管制。目前，上海市生产性服务业发展中比较明显的管制就是价格管制和审批资格管制。随着浦东综合配套改革进一步深化，上海在行政审批方面已经有了较大的突破，但从生产性服务业健康发展的角度看，力度仍显不足，民营企业普遍呼吁的“玻璃门”现象仍然存在。三是要整顿和规范市场运行秩序，为生产性服务企业营造良好的社会信用环境。

3. 载体突破

上海在生产性服务业发展载体方面一个最大特色是大力发展现代服务业集聚区建设，这一概念不仅率先在全国提出，而且实践中也走在全国的前列。“十一五”期间上海已在国家级开发区、市中心、近郊以及远郊的部分地区建设开发了 20 个规模不等的现代服务业集聚区，根据上海市商务委规划，“十二五”期间上海还将因地制宜地建设 10 个现代服务业集聚区，通过企业集聚来推动生产性服务产业的

发展。从近年实践来看，上海通过现代服务业集聚区的建设，融合了各种服务功能，为大量的新兴服务企业和总部机构提供了物理上高度聚合空间，凸显了对服务企业的集聚能力和对产业、区域的辐射能力，使得当地专业服务业的集聚效应和联动效应得以最大化，进而演化成现代服务业战略高地，加速服务产业链的形成。比如在外滩—陆家嘴金融贸易区，集聚上海70%的各类金融机构，成为上海新的经济增长极。虹口北外滩依托上海航运交易所等机构集聚了2500余户各类航运企业及船东协会、航运物流人才服务、海事仲裁等一批航运服务要素，呈现出“航运企业成群、航运要素成市、航运产业成链”的良好态势。

经过多年实践，上海在现代服务业集聚区建设方面已经积累了丰富的经验，“十二五”期间上海应该在集聚区建设的组织保障和鼓励政策方面有进一步的突破，特别是几个相关委办局，包括市商务委、规土局、发改委、建交委等部门在土地、交通、规划、项目等方面产生积极联动，形成合力共同推进集聚区的健康发展。

4. 项目突破

随着全球制造中心逐步向中国转移，中国市场的在世界经济中的份额不断提高。巨大的潜在利益将驱使跨国集团加速在我国设立地区总部。在21世纪前20年的“战略机遇期”中，我国吸引世界著名跨国公司各类总部及投资公司的数量将增加到1800～2100家左右。截至2011年9月底，外商累计在沪设立投资性公司237家、跨国公司地区总部347家、研发中心332家，上海拥有的外资企业总部数量居全国各省市之首。① 上海一方面要以一流的软环境继续吸引服务业尤其是生产性服务业的区域乃至全球总部入驻上海，吸引国外大公司、大集团总部、结算和采购中心的入驻；另一方面也要充分发挥

① 俞凯：《347家跨国公司地区总部落沪》，2011年11月3日《东方早报》。

上海在国内的人才、资金、环境的优势，吸引国内大集团的总部来上海发展，比如上海的世博园B片区已经吸引了包括中国商飞、中信建设、山东鲁能、中国华电在内的13家央企的入驻，一个新的央企总部积聚区已初见雏形，预计每年将带来超万亿的年营业收入。[①]与此同时，也可积极争取各种国家级高端技术研发平台在上海布局，比如云计算平台、低碳环保技术研发平台、新能源以及新能源汽车研发平台等。

参考文献

杨群：《沪经济转型初现成效，消费成经济增长强劲动力》，2011年9月8日《解放日报》。

刘杰、何骏：《中国生产性服务业发展的创新之路——路径拓展、模式创新与机制培育》，《经济体制改革》2010年第1期。

党怀清：《我国生产性服务业发展探析》，《中南财经政法大学学报》2007年第6期。

丰志勇：《中国生产性服务业的发展模式研究》，《软科学》2009年第1期。

谷永芳、费军伟、李松吉：《长三角都市圈生产性服务业分工必要性研究》，《商业研究》2007年第12期。

课题组：《上海现代服务业发展对策研究》，《科学发展》2009年第11期。

路红艳：《国外发展生产性服务业的政策措施及启示》，《中国经贸导刊》2010年第19期。

吕敏：《我国生产性服务业优化发展的税收政策选择》，《税务研究》2010年第9期。

孙晓：《现代服务业发展的动力机制及制度环境》，《兰州学刊》2004年第6期。

上海市经济和信息化委员会：《专项支持聚焦重点，发展生产性服务业》，2011年8月12日《中国电子报》。

上海市经济和信息化委员会：《关于进一步推进本市生产性服务业功能区建设的意见》，2010年4月19日。

① 苏米、徐健、王依玲：《13家央企饕餮世博土地盛宴》，2011年8月9日《第一财经日报》。

陶纪明:《生产性服务业发展的体制性障碍研究》,《科学发展》2010 年第 8 期。

陶纪明:《上海生产者服务业空间集聚研究》,上海社科院博士学位论文,2008。

王煊:《我国生产性服务业发展的需求分析》,《论坛》2007 年第 4 期。

王红:《推进我国生产性服务业发展的政策建议》,《企业活力》2010 年第 9 期。

王国平:《上海"十二五"现代服务业形态及其结构变动》,《探索与争鸣》2010 年第 1 期。

周雄:《浅析北京市生产性服务业的发展》,《北方经济》2011 年第 8 期。

赵胜君:《我国物流业税收存在的主要问题及改革取向》,《税收天地》2010 年第 2 期。

张春燕:《诸神之战——新平台型企业的原动力》,《中欧商业评论》2010 年第 7 期。

专　题　篇

Special Reports

B.7

上海基于制造业基础的生产性服务业发展问题研究

——以上海汽车工业集团公司为例

陈建华*

摘　要： 信息化推动社会生产劳动分工的细化与深化，促进生产性服务业与制造业互动与融合发展。进入21世纪以来，上海生产性服务业基于较好的制造业基础已有一定程度的发展，其与制造业初步具有一定的互动关系，两者已初步具有相互促进、相互影响的产业关联，也加快了各自产业发展速度。然而，上海

* 陈建华，上海社会科学院经济研究所副研究员，经济学博士，主要研究方向为城市经济与产业经济。

生产性服务业和制造业目前仍存在着较为明显的二元化特征，应当通过拉长制造业价值链、通过企业制度创新、区域分工与协作以及大力培养引进人才，推动上海生产性服务业与制造业融合发展。

关键词： 制造业　生产性服务业　互动发展

一　信息化条件下制造业与生产性服务业互动融合发展的机理

服务业特别是生产性服务业的强劲发展反映了信息化条件下生产分工的细化与深化。信息化、市场扩大、分工细化和服务业发展是经济发展的同一个过程。信息技术扩大了市场范围，使得生产要素投入与产品销售范围在全球范围内进行；市场范围扩大必然引发生产分工进一步发生细化与深化。生产迂回程度的增加延长了生产价值链，提高劳动生产率。服务业发展是分工细化与深化的结果，服务业的发展水平是一国分工程度与水平的表现。分工与专业化发展使得生产过程变得越来越长、越来越复杂。生产迂回程度的增加提高了中间需求产品的交易量，也使得生产与消费的矛盾可能变得越来越突出。生产性服务的出现与发展是分工细化与深化的结果，同时也是作为协调生产过程、促进生产与消费相互吻合的一种力量出现的。服务业发展对促进交易效率提高与交易费用下降具有重要作用。由于市场范围的扩大，产品在更宽广的区域范围内流通，服务对于产品在空间的流动便显得重要。

在历史上，在英国铁路和公路扩大了市场的范围，流通服务业占据了服务业最重要的位置，占到了全部产业产出结构的1/5强。在信息化时代，信息产业成为发展最快的产业。信息技术直接催生了许多服务业，生产性服务业不仅是社会生产分工细化与深化的结果，而且进一步促进了分工细化、生产专业化与迂回程度增加。因此，服务业发展与生产分工演进是相辅相成的经济过程。社会生产分工深化促进新的服务行业不断涌现。制造业与服务业的产业融合，同生产过程中它们的分工以及不同企业的分野并存。某个产品所包含的企业活动比过去增多了。“当企业的价值链中充满了复杂的产品各式专精的技术时，它必然需要更多设计、营运和维修方面的服务。竞争的国际化又刺激了新的服务业诞生，以支持贸易活动和管理国外公司。”[①] 虽然一些服务业特别是消费者服务业在制造业之前就已存在，但是服务业的结构演进与深入发展显然与生产分工紧密相连。服务业的性质除了本身天然的特征外，还具有与经济向更高阶段发展而产生的相应性质。

当然，制造业是生产性服务业发展的基础，发展生产性服务业不能离开强大的制造业基础。在制造业最终产品形成过程之中，研发、设计、营销、采购、储存和运输是必不可少的环节。这些生产环节处于生产制造过程之外，但是处于价值形成过程之中，构成了产品最终价值的重要组成部分。它们可以在制造业企业内部，也可以由其他专门性服务性企业来完成。生产性服务业在规模较大与技术水平较高的制造业基础之上得到较快发展，而简单的制造业结构及其较小的规模，必定限制生产性服务业的发展。生产性服务业是基于制造业基础之上垂直分离出来并且独立的产业。然而，如果制造业之间的产业与行业分工是初步的工业化分工，那么生产性服务的外包与外化则是工业化发展进一步发展的必要条件与表现。生产性服务是社会生产劳动分工专业化进一步

---

① 〔美〕迈克尔·波特：《国家竞争优势》，李明轩、邱如美译，华夏出版社，2002，第231～232页。

细化与深化的表现之一。

由于服务业发展即是分工的原因，又是分工的结果，特别是生产性服务业集中反映了专业化程度的提高与生产迂回程度的增加，服务业特别是生产性服务业的发展便体现了知识与生产经验存量的增加、技术进步以及人力资本的增加。这是因为分工能增进劳动者的生产技巧，提高生产熟练程度。在分工的条件下，生产性服务通过研究部门新产品设计将人力资本和总的知识存量贯彻进生产过程，而中间生产过程的扩大为人力资本与知识存量融入生产过程创造了更多的机会。由于实行了分工，社会获得了知识外部性。它源于知识与经验的积累以及生产多样化而建立起的生产联系。内生经济增长理论是其验证。生产性服务业由于处于联系的媒介而成为关键产业。于是，生产性服务成为人力资本与知识资本的传送体。生产性服务业大部分都以人力资本和知识资本作为主要投入，最终物化在最后使用与提供的商品与服务当中。在经济不断发展的状况下，生产性服务业日益成为人力资本与知识资本积累、日益专业化与迂回生产的主要表现途径之一。

因此，生产性服务业的发展是制造业高端化的必要条件，也是制造业实现升级与结构优化的必由之路。生产性服务业发展对制造业发展具有特别重要的意义。管理、设计、营销、法律与会计等专业服务直接推动了制造业发展。它们把制造业的分工引向细化与深化，也推动了制造业向高级化发展。在制造业较为发达的国家，相应地生产性服务业也是较为发达的。服务业不发达使得其他行业受困于分工不能深入，专业化程度不能继续提高。反之，服务业发达的国家可以充分享受分工与专业化所带来的效益，提高其劳动生产率和国际竞争力。简而言之，制造业和生产性服务业是相互促进的，制造业与服务业结构同时实现高度化是两者实现融合的必要条件，这也是一个城市经济竞争力的主要表现。

二　上海生产性服务业与制造业结构升级分析

（一）上海制造业的结构高度化分析

从上海制造业[①]发展阶段来看，初步建立起以高科技制造业为主导、基础原材料制造业为依托、现代装备制造业为骨干、都市型制造业为配套的制造业体系。进入21世纪以来，上海的制造业出现了较明显的结构高度化特征，这为生产性服务业发展提供了较好的基础。

1. 高技术产业所占比重不断上升

上海重视科研创新，发展高技术产业。科技创新已成为支撑上海制造业发展的重要力量。全社会科技研发投入不断增加，占全市GDP的比例继续提高，已建立近190个国家级和市级企业技术中心。在投入不断加大的状况下，上海高技术产业不断发展。2000～2010年，高技术产业增加值年增长率高出同期制造业11个百分点以上。从2000年以来，上海高技术产业在制造业生产总值比重始终保持在20%～30%区间之内。[②] 从行业分布看，上海市高技术产业主要集中在电子及通信设备制造业和电子计算机及办公设备制造业。高技术产业研究与开发投入强度普遍高于传统制造业，是凭技术带动产业的发展（见表1）。

① 制造业的主要业务活动是经过加工、制造生产的可移动的各类产品。2008年，国家统计局新制定的《国民经济行业分类注释》明确将食品制造业、纺织业、金属制品业等31个行业归并为制造业行业。
本文从行业主体分析，将“交通运输、仓储及邮政业（F）；信息传输、计算机服务和软件业（G）；批发业（H）；金融业（J）；租赁和商务服务业（L）；科学研究、技术服务和地质勘查业（M）”等6个大门类作为研究上海市生产性服务业统计的基本范围。

② 上海市统计局：《上海统计年鉴2001～2007》（中国统计出版社，2001～2007），《2007年上海国民经济与社会发展统计公报》（2008年2月4日）。

表1　2009～2010年上海市高新技术产业的产值、利润和税收额

单位：亿元

项目/年份/行业	规模以上工业总产值		规模以上工业利润总额		规模以上工业税收总额	
	2009	2010	2009	2010	2009	2010
占全市比重(%)	23.30	23.20	5.20	11.10	4.40	4.10
信息化学品制造	10.45	39.66	1.14	5.53	0.87	0.34
医药制造业	351.74	413.16	47.08	56.70	21.79	26.28
航空航天器	22.10	35.94	1.69	1.53	0.46	0.58
电子及通信设备	1691.42	2176.04	-30.80	111.77	14.43	15.43
电子计算机办公设备	3194.02	3922.95	21.19	26.98	2.69	3.10
医疗设备及医疗仪表	290.93	370.25	32.65	44.23	8.72	10.38
总　计	5560.66	6958.00	72.95	246.74	48.96	56.11

资料来源：上海市统计局：《上海统计年鉴（2011）》，中国统计出版社，2011。

2010年上海高技术产业和重点发展行业产值增长明显快于全市制造业增幅。2010年高技术产业完成工业总产值6958.01亿元，增长33.7%，增幅高出全市制造业10.6个百分点。六个重点发展制造业行业完成工业总产值19863.27亿元，增长26.6%，增幅高出全市制造业3.5个百分点。同时，2010全年完成规模以上制造业出口交货值8171.1亿元，比上年增长22.1%。[①]

2. 新兴产业不断发展

在“十一五”期间，上海的新兴产业不断发展，产业规模增长迅速。新兴产业在优化产业结构进程中的带动作用强劲，对于推动上海制造业进一步成为以高端制造、创新驱动、品牌引领、低碳发展、

① 乔礼等：《2010年沪制造业总产值超3万亿高新技术产业增长最快》，东方网，2011年1月25日；http：//sh.eastday.com/qtmt/20110125/u1a850823.html。

效益优先为特征的新型产业体系起到了重要作用，也进一步推动了上海制造业的高新技术产业化。2010 年，上海在新能源、民用航空制造、先进重大装备、生物医药、电子信息制造、新能源汽车、海洋工程装备、新材料、软件和信息服务业等九个战略性新兴产业发展规模达到 8859 亿元。[①] 新能源制造业增长最快，2010 年完成工业总产值 245.02 亿元，比 2009 年增长 94.6%；新能源汽车制造业完成 23.77 亿元，增长 60.1%；民用航空制造业完成 33.5 亿元，增长 48.8%。[②] 2011 年这九大新兴产业规模进一步扩大。

目前，上海制造业产品结构也在优化升级，高端产品制造取得重大突破。以 ARJ 支线飞机、8500TEU 集装箱船、百万千瓦级核电设备、第六代半潜式钻井平台、新能源汽车为代表的一大批制造业产品，正在引领制造业技术水平升级。上海市规划在“十二五”期间战略性新兴产业的增加值比 2010 年翻一番，新兴产业的增加值将占上海地区增加值 15% 的比重，重点发展新一代信息技术、高端装备制造、生物、新能源、新材料等主导产业，积极培育节能环保、新能源汽车等先导产业。2010 年新启动的智能电网、物联网、云计算，和 2011 年启动的节能环保、民用航天等 5 个领域，也是上海的新兴产业，它们将有力带动上海制造业技术水平的提高。

（二）上海生产性服务业的结构高度化分析

经过近 10 年发展，上海服务业不仅在量上有较大扩张，而且在质上有了较大提高。上海服务业的结构升级特征较为明显。2001 年，上海服务业增加值比重位于前四位依次是批发与零售业、金融

---

① 王道军：《上海战略性新兴产业再扩容》，中国证券网，2011 年 5 月 31 日；http://www.cnstock.com/index/gdbb/201105/1332187.htm。

② 杨群、郑思思：《上海工业产品迈向“高、精、尖”》，2011 年 3 月 25 日《解放日报》。

业、交通运输仓储邮政业和房地产业。2010 年，这四个行业位次保持不变。然而，从增长速度来看，租赁和商务服务业将成为增长速度最快的服务行业，如果不考虑物价增长因素，从 2001 ~2010 年上海租赁和商务服务业的增长达到 4.67 倍；其次是批发与零售业，增长 3.67 倍；其三是信息传输、计算机服务和软件业，增长 2.83 倍；其四是金融业，增长 2.69 倍；其五是房地产业，增长 2.05 倍（表 2）。

表 2　2001 ~2010 年上海服务业增加值前 7 位行业、比重变化与增长倍数

单位：亿元，%

行　　业	2001 年	比重	2010 年	比重	增长倍数
服务业	2728.94	100	9833.51	100	2.60
交通运输、仓储和邮政业	345.99	12.68	834.40	8.49	1.41
信息传输、计算机服务和软件业	176.72	6.48	675.98	6.87	2.83
批发和零售业	555.06	20.34	2594.34	26.38	3.67
住宿和餐饮业	104.30	3.82	266.45	2.71	1.55
金融业	529.26	19.39	1950.96	19.84	2.69
房地产业	328.59	12.04	1002.50	10.19	2.05
租赁和商务服务业	136.97	5.02	776.13	7.89	4.67

资料来源：上海市统计局：《上海统计年鉴（2011）》，中国统计出版社，2011。

从各行业对服务业经济增长贡献来看，从 2001 ~2010 年，批发与零售业对服务业贡献率达到 28.70%，居第一位；紧随其后是金融业，为 20.01%；房地产业居第三位，为 9.49%；租赁和商务服务业屈居第四位，增长贡献率为 9.00%；信息传输、计算机服务和软件业，增长贡献率为 7.03%，居第五位；增长贡献率居于第六位的是交通运输仓储邮政业，为 6.87%（表 3）。

表3　十年间（2001～2010年）上海服务业分行业对服务业增长贡献率

单位：%

行　业	2010年比重	增长贡献率
服务业	100.00	100.00
交通运输仓储邮政业	8.49	6.87
信息传输、计算机服务和软件业	6.87	7.03
批发与零售业	26.38	28.70
住宿与餐饮业	2.71	2.28
金融业	19.84	20.01
房地产业	10.19	9.49
租赁和商务服务业	7.89	9.00
科学研究、技术服务和地质勘查业	3.98	3.89
水利、环境和公共设施管理业	0.51	0.24
居民服务和其他服务业	1.13	1.88
教育	4.07	3.71
卫生、社会保障和社会福利业	2.55	2.50
文化、体育和娱乐业	0.96	0.70
公共管理和社会组织	3.73	3.67

资料来源：上海市统计局：《上海统计年鉴（2011）》，中国统计出版社，2011。

以知识密集为特征的新兴服务业发展迅速，文化、教育培训、医疗卫生、体育、会展和中介服务等行业发展迅猛，成为上海服务业中极具增长潜力的新兴行业。租赁和商务服务业，信息传输、计算机服务业与软件业成为服务行业增长最为迅速，表明上海服务业结构正在向信息传输、计算机与软件和商业综合性功能方向演进。同时，上海积极利用产业聚集效应与规模效应，着力培养打造一批现代服务业集聚区。中心城区进一步吸引国内外各类服务机构，完善高端服务功能；郊区推进建设若干各具特色的生产性服务业集聚区。此外，上海继续培育和发展支柱行业，稳定提升金融、商贸、物流、房地产等支

柱行业，努力保持四大行业持续、稳定发展，成为上海国民经济重要支柱产业。

通过这些措施，服务业对经济增长的贡献率从2001～2010年总体上处于上升态势，服务业成为吸纳就业的主要渠道，对地方经济的贡献日益明显。随着上海服务业规模的扩大、领域的拓宽和业态的创新，从业人员日益增加。2010年，服务业从业人员比重上升到55.9%，较2000年的47.2%提高近8.7个百分点。总之，通过一系列符合经济发展规律的措施与政策，上海的服务业特别是现代服务业在进入21世纪之后经历了一个低谷之后，在“十一五”期间开始重新加速发展，上海服务业进入服务行业之间相互协调与合理化过程，成为以信息服务业为代表的生产性服务业加快发展的态势，体现了上海以服务经济为主的产业结构发展趋向。上海的生产性服务业与传统服务业之比不断攀升。上海的服务业呈现出传统行业稳步发展或有所下降现象，而新兴行业得到不断拓展。上海服务业初步形成以生产性服务业为主导，传统服务业为配套，以金融保险业、贸易和餐饮业、运输仓储邮电通信业、房地产业为支柱的服务业体系。

三　上海基于制造业的生产性服务业发展分析

在现代制造业不断趋于复杂与精细的条件下，制造产品的创新不断加快，产品的生命周期不断缩短，制造企业要在日益激烈的市场竞争之中取得一席之地，必须专注于社会生产分工的某一环节。因此，制造业的发展为生产性服务业的发展提供较好的基础与条件。上海的制造业基础为生产性服务业提供了较大的发展前景。生产性服务业的发展需要一定的制造业的外包行为作为基础。换言之，如果制造业企业保持“大而全”和“小而全”的发展模式，那么生产性服务业就没有发展空间，生产性服务业就没有市场需求，也就没法发展。制造企业可通过服务增强自身，通过将产品由实物延伸至服务，通过产品差别化的服务来增强自身核心能力，作为获取竞争优势的重要源泉，从而提高产品附加价值。

（一）制造业与金融服务

上海具有较为雄厚的制造业基础，也是我国重要的制造中心，这为上海进一步发展国际金融中心提供了较好的条件。上海在微电子、汽车、精品钢材、化工、船舶、装备、飞机等先进制造业均有着明显优势。在钢铁、汽车、电子及通信设备、电站设备及大型机电设备、石油化工及精细化工制造、家用电子电器制造业等六大制造业支柱行业之中，上海具较大的规模与技术优势，具有发展相关金融服务的良好基础与条件。上海制造业树立的产品品牌、巨额进出的资金、销售渠道和广泛的国内外业务联系为上海发展金融业进而成为金融中心提供了较好的产业基础。

以上汽集团为例，1994 年 5 月成立了上汽财务公司，主要从事国内汽车金融服务的非银行机构。2004 年 8 月，成立了中国第一家汽车金融公司——上汽通用汽车金融有限公司。这两家公司在汽车金融服务方面取得了良好的发展，业务规模在国内同行业当中名列前茅。从 2005 ~2010 年，这两家公司的业务规模不断上升，利润在上汽集团也占到 15% 以上。金融服务不仅拓展了汽车业务，而且更多地满足客户需求。[①] 2005 年 3 月 27 日，由上汽集团牵头，7 家单位投资 5 亿元组建的全国性财产保险公司——安邦财产保险股份有限公司成立。它标志着上汽集团在金融服务领域迈出一大步。通过安邦保险和上汽通用汽车金融公司相呼应，上汽集团已能够为客户提供从按揭贷款到车辆保险的一条龙服务。

---

① 胡茂元：《服务经济时代的中国汽车行业》，《汽车工程》2009 年第 2 期。

（二）制造业与物流服务

上海拥有较大规模的制造业总产值，这为其物流发展提供必不可少的条件。2010 年上海的制造业总产值为 31038.57 亿元。2010 年 1 ~9 月，上海规模以上制造业总产值为 23731.25 亿元，其中轻制造业 4922.09 亿元，重制造业 18809.16 亿元。① 上海大与长的制造业产品也使得物流服务成为制造业进一步发展的必需条件。目前，上海制造业物流需求快速增长，制造行业与制造物流集聚程度不断加强，制造业物流服务能力不断提升。上海重点物流园区和专业化制造业物流基地同六大支柱制造业的联合互动功能正在不断加强。同时，上海制造业物流的信息化程度正在不断提高，物流信息网络已经覆盖了上海的所有海空口岸、出口加工区、外高桥保税区和保税物流园区，为国际物流企业、加工制造企业提供了全面、畅通的应用接入。上海各个保税区、出口加工区、机场和海港能够通过公共信息平台实现物流一体化运作，为制造业发展创造了良好的软环境。

以上汽集团为例，汽车物流已经成为上汽集团汽车服务业的核心。上汽集团从成立开始就较为重视汽车物流的发展，使汽车的运输与配送达到先进水平。上海安吉天地汽车物流有限公司发展迅速，主要负责为上汽集团提供零部件配送物流服务，借助外资的技术与管理提高汽车物流质量。目前，上海安吉汽车物流公司已经成为国内最大的汽车物流服务供应商，分别与 CEVA（原 TNT 物流）、上海港务局，日本邮船株式会社等建立了合资合作关系，目前拥有船务、铁路、公路等 10 家专业化的轿车运输公司以及遍布全国的 50 家仓库及配送中心，仓储面积近 370 万平方米，年运输吞吐量超过 250 万辆商

---

① 上海市统计局：《上海统计年鉴（2011）》，中国统计出版社，2011。

品车，并且全部实现联网运营，在上海地区拥有独一无二的专业化汽车滚装码头。[①]

近年来，上汽集团的产量增长较快，这对上汽集团来说，相关企业的采购、销售及其物流等环节不仅需要量上的提升，而且需要质上的提高，需要各物流部门通过加强与各部门的协作，进行优化与整合。上汽集团通过物流外包和供应链管理，把材料与产品运输的成本降低了30%以上。目前，上汽集团的物流业务已经处于成熟期，为汽车服务业发展提供稳定的资金流。上海国际汽车城内已建成100个汽车物流仓库，共70万平方米，通过安吉天地汽车物流信息平台，为上海大众等企业提供网上全程监控、业务查询等物流增值服务，实现了汽车制造业的采购、运输、仓储、代理、配送等环节的充分整合。[②] 2010年，上汽集团充分发挥服务产业专业化发展架构优势，着力提升专业能力，深入推进物流管理模式创新和对外合作，形成530万辆整车运输规模，口岸物流国内市场占有率跃升行业第一。[③]

（三）制造业与研究开发服务平台

从2000年以来，上海的科技活动呈现稳定上升态势。2010年，上海从事科技活动的人数达到33.39万人，研究与试验发展经费支出480.18亿元，相当于上海市生产总值的2.8%，占地方财政支出比重为6.1%，技术开发合同成交额264.68亿元，技术转让合同成交额213.86亿元。企业开展研究发展活动的数目从2000年820个增加到2010年的1444个，科技活动新产品产值从2000年的1401.62亿元上升

① 上汽集团公司网站，http：//www.saicgroup.com/chinese/qyml/fwmy/11015.shtml。

② 杜建耀：《加快物流业发展，推动上海制造业上台阶》，《宏观经济管理》2010年第2期。

③ 上海汽车工业（集团）总公司：《2010年集团年报》；上汽集团公司网站，http：//www.saicgroup.com/Chinese/sqjt/gsnb/2010njtnb/gzhg/index.shtml。

到2010年的5870.02亿元，新产品销售收入从2000年的1398.54亿元增加到2010年的6543.07亿元。[①] 企业成为上海科技创新活动最重要的主体。与之相适应，上海许多制造业行业的研究开发服务平台正在形成之中。许多制造行业借助于研发服务平台，不断提高产品的技术含量，提高技术水平，增加企业核心竞争力。目前，上海正在积极建设研发公共服务平台，面向装备制造业，着重基于平台的专业技术服务能力和服务内容开发，建立具有技术集聚效应的专业服务中心，通过装备制造业共性技术服务平台形成整体服务能力，以上海研发公共服务平台和先进制造技术专业服务系统为门户，面向装备制造企业开展服务。

以上汽集团为例，上汽集团的研发服务平台，不断推进技术创新，推动中外合作研究，提高汽车国有技术含量。2002年8月，上汽集团汽车工程研究院正式成立，是上汽集团重要的研发服务平台，主要从事技术与自主品牌的开发等。目前，上汽集团还拥有奇瑞汽车有限公司汽车工程研究院以及商用车技术中心等。到2010年，上汽集团已建成国家级技术中心5家，市级技术中心25家，与国内有关科研院所、高校共同组建产学研工程中心17家，并拥有按照国家新标准认定的高新技术企业53家。在此基础上，通过全面整合上海、南京和英国长桥三地的研发资源，建立自主品牌全球研发体系。其中，上汽集团商用车技术中心是上汽集团商用车业务发展的核心技术平台，占地面积4.6万平方米，现有资产近2亿元，拥有国内一流轻型车研发团队、产品造型设计室、整车排放实验室及各类在用的研发和检测设备600余台（套）。中心设有博士后工作站、产学研一体化工作站、江苏大学南汽研究生创新基地，并于2007年成为“国家认定企业技术中心”。[②] 目前，上汽集团已经整体拥有近2千名优秀工程师的研发团队。

---

① 上海市统计局：《上海统计年鉴（2011）》，中国统计出版社，2011。

② 上汽集团商用车技术中心（南汽研究院）简介，数字英才网，http://www.01hr.com/company/a－864876118514_2.html。

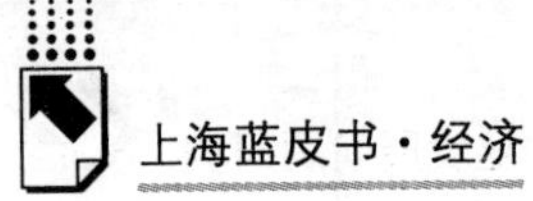

（四）制造业与技术服务

上海的制造业发展为技术服务提供了较好的发展前景。目前，上海制造产品的安装、维护、维修、售后服务等业务在内的技术服务已经具有较为重要的地位。技术服务为技术创新主体提供知识、技术、经验、资金、人才、信息、基础设施和实验场地等服务，协调和沟通各技术主体间的联系与交流，促成合作，实现技术创新的活动。2010年，上海技术咨询合同成交额4.93亿元，技术服务合同成交额41.98亿元。[①] 2011年3月，上海发布了首批61个专业技术服务平台，涵盖了生物医药、电子通信、机械加工、电器等重要制造业领域，成为提供创新、测试、技术孵化等服务的重要场所与中介。

目前，上海拥有多家外资技术服务中心，对于促进上海制造业发展发挥了重要作用。美国机械制造技术协会（AMT）上海技术服务中心拥有2000平方米的大厅展示着40多家美国企业的机床、设备、配套卡具实物使中国企业方便地观摩美国先进的机床制造技术，为上海中小制造企业提供了技术窗口。同时，中心也为美国在沪机电设备提供维修服务。科莱恩（Clariant）上海技术服务中心为汽车零部件产品、特种化工、皮革以及生命科学化学品提供相关技术服务。飞利浦技术服务中心负担着全国5个飞利浦特约维修站的职能，为全国维修站的技术管理、技术培训、制定维修技术方案、解决疑难故障等方面提供技术支持。

上汽集团着力建设以连锁经营模式为代表的汽车服务体系，通过以品牌为纽带，为全国上汽集团的汽车提供零部件配送、维修、美容与技术支持等服务，使汽车服务程序简单化、专业化与标准化。目前，上汽集团主要通过“安吉星”汽车服务品牌，引进国际知名的

① 上海市统计局：《上海统计年鉴（2011）》，中国统计出版社，2011。

AVIS、Yellow Hat、Onstar 等企业的先进技术和服务，立足上海、辐射全国各大中城市，围绕新车销售、旧车回收、用车服务的整个汽车消费周期，提供专业化、标准化、差异化、价值化、可信赖的全方位汽车服务，帮助消费者塑造完美的用车生活方式。上汽集团在全国拥有数十个合作维修点，为消费者提供较为便捷的技术支持、汽车美容与维修服务。

（五）制造业与信息服务

上海信息服务业增长速度较快，信息服务业经营收入从 2005 年 905.06 亿元增长到 2010 年的 1978.51 亿元，增长 1 倍多；信息从业人员也从 18.81 万人增长到 31.20 万人，增长 66%。[①] 2010 年，信息服务业在上海全市 GDP 中所占比重达 5.4%，首次跨过 5% 的支柱产业门槛。2010 年，上海超千人的信息服务企业已经有 24 家，其中最多的已突破 5000 人；年经营收入超亿元的企业有 173 家，超 10 亿元的近 20 家；在海内外挂牌上市的累计达 31 家。2011 年上半年，上海信息服务业增加值占全市生产总值的比重达到 5.6%，较 2010 年 5.4% 有所提高，继续稳居在“5%”的支柱性产业门槛之内。全市软件、互联网、电信、广电等信息服务业已实现经营收入 1445.69 亿元，同比增长 19.6%，并实现增加值 513.03 亿元，同比增长 14.3%，增速领先于其他门类的服务业。[②] 在钢铁制造、石化管线维护、核电仪控、民用飞机数字化设计等方面，上海都已经形成了一批具有全国影响力、技术领先的制造业软件企业，信息化与制造业化渐趋融合，以信息技术提升高端制造业的良性循环态势开始展现出来。

---

① 上海市统计局：《上海统计年鉴（2011）》，中国统计出版社，2011。

② 徐瑞哲：《信息服务业增加值再增 14.3%》，2011 年 10 月 27 日《解放日报》。

以上汽集团为例，目前普华、华东电脑等本地知名软件企业正与上汽合作，开发新一代智能汽车嵌入式操作系统，目前样车已经下线，有望终结跨国企业在汽车电子领域的垄断。2011 年，上汽集团信息产业投资有限公司已经和高德软件有限公司签署车联网合作协议，双方将紧密合作，共同为上汽车型完成 Telematics 的项目配套。与此同时，上汽集团牵头组建的上海车联网与车载信息服务产业联盟（SVCTA）也正式启动运作。[①] 2011 年 4 月，由上汽集团、上海市交通电子行业协会、宝信软件、高德软件等46 家企业发起成立的上海车联网与车载信息服务产业联盟正式成立，上海车联网与车载信息服务产业基地授牌仪式也同期进行。上海车联网与车载信息服务产业联盟的成立，以及车联网与车载信息服务产业基地的建设，将极大加速上海乃至整个华东地区车联网与车载智能化进程发展的步伐。上汽集团主要通过信息产业投资有限公司，积极同国内外的汽车多媒体企业联系，并先后成立了安悦先锋与安悦四维两家合资公司，拓展新车联网业务。目前，包括车联网在内的信息产业投资在上汽集团的服务业之内占有重要地位，这些都有力地推动汽车信息服务业的发展，成为带动上海信息服务业发展的一个重要力量。

（六）制造业与其他生产性服务业

上海的租赁与商务服务业发展较快，也是一支带动服务业发展的重要力量。2010 年，上海租赁与商务服务业增加值达到 776.13 亿元，在 2000 ~ 2010 年之间，其对服务业增长贡献率达到 8.99%，位列第三。以汽车租赁市场为例，上海汽车租赁市场已经在 2008 年通过招标形式向国外和中国台港澳地区投资者开放，通过招标，

① 《深度分析上汽集团 Telematics 战略布局》，2011 年 9 月 30 日《江南时报》，第 22 版。

国外的美国赫兹、法国法兴以及中国台湾和香港的台湾格上、台湾和运、香港百联、香港大昌中标，获得了上海市汽车租赁经营资格和租赁汽车营运额度，进入上海汽车租赁市场，开展汽车租赁业务。

同时，上海服务外包活动不断拓展。服务外包不仅在信息技术方面发展较快，而且在商业流程外包发展也较为迅速，还有代表服务外高端的知识流程外包正在形成规模。目前，毕博、凯捷总部、埃森哲、INFOSYS、EDS、UNISYS、ADP，以及 IBM、汇丰、花旗、摩根等一批世界 500 强企业在沪设立亚太或全球数据处理中心。软通动力、博彦、文思创新、海辉等国内知名服务外包企业纷纷把上海作为重要的战略部署地。[①]

此外，上海的系统集成与工程总承包发展迅速，电子商务快速发展，许多大型制造业企业的服务贸易发展也较快。上海的总部经济发展迅速，已成为 670 多家国际企业总部或地区总部及研发中心的所在地。上海制造业的会展业规模不断扩大，“十一五”期间，上海展会数量和展览面积增长迅速，无论是展览项目数还是总展出面积都已位居全国首位。特别是大型国际展览会方面，已经有近 40 个规模在 5 万平方米以上国际项目举办展览。[②] 上海汽车交易博览会和中国国际工业博览会等成为每年上海举办的重要制造业博览会。总之，这些生产性服务业成为推动上海制造业进一步发展的重要力量。上海制造业与服务业增长势头良好，呈现出一定的相关性发展，具有良性的互动关系（见图 1）。

以上汽集团为例，上汽集团于 1985 年开始涉足汽车服务业。

---

① 上海市商务委员会、上海市经济和信息化委员会：《2009 上海服务业发展报告》，上海科学技术文献出版社，2009，第 23 页。

② 魏林、张奕：《大浦东与大虹桥“双核”驱动》，2011 年 10 月 10 日《解放日报》，第 9 版。

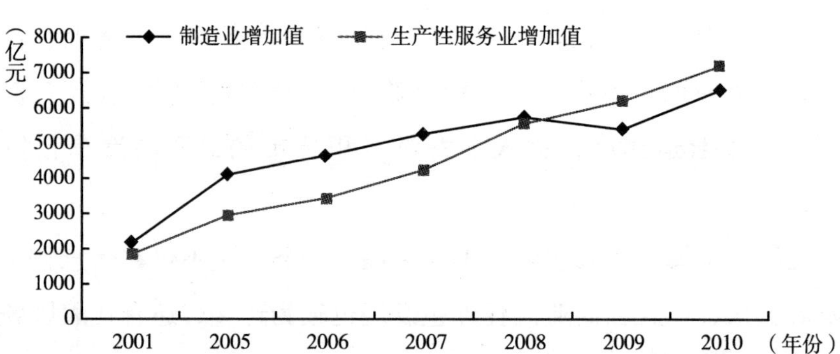

图1　2001～2010年上海制造业与生产性服务业增加值

资料来源：上海市统计局：《上海统计年鉴》，中国统计出版社，2001、2005～2010。

2000年上汽安吉物流公司的成立，标志了上汽集团汽车服务产业化发展的开始。目前，上汽集团汽车服务业涵盖了汽车服务的各个领域，包括了汽车物流、汽车金融、汽车国际贸易、汽车销售、汽车文化以及IT服务等近65项业务。上汽的服务产业经过十多年发展，已与11家国际领先服务厂商合资合作，先后组建73家汽车服务企业；形成了汽车物流、国际商贸、零售服务、融资租赁、信息服务和创意节能的5+1专业化发展架构；建立了安吉、安悦两大服务品牌体系（见图2）。目前，汽车服务业的销售收入约占上汽集团销售收入的1/10左右。

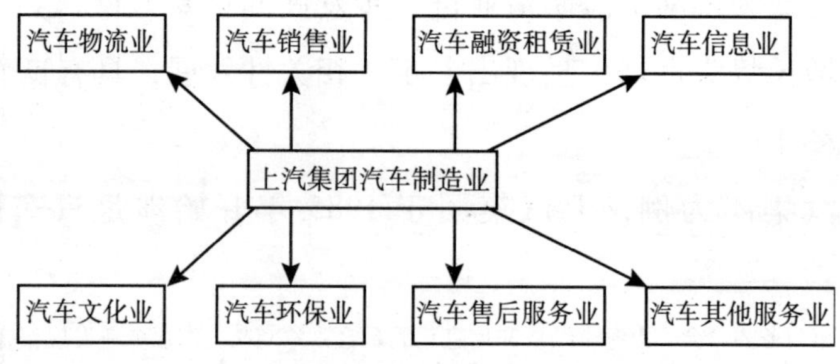

图2　上汽集团发展汽车服务业体系

四　上海基于制造业的生产性服务业发展存在的问题

上海的生产性服务业与制造业之间初步呈现出良性的互动关系。它渊源于信息化条件下城市生产劳动分工的细化与深化，表明了在新的生产条件下制造业结构高级化的发展方向。然而，上海生产性服务业的发展一部分来源于原本内化制造业中服务业的分离，另一部分来源自外生性的国家与跨国公司进行全国布局的需要。后者同上海的制造业的产业关联程度并不紧密，而呈现出较为明显的二元化特征，即生产性服务业与制造业既不是原本城市生产劳动分工细化与深化的结果，也没有实现互动与融合发展。

（一）制造业的生产性服务尚未充分发育

上海的制造业的金融服务尚未充分发育，许多制造业的金融服务依托于国有大中型金融机构，国有金融机构与制造业企业两者之间业务交叉还没有达到融合地步。许多从制造业企业分离出来的服务业企业规模偏小，在企业集团内部处于从属角色，没有取得支配地位。上海许多制造业企业对于生产性服务业投入不多，信息化水平较低，许多生产性服务企业只能提供一些位于技术和知识服务链低端的产品和服务。与发达国家生产性服务企业相比较，上海生产性服务业企业与技术创新和知识的主要研发者、使用者和传播者的发展目标，还有相当大的差距。

（二）制造业的市场化程度亟待提高

生产性服务业脱胎于制造业，它是从制造业当中逐渐垂直分离出来并发展成为独立的产业部门，随着社会专业化分工的深化与细化，其占经济的比重也会越来越大。但是，如果制造业的市场化程度较低，或者受限于政策因素不能达到需求的市场化，那么，社会生产分工不断细化与细化，生产性服务业自然也就不能实现较为充分发展。目前，部分上海制造业企业特别是国有企业具有自成体系、自力更生、自我服务的“大而全、小而全”发展模式。这会出现两个问题，一方面由于专业化程度不高，难以提高制造产品的品质与技术水平，也难以降低整个生产与服务成本，另一方面由于试图市场化的服务厂商缺少来自制造业的需求基础支撑，制约了生产性服务业的独立和市场化的外化发展，造成了制造业企业服务外包较为困难。因此，市场化水平不足是影响社会生产劳动分工的主要因素，直接制约了上海的生产性服务业进一步发展。

（三）制造业与生产性服务业之间的行业门槛需要降低

上海的生产性服务业除了批发与物流业之外，市场化程度不高，生产性服务业之间的行业垄断现象也制约了许多制造业企业发展服务业。生产性服务业内有相当数量的行业具有进入壁垒，从而限制了制造业与服务业之间的互动与融合发展。行业壁垒不仅是政策造成的垄断，而且也是许多国有大中型服务业如银行业基于规模因素形成的市场垄断。这一方面使生产性服务业脱离于原本的制造业及其企业较为困难；另一方面也使制造业不能同外生的服务业充分互动融合，从而产生“二元化”现象。

（四）组合和利用生产要素能力亟待提高

制造业与服务业的竞争力取决于生产要素的能力。不仅要充分利用核心生产要素，放弃次要的生产要素，而且要能够利用恰当的组织形式调动生产要素；不仅要利用制造环节的要素，而且要利用服务环节的要素，从而形成企业的核心竞争力与区域竞争力。这不仅要在企

业组织形式上，而且要在企业内部管理运作之上采取相应措施。目前，上海组合和利用生产要素的能力亟待提高，人才优势未得到充分发挥，企业家资源利用不足，影响了制造业与服务业集群的发展，这主要归因于企业家人才紧缺问题与企业家素质的问题。

五　促进上海生产性服务业与制造业互动发展的建议与对策

制造业与服务业融合互动发展是上海实现产业结构优化升级的路径。上海要实现产业体系合理化与高度化，需要完善生产性服务业与制造业之间互动发展的机制和路径，以现有的制造业为基础，加强发展生产性服务业，实现生产性服务业与制造业互补与均衡发展。

（一）推进长三角区域经济分工与协作

目前上海部分制造业企业还偏好于“大而全”和“小而全”的发展模式，生产性服务业内化于制造业生产环节之中。出现这种现象的重要原因之一是社会生产分工的细化程度不足。为此，应当以长三角区域分工协作推进产业分工进一步细化与深化，以市场范围的扩大推进社会分工发展，进而推动上海生产性服务业在制造业的基础之上充分发育壮大。周边城市同上海既是竞争关系，也是合作关系。长三角应当基于分工协作关系构建一体化的区域经济，真正形成区域城市体系，这不仅有利于上海，而且也有利其他城市。上海应当充分利用周边城市的人力与土地资源，立足中心城市与周边城市的分工与协作关系，从区域城市体系形成的角度看待上海的产业发展。上海应当利用产业结构升级与换代的需要，以提高土地集约利用为目的，把原本高污染、低技术水平的企业、行业与产业转移到周边城市以及长三角周边区域；同时，把置换出来的空间发展生产性服务业与高新技术制造业，提高城市竞争力。这对于长三角周边区域具有正面的辐射带动作用。简而言之，长三角经济一体化是上海发展以服务业为主导的产业结构的必要条件。

（二）创造适宜的制度环境

生产性服务业发展不仅要有较好的物质环境，更要有优良的制度环境与法律环境。上海需要降低许多生产性服务业如金融典当业、租赁业以及信息服务业的进入门槛，加大服务业的开放性，减少服务业的垄断性，提高制造业与服务行业的市场化程度，促进公平竞争，减少行政性与市场垄断。竞争，是促进生产性服务业外包与外化的重要条件。在相关政策法规方面，如在贸易、期货、房地产交易政策法规方面，进行适当的完善，创造适宜的制度环境，促进生产性服务业的发展。特别是需要降低制造业与服务业之间的门槛，如及早解决不同性质的土地使用价格，促进从制造行业分离出来的服务业企业能够利用制造业企业的品牌与资源，使服务业与制造业形成相得益彰的局面。

（三）延长制造业价值链

随着上海商务成本的上升处于微笑曲线中部的传统制造业将面临越来越大的成本压力，因此，向“微笑曲线”两端延伸是传统制造业升级的必然路径。作为制造业外延的延伸，生产性服务业贯穿于生产、流通、分配、消费等社会再生产环节之中，为上下游各环节的生产活动提供了专业化配套服务，能够提高生产过程不同阶段产出价值和运行效率。在制造业之中的研发、设计、系统解决方案设计、实施等制造服务型行业，具有较好的发展前景。服务型制造，是上海制造业发展的必由之路。因此，上海应当顺应制造业服务化发展趋势，提高研发、设计、采购、营销等环节比重，大力发展生产性服务业

（金融、物流、贸易、技术研发与服务、信息服务），同时提高制造业的技术水平，大力发展高新技术产业。上海应以产业融合为重点，促进产业链上制造业和服务业融合，推动总承包总集成、节能环保、融资租赁、服务外包、科技研发服务、专业技术服务、创意产业等与制造业密切相关的生产性服务业发展，以生产性服务业的发展提升上海制造业竞争力。上海应当推进有条件的大型制造业企业从以生产为中心、市场为中心向以研发为中心的高级化发展，最终向战略发展中心发展。

（四）重视人才培养与引进

生产性服务业是知识与智力密集型产业。上海生产性服务业发展受到人力资本积累不足的约束与限制。人力资本积累不足妨碍了生产分工的细化与深化，结果是劳动生产率提高并不显著、产品多样化并不明显。上海人力资源状况必然影响到组合和利用生产要素的能力，这也是衡量上海城市产业竞争力的主要标准之一。上海产业结构升级，发展高新技术产业与知识密集型产业急切需要人才支撑。因此，上海应当重视人才的培养与引进工作，不仅需要创造条件吸引来自国际的高级劳动力与外省市劳动力流入，创造人才流入的环境与条件，补充上海劳动力不足的问题，提高上海企业利用和组合生产要素的能力与竞争力，而且需要培养培训现有员工的科技素质与管理素质。这样才能为上海城市的制造业与服务业发展提供丰富的劳动力，为上海制造业的高级化与生产性服务业发展提供源源不断的高级管理人才，才能不断促进上海生产性服务业与制造业的发展。

B.8

加快航运保险发展，提升上海全球航运资源配置能力

徐美芳*

摘　要： 上海航运保险业曾经辉煌过，也有过衰退。2009年国务院出台的19号文件，为上海航运保险业提供了新的发展契机，也提出了更高的功能要求——全球航运资源配置能力。本报告认为，上海航运保险处于国内领先地位，但仍远远落后于伦敦等国际航运保险中心。2011年上海航运保险企业总量继续居全国之首，种类齐全，且分布较为集中；截至2011年7月份，航运保险相关保费规模达26.71亿元，同期增长122%；市场集中率（CR8）达89%，为典型的寡占I型；中外资保费结构比例达91∶9，创近十年的历史最高。上海航运保险业存在的挑战，主要表现在：航运保险企业传统的经营管理体制改革需要进一步深入；再保险市场发展需要实质性突破；发展环境需要在更大范围内得到完善。

关键词： 航运保险　资源配置能力　国际航运中心

1995年，党中央国务院作出建设上海国际航运中心的重大决策。2009年，国务院通过上海国际航运中心和金融中心建设文件，力争到2020年将上海建设成为具有全球航运资源配置能力的国际航运中

---

* 徐美芳，上海社会科学院经济研究所副研究员，经济学博士，主要研究方向为金融和保险。

心。在此过程中，上海国际航运中心建设的基础设施不断完善，与此相配套的航运金融服务业发展空间也骤然扩大。航运保险业——航运金融服务业的重要组成部分也成为衡量上海国际航运中心建设水平的重要标志之一。

一　加快航运保险业发展有利于提升上海航运资源全球配置能力

资本密集性和高风险性使航运保险历来在国际航运和国际贸易中具有举足轻重的地位。加快航运保险业发展有利于上海航资源全球配置能力。

（一）国际航运中心建设对航运保险业的需求

以功能和作用作为划分标准，国际航运中心大致可以分为三大类，以伦敦为代表的第三类国际航运中心具有综合资源配置功能。研究发现，此类国际航运中心建设对航运保险业的需求主要有三个特点。

1. 话语权要求：树立以定价权和规则制定权为主要内容的国际话语权

配置全球航运资源的能力，必须具备在全球范围内能决定“配置什么”和“如何配置”的能力。这种配置能力高低，在很大程度上表现为话语权的大小。配置能力越高，话语权越大；反之，话语权越小。全球性是航运保险最为重要的特征之一。因此，航运保险业的话语权，是一种国际话语权。

航运保险业的国际话语权，主要通过航运再保险价格形成和航运保险条款制定来体现。首先，需要拥有再保险话语权。通常，一个国家的普通企业财产险或健康医疗险等服务，能被本地区或本国企业提供绝大部分，但航运保险服务却并不能如此。由于航运业的高风险性，一国或地区在控制大量的航运保险资源的同时，必须采取分保手段才能分散风险，否则大部分航运保险因风险太大、航运保险人不能单独承受而无法实现。国际再保险是一种常见分保方式，特别是在本国再保险能力有限的情况下，国际再保险就显得尤为重要。因此，再保险价格决定了分保是否可行，从而在很大程度上决定了航运保险的承保范围、承保方式。目前，世界上几乎所有远洋船舶的船东保赔责任险的巨额赔偿风险都通过船东保赔协会在伦敦劳合社办理了再保险，伦敦就拥有了远洋船舶的船东保赔责任险国际话语权。其次，从法律角度而言，保险是一种约定保险人和投保人权利义务的关系，因此，保险合同条款，成为所有保险业务的重要依据，谁拥有航运保险合同条款制定和调整权，谁就掌握了航运保险的规则制定权。仍以伦敦为例，伦敦船舶保险条款中船舶定期保险（ITC83 条款）不仅在英国广泛使用，而且被许多国家作为制定其本国船舶保险条款的依据；伦敦保险协会和伦敦承保人联合制定并修改的所谓“协会条款”为全世界广泛认可和使用，并成为航运保险业内的条款典范；“伦敦仲裁”还成为很多航运、贸易和保险合同必然的选项。因此，伦敦拥有全球航运保险的规则制定权，国际话语权相对较大。

话语权不是由谁给予的，而是由能力决定的。这种能力形成过程中，企业起了很大的作用。因为企业总是向商务成本低、政策环境好、投资安全、利润收益率高的地区流动。当大量的、具有国际影响力的企业集聚在一起时，价格和规则就自发地形成和不断完善，当这种价格和规则被全世界接受并使用时，国际话语权也得以树立，配置资源的能力也得以提升并被认可。因此，提高配置全球航运资源能力，重要途径之一是集聚有世界影响力的企业。

2. 构成要求：从海上运输和进出口贸易不可或缺的组成部分发展到航运金融业的重要有机部分

作为进出口贸易和海上运输不可或缺的组成部分，航运保险不仅

是一种分散风险的机制，而且也是一种重要的航运服务形式。

以往，航运保险是进出口贸易和海上运输不可或缺的组成部分。资料显示，全球 80% 的货物量通过海上运输完成的，中国约 2/3 的货物量也是如此。而在国际贸易和运输过程中，自然灾害、意外事故、人为疏忽、碰撞等风险非常普遍，因此航运保险应运而生，成为海上运输和进出口贸易不可或缺的组成部分。例如，保险费、货物的成本和运费一起构成国际贸易货物价格的三要素，保险单与信用证相结合，成为国际结算中的必备业务文件之一。

随着国际航运中心建设，航运保险的服务对象从本地、本区域的航运企业发展到全国、全球航运企业。因此，在国际航运中心建设过程中，航运保险在发展速度和发展规模方面逐渐超越本地或本区域进出口贸易和海上运输的发展，而且能独立于本地或本地航运业而成为国际航运中心的航运金融业。从而使航运保险从被动的状态进入到主动服务阶段，即从进出口贸易或海上运输带动保险业发展，进入到保险业主动服务进出口贸易或海上海运输业并促进其发展的阶段。

3. 保障要求：承保的风险范围、标的、险别都有所扩大

提供风险保障服务永远是保险最基本的功能。无论是在第一代国际航运中心还是第二代、第三代国际航运中心建设的过程中，航运保险的最基本功能是为航运企业分散风险。面对全球自然灾害、意外事故、人为疏忽、碰撞等风险不断增加的情况，具有全球航运资源配置能力的国际航运中心，也需要航运保险业提供更广的风险保障范围。瑞士有研究报告显示，2008 年通过保险转移的全球航运灾难损失达 10.96 亿美元，比 2003 年 1.6 亿美元增加了近 7 倍。

为适应具有全球航运资源配置功能的国际航运中心需求，航运保险必须扩大承保标的、开发新的险种。例如，面对全世界范围内的风险保障需求，尽管本地或本区域需要保障的标的仍为船舶、货物等，但具有全球航运资源配置功能的国际航运中心要求航运保险承保标的不能仅局限于原有的船舶、货物，应逐步扩展到与这些物质财产有关的各种非物质利益和责任，包括船舶租金、船员工资、船舶制造、港口机械设备等。随着承保标的的扩大，险种险别也应进一步完善或创新，不能局限于船舶保险、货物保险、运费保险，必须开发责任保险、保赔保险等新险种。伦敦同样也是一个极好的案例。为适应市场，伦敦保险业在20世纪中叶推出了保赔保险业务，目前伦敦已成为全球最大的保赔保险中心，其中伦敦的船东互保协会占据全球市场61.6%的份额。正是凭借这种完善的风险保障机制，伦敦成为全球航运保险中心。在扩展风险保障服务范围的同时，航运保险业也提升了航运中心配置资源的能力。

（二）航运保险业发展对上海航运资源全球配置能力提升的作用

2009年国务院第19号文件明确指出，上海国际航运中心建设的总体目标是：到2020年，基本建成航运资源高度集聚、航运服务功能健全、航运市场环境优良、现代物流服务高效，具有全球航运资源配置能力的国际航运中心。为此，加快发展包括船舶融资、船运保险在内的高端服务业，特别是提升这些高端服务业的全球配置能力，成为上海建设国际航中心的重要任务。

1. 航运保险具有强辐射性和高附加值特点，有利于促进上海航运高端服务业发展

随着国际航运服务业从低端向高端发展，高端航运服务业成为全球各大港口努力的方向。发展高端航运服务业也成为上海建设国际航运中心的重要内容。上海港货物吞吐量和集装箱吞吐量均位居世界第一，与此相比，上海航运服务业特别是高端服务业发展相对落后。

第一，包括船舶融资、航运保险、资金结算和航运衍生交易等

在内的航运金融业发展滞后。上海地区的船舶融资公司和产业基金均成立不久，资金结算和航运衍生交易也处于起步阶段。截至2011年8月份，上海仅有的1家单船项目公司，成立于2010年6月份，航运产业基金尽管在2011年2月份注册成立，但目前还没有正式运作。据上海金融协会的数据，目前上海的银行业提供的船舶融资额只占全球船舶总融资额1%。[①] 而伦敦船舶融资和海上保险业务在国际市场中的份额高达约18%和23%。相对而言，上海的保险业有较长的发展历史，保险组织也比较健全。因此，上海有条件大力发展航运保险。

第二，海洋研发等知识型高端服务业仍处于起步阶段。新加坡提出到2025年建立全球海洋知识枢纽，大力发展海洋研究，以全球海洋知识枢纽来推动新加坡航运集群的发展。其中，研究、发明和教育是核心。而上海尽管拥有众多涉及海外的高校、科研机构和企业研发机构，也成立了多个国家级海洋重点实验室和海洋科学试验基地，但与上海建设国际航运中心的国家战略相比，研发力量和研发水平仍欠缺。上海至今没有国家级海洋科学研究中心。

上海"十二五"规划明确提出，十二五期间要按照高端化、集约化、服务化，推动三二一产业融合发展，加快形成服务经济为主产业结构。其中，航运服务业收入年均增长率达到15%左右。作为航运高端服务业的重要组成部分，航运保险业的发展，有利于促进上海航运服务业发展，有利于上海加快形成服务经济为主的产业结构。

2. 航运保险提供预防和分散航运风险的专业服务，有利于巩固和提升上海航运企业的风险管理能力，促进航运业发展

航运业是高风险产业，具有单一危险单位价值高、风险多样、流

① 《银行业联手推动沪船舶融资》，人民网·上海频道·航运中心；http://sh.people.com.cn/GB/167985/167987/15395919.html。

动性强、法律关系复杂、产业周期强等特点，对风险管理有高于一般性行业的迫切需求。航运保险业的发展，有利于巩固和提升航运企业的风险管理能力，从而促进航运业的发展。

首先，第三方专业的风险管理方案有利于航运企业通过上海地区的航运保险机制转移和分散风险。资料显示，通过保险机制转移和分散风险是较为理想的风险管理策略。与上海港货物吞吐量和集装箱吞吐量位居世界第一的地位相比，上海航运保险费仅占全球市场份额的1%；境内公司70%以上的保赔保险业务在境外投保。

其次，参与保险业务的过程有利于航运企业提升自身的预防和自保风险的能力。资料显示，目前，上海地区航运物流企业发生的各种事故中，责任赔偿额已占企业营业额的10%，但绝大多数企业尚没有有效采取预防措施。作为专业的风险管理企业，航运保险企业积累了大量的预防和分散风险的经验，在提供保险服务的过程中，航运企业也需要参与部分协助工作。而参与保险服务本身就是培养风险管理人才的重要途径，从而促进航运企业提升防范和管理风险能力。航运企业防范和管理风险能力的提高，必然有利于航运业的发展。

3. 航运保险作为联结国际航运中心与国际金融中心的“纽带”之一，有利于促进上海“三港三区”的进一步联动

“港为城用，城以港兴”，这种“港城联动”的国际航运中心建设模式，在上海的实践中主要通过浦东三港三区联动来体现。实践显示，三区（洋山临港航运综合服务发展区、外高桥航运物流发展区、浦东机场临空航运服务发展区）航运产业目前已较好地实现了互补错位发展。为了能统一管理、政策聚焦，实现资源和功能的联合、互补，发挥更大的集聚辐射效应，使“三区”成为加快上海建设“四个中心”的重要平台和推手，2009年，上海成立了综合保税区管委会。但综合保税区管委会主要解决了三区三港联动的组织问题，加快

三区三港联动的具体业务仍有待进一步探讨。

本报告分析认为，航运保险业可成为三区三港联动具体业务的重要抓手之一。根据规划，三港三区联动的目的是三区成为上海国际航运中心建设的核心区域、国际贸易中心的重要载体、国际金融中心的重要突破点；三港三区联动聚焦的是资源和功能的联动。航运保险服务是实现功能联动的纽带。以航运物流企业责任险为例，航运物流企业责任保险为外高桥航运物流提供缓解责任风险；也能进一步提升洋山临港航运综合服务能力和水平；同时还把承保风险扩展到与国际贸易相关的陆运和空运途中。

4. 上海航运保险突出国际话语权的提升，有利于提升上海的全球航运保险资源配置效率

航运保险水平，代表一个国家、一个地区或一个保险企业的发展水平。拥有包括定价权在内的国际话语权，是一国航运保险业拥有高端服务能力体现，有利于提升上海全球航运保险资源的配置效率。

提升全球资源配置能力，归根到底，是需要具有配置全球资源的企业。这恰恰是上海甚至中国保险企业的软肋。航运保险是现代保险的起源，也是保险效益最好的险种之一。加快航运保险的发展，有利于保险企业提高保险经营效益，从追求保费规模发展到追求效益的集约化经营模式上来，进而提高保险业的经营水平，提升参与者国际竞争的能力。加快航运保险业的发展，有利于推动全球高端保险人才在上海集聚。与一般企业所需的资源不同，航运保险服务业最需要的资源是人力资源。提升上海的航运资源配置能力，对保险业而言，最重要的一点是提升航运保险人力资源的配置能力。保险业发展趋势显示，尽管原保险市场发生了由西（伦敦、纽约）向东（环太平洋）转移，但再保险市场仍集中在伦敦、纽约等地。上海航运保险突出定价功能，将促进再保险业在上海的发展，从而使上海在加大培养本土人才的同时，吸引更多的国际再保险机构和人才。目前，伦敦劳合社，德国通用科隆、汉诺威等当今一流的再保险公司已陆续在上海设立的分支机构。可见，上海航运保险突出国际话语权的提升，有利于提升上海全球航运保险资源配置效率。

二　2011 年上海航运保险业发展现状

上海航运保险业曾在 20 世纪 80 年代有过辉煌，但在 20 世纪末出现了新中国成立以来最严重的衰退。当前，上海航运保险业获得了新的发展契机，处于国内领先地位。

（一）上海航运保险业市场主体现状

2011 年，上海航运保险市场主体种类较为齐全，企业总量数继续居全国之首，分布较为集中。

1. 上海航运保险企业数量居全国之首且企业类型较为齐全

上海不仅具有全国数量最多的传统航运保险企业，而且拥有国内仅有的几家专业航运保险机构。国内航运保险企业的种类从经营模式上目前可以分为两类：传统的保险企业经营航运保险业和专业的航运保险企业。资料显示，这两类企业的数量，上海均居全国之首，特别是第二类企业，为上海独有。截至 2011 年 9 月份，全国共有 57 家传统航运保险企业①，在上海经营航运保险的企业有 39 家，比北京、天津、广州分别多 3 家、20 家和 8 家，企业数量继续居全国之首（见表 1）。其中，在上海的外资保险企业有 11 家，分别比北京、天津、广州多 1 家、10 家和 5 家，也为全国之首，中外资比例为 72∶28。

① 因财险公司皆能经营航运保险，所以本课题把财险公司都计入为传统航运保险企业。目前，有的企业设置了航运险部门，有的企业把航运险业务归入国际部，也有的归入财险部，总之，没有统一模式。

表 1　2011 年上海、北京、天津和广州传统航运保险企业数量比较

单位：家

	中资	外资	合计
上海	28	11	39
北京	28	8	36
天津	18	1	19
广州	25	6	31
全国	37	20	57

注：传统保险企业指报送中国保监会（或各地保监局）月度数据材料的原保险企业；广州不包括深圳数据。

资料来源：中国保监会网站。

截至 2011 年 8 月份，全国仅有的 2 家专业性航运保险营运中心均落户在上海，已经开始实质性地运作。另外，全国唯一的 1 家专业性航运保险公司目前正由上海港和宁波港共同筹办，该航运保险机构的重点领域是港航业。根据规划，公司在 5～10 年内成为一家具有较强竞争力、较好赢利水平的专业性保险机构。

2. 上海航运保险企业分布相当集中，与中资保险企业相比，外资航运保险企业除较多落户在浦东以外，分布相对比较分散

上海航运保险企业集中分布在浦东新区、黄浦区和虹口区（见图 1、表 2）。[①] 浦东新区、黄浦区和虹口区的航运保险企业分别占企业总数的 53%、16.3% 和 10.2%。其中，2 家专业性航运保险公司分别在黄浦区和虹口区，11 家中资财险总部分别有 8 家、2 家和 1 家分布在浦东新区、黄浦区和徐汇区；27 家中资财险分公司分别有 12 家、5 家、4 家、2 家、2 家、1 家和 1 家分布在浦东新区、黄浦区、虹口区、长宁区、静安区、闸北区和杨浦区 7 个区。可见，上海航运保险企业分布相当集中，与中资保险企业相比，外资保险航运企业除

① 包括总部、子公司及具有一定管理决策权的分公司。

较多落户在浦东以外，分布相对比较分散。9 家外资财险子公司则分别分布在浦东新区、长宁区、静安区和卢湾区 4 个区。

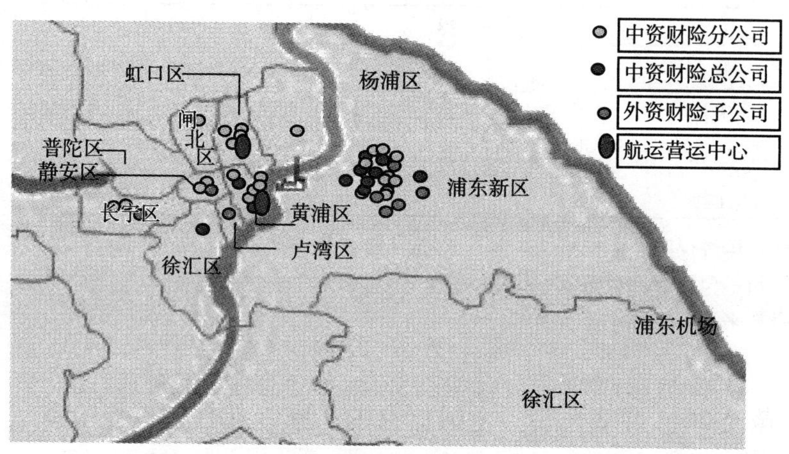

图 1　2011 年上海航运保险企业空间分布

资料来源：根据中国保监会上海保监局网站资料绘制，黄浦区与卢湾区分别统计。

表 2　2011 年上海航运保险企业地区分布

	专业性航运保险企业	中资财险总部	中资财险分公司	外资财险子公司	合计
浦东新区	—	8	12	6	26
黄 浦 区	1	2	5	—	8
虹 口 区	1	—	4	—	5
长 宁 区	—	—	2	1	3
静 安 区	—	—	2	1	3
卢 湾 区	—	—	—	1	1
徐 汇 区	—	1	—	—	1
杨 浦 区	—	—	1	—	1
闸 北 区	—	—	1	—	1
合　　计	2	11	27	9	49

资料来源：中国保监会上海保监局网站。

3. 上海航运保险中介服务机构类型进一步增多，提供航运保险服务的保险代理和保险经纪公司机构比例也相对较大

基于航运保险的专业性、国际性均较强的特点，中介保险机构在航运保险发展过程中有着举足轻重的地位。如果保险中介服务水平较高，保险企业可以将重点放在开发保险产品、加强风险管理和企业经营管理上，部分市场拓展或后续服务可以由中介机构完成。通过中介机构，保险投保人可以获得更多的保险价格、保障范围等保险人的信息及相关保险服务。

资料显示，北美地区，通过保险经纪人投保船舶货运保险的比例达100%，在欧洲，该比例也有70%～80%。尽管上海的航运保险中介市场在国内较为发达，但整体水平仍很低。目前，直接参与上海航运保险业务的保险中介机构呈现两个特点。

第一，机构类型进一步增多，服务体系基本形成。2010年9月，上海船舶保险公估有限责任公司正式成立，这是国内首家专业从事船舶保险公估的机构，公司现已与多家大型财险公司达成业务合作协议，加上早已存在保险经纪和保险代理公司，上海航运中介市场体系基本形成。

第二，提供航运保险服务的中介机构占整个保险中介机构的比例相对较小。据不完全统计，目前经营货运险、船舶险业务的保险代理机构分别有46家和5家，分别占全部代理机构数量的43.4%和4.72%；经营货运险、船舶险业务的保险经纪机构分别有16家和6家，分别占全部经纪机构数量的23.53%和8.82%。

另外，为上海航运保险业务提供海事法律、船检和诉讼、仲裁等服务的中介机构数量也不少，相关海事服务已相继在上海展开（见表3）。截至2011年9月份，上海共有53家船检机构，验船师182人；上海海事法院，成立于1984年，是我国成立时间最早的国内海事法院，现已建立了较完善的审判机制；2003年，中国海事仲裁委员会上海分会成立，近期目标是在几年内成为全国海事仲裁中心。

表3　2011年上海船检机构信息

机构名称	验船师总人数(人)
中国船级社上海规范研究所	0
中国船级社上海分社	129
上海市船舶检验处	53
合　　计	182

资料来源：中华人民共和国上海海事局网站 http：//www. shmsa. gov. cn/check/check_ org. php。

（二）上海航运保险业市场结构

伴随上海建设国际航运中心的东风，上海航运险出现快速增长，而且市场结构也出现了显著变化。

1. 2011年上海航运保费收入快速增长，明显超过货物吞吐量、集装箱和船舶出入量的增长幅度，与此同时，上海航运保险业务在全国的市场占比也大幅度提升

航运保险按保险标的不同，可分为船舶保险、运费保险、保障赔偿责任保险、海洋运输货物保险、石油开发保险等，其中，船舶保险、货物运输保险和保赔保险是传统的三大内容。目前，上海航运保险市场的业务类型仍以船舶保险和货物保险为主，保赔保险尚处于起步阶段。上海航运保险业务的数据统计表中，没有保赔保险的统计科目。

继2010年快速增长后，2011年上海航运保险业务进一步突飞猛进（见图2）。截至2011年7月份，上海船舶险业务和货运险业务保费收入之和达26.7亿元，超过了2010年全年航运险保费收入21.9亿元，同比增长122%。截至2011年9月份，上海港货物和集装箱吞

吐量分别为 36199 万吨和 2377.3 万标准箱，同比增长 14.3% 和 10.0%。同期上海洋山港船舶和外高桥国际航运船舶出入艘次分别为 2600 艘次和 5737 艘次，同比增长分别为 20.0% 和 9.6%。[①] 可见，航运险增长幅度远远高于货物吞吐量、集装箱和船舶出入量增长幅度。

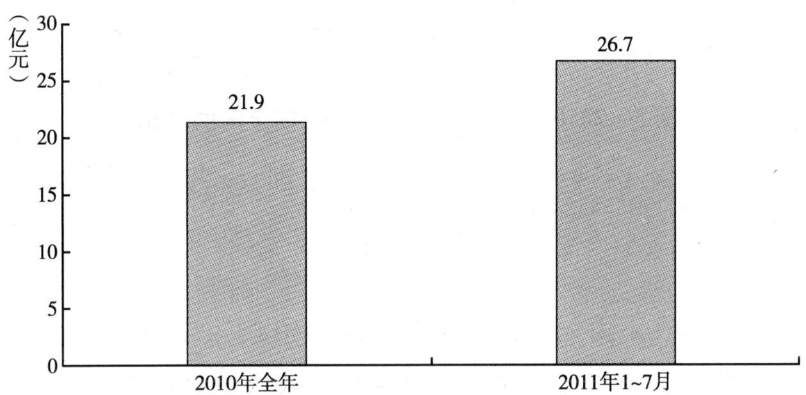

图 2　2010～2011 年上海航运险保费

资料来源：2011 年数据由课题组通过对上海保险公司调研所得；2010 年数据来自中国保监会上海保监局。

与此同时，上海船舶险业务和货运险业务保费在全国市场的占比也大幅度提升，截至 2011 年 6 月份，该两项险种占比分别达 42.76% 和 14.77%（见图 3）。两者之和在全国市场的占比也高达 26.46%，比去年同期 17% 提高了近 10 个百分点。船舶险、货运险的突飞猛进，使航运险成为财险中仅次于车险的险种，致使车险在财险中所占比重摊薄至 50.15%，而同期在全国市场上车险在财险中的占比仍在 70% 以上。

上海航运保险保费收入出现大幅度提升，主要原因之一是中国太

① 邵永表、姜煜：《上海港 9 月集装箱量增长乏力　年底目标仍有望实现》，中国新闻网・财经频道，2011 年 10 月 22 日；http：//www. chinanews. com/cj/2011/10 – 22/3407078. shtml。

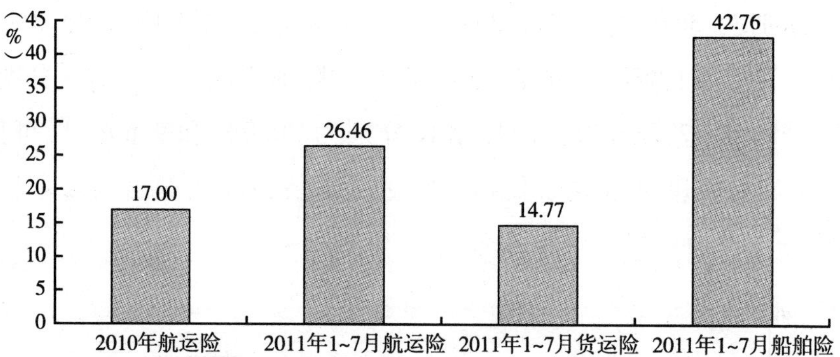

图3　2010～2011年上海航运险在全国的占比

资料来源：纪云飞：《沪上航运保险初显集聚效应》，中国网·新闻中心，2011年8月23日；http：//news. china. com. cn/rollnews/2011－08/23/content_9715403. htm。

保、中国人保在上海设立“航运保险运营中心”。截至2011年6月份，人保航运中心和太保航运中心的保费收入分别约为8.4亿元和4.5亿元①，两者之和在上海市场的占比达57.7%。

2. 2011年上海航运保险市场集中度较近年提高，属于寡占I型

上海航运保险的市场集中度仍然很高。资料显示，2011年7月份，航运保险业务市场份额前4位的公司业务占比分别为34%、19%、15%、8%（见图4），前8位的公司业务占比分别为34%、19%、15%、8%、4%、4%、3%和2%（见图5），CR4和CR8分别达到76%和89%，属于典型的寡占I型市场结构。与往年相比，目前的市场集中度较高。2009年，上海货运保险市场的集中率（CR8）为80.7%，属于寡占III型的市场结构（见表4）。但2004年前以前，上海货运保险市场的集中率（CR8）基本都在90%以上，也是典型的垄断市场结构。2011年，上海航运保险的市场结构重新回到2004年前后的水平（见表4）。

① 中国保监会上海保监局网站，http：//www. circ. gov. cn/web/site7/tab377/i174386. htm。

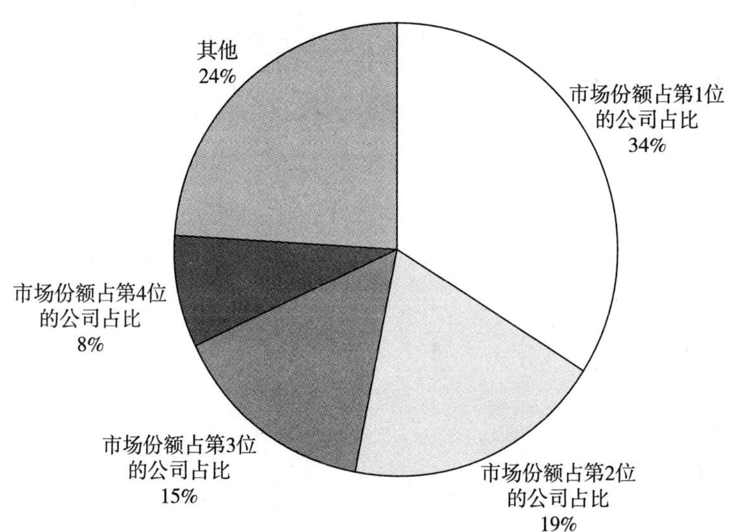

图4　2011 年航运保险市场份额占前 4 位的保险公司市场集中度

资料来源：课题组通过对上海保险公司调研所得。

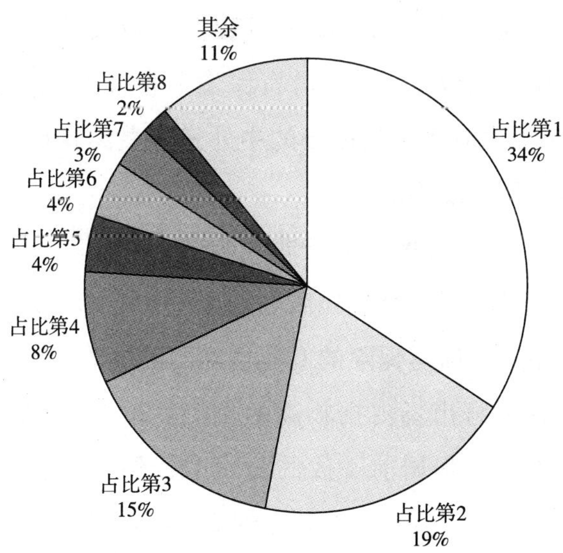

图5　2011 年航运保险业务份额占前 8 位的市场份额

资料来源：纪云飞：《沪上航运保险初显集聚效应》，中国网·新闻中心，2011 年 8 月 23 日；http：//news. china. com. cn/rollnews/2011 -08/23/content_ 9715403. htm。

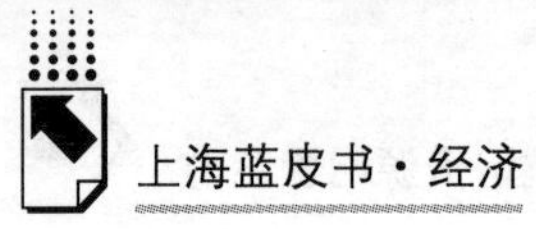

表4　2000～2009年上海货运保险市场结构

年　份	业务量占前八位的市场主体(家)		业务占比(%)		
	中资	外资	中资	外资	合计CR8
2000年	5	3	75.5	22.2	97.7
2001年	5	3	74.6	22.3	96.9
2002年	5	3	68.9	23.6	92.5
2003年	4	4	54.4	36	90.4
2004年	4	4	48.2	39.1	87.3
2005年	4	4	44.6	41.5	86.1
2006年	4	4	42.4	42	84.4
2007年	4	4	38.4	44.5	82.9
2008年	4	4	39	41.5	81.5
2009年	4	4	41.8	39.9	81.7

资料来源：上海保险年鉴编辑部：《上海保险年鉴》，未出版，2000～2009年。

2011年上海航运保险市场集中度提高的重要原因有两个，一是航运保险运营中心的成立；二是外资保险企业保费的市场份额下降。

3. 2011年上海航运保险市场的中外资保费结构比例远远高于往年，创近十年的历史最高

早在1992年，上海保险市场即开始试点开放。1994年后，日本东京海上保险等外资保险企业先后登陆上海，上海成为外资保险企业最为集中的城市。而航运保险的专业性和国际性等特点，外资航运保险的保费一直在上海市场占据较高的比例。2003～2009年，保费收入在上海航运保险市场居前4位的公司中，外资一直占有一半的席位，其占比也从2003年的36%提高到2009年的39.9%。但在2011年，上海航运保险市场中外资结构比例有了较大的调整，中资航运保险公司的业务几乎占了全部。截至2011年7月份，航运保险保费收入居前4位的公司均为中资公司，前8位公司中，仅有东京海上保险1家外资公司，中外资比例为96∶4（见表5）。在整个上海航运保险

市场上，中外资比例为91∶1，远远高于上海整体保险市场86∶14的中外资市场结构。

表5　2011年上海航运保险市场的中外资比较

	中外资市场结构比例		中外资市场结构比例
市场份额前4位	100∶0	整个市场	91∶1
市场份额前8位	96∶4		

资料来源：纪云飞：《沪上航运保险初显集聚效应》，中国网·新闻中心，2011年8月23日；http：//news. china. com. cn/rollnews/2011－08/23/content_ 9715403. htm。

导致航运保险中外资市场结构发生巨变的原因有三个：第一，船舶险的特殊性。船舶险由于具有一定特殊性，目前主要集中在几家大型中资保险公司，尽管近年来部分外资公司开始经营船舶险业务，且业务量增长较快，但市场份额仍仅为3%左右。第二，2009年19号文件出台后的优惠政策，得益最多的是中资航运保险公司，例如机构设置等对外资保险机构的促进作用有限。第三，外资保险企业主要服务对象为他们的本国企业，而2010年以来，外资进出口企业的贸易量出现下降趋势。

三　上海航运保险业面临的主要挑战及原因分析

2011年，上海航运保险业得到快速发展，也促进了上海国际航运中心建设，但从航运保险业服务于上海“两个中心”的任务，从上海航运保险走向世界的建设目标相比，上海航运保险业发展依然面临许多挑战。

（一）上海航运保险企业传统的经营管理体制改革需要进一步深入

1. 追求规模保费仍是传统保险企业主要的内在发展动力

通常，企业的发展动力来自其高利润率。但资料显示，上海航运保险市场的发展动力与利润率并无直接关系。在2009年的上海财产险市场上，货运险赔付率为45%，远远低于机动车辆保险、工程保险、农业保险、短期健康保险的赔付率61.9%、50.1%、63.5%和63%，也低于市场平均赔付率50.4%（见表6）。另外，中资保险企业的利润率并不低于外资企业的利润率。2009年保险市场占比前8位的保险企业中，按赔付率从低往高排列，中资保险企业分别位于第一、第四、第六和第七（见表7）。个案也证实了这个观点，例如某上海保险企业，当年海上保险利润约占该公司的20%。但该公司在2010年对海上保险的人力投入不足公司人力总投入的2%。

表6　2009年上海保险市场各险种赔付率

单位：%

主要险种	赔付率	主要险种	赔付率
企业财产保险	39.8	农业保险	63.5
机动车辆保险	61.9	短期健康保险	63.0
货物运输保险	45	意外伤害保险	21.1
责任保险	25.8	其他	32.5
工程保险	50.1	合　计	50.4
信用及保证保险	16.3		

资料来源：上海保险年鉴编辑部：《上海保险年鉴（2010）》，未出版，2011。

表7　2009年上海货运险市场赔付率

单位：%

市场占比前八位的保险企业	赔付率	市场占比前八位的保险企业	赔付率
中国人民保险公司上海市分公司	37.4	美亚保险有限公司上海分公司	41.5
中国太平洋财产保险公司上海分公司	52.3	东京海上火灾保险株式会社上海分公司	76.9
中国平安保险股份有限公司上海分公司	57.4	三井住友海上火灾保险公司	31.9
华泰财产保险股份有限公司上海分公司	20.3	日本财产保险株式会社	25.8

资料来源：上海保险年鉴编辑部：《上海保险年鉴（2010）》，未出版，2011。

之所以出现高利润不能促进航运保险企业发展，主要原因是追求规模保费的传统发展模式。众所周知，尽管中国保险业发展迅速，但中国保险业发展水平仍然较低，为了生存，中资企业纷纷以抢占市场作为主要竞争手段。如前所述，航运保险以进出口贸易、货物运输为主要服务对象。与快速发展企业财产、家庭财产或个人生命价值相比，航运保险的潜在保费规模并不大，因此，传统的航运保险企业，特别是中资保险企业并不把航运保险作为主要的险种开发、拓展或管理，从而导致传统保险业在航运保险业方面仍表现出人力资本投入较少、新险种开发不足、中外资航运保险企业没能突破原有的服务对象等现象。

2. 专业航运保险营运中心管理体制尚未理顺

上海两家专业航运保险营运中心的母公司分别是中国人民财产保险股份有限公司（简称中国“人保”）和中国太平洋保险（集团）股份有限公司（简称中国“太保”）。中国“人保”是在原中国人民保险（集团）公司分拆后成立的专营产险的专业公司。“十五”期间，根据“加快国有独资保险公司体制改革，尽快实现股份制改革”的金融工作会议精神，中国“人保”逐渐向金融控股保险公司进行改革。目前，中国人保属于国有控股公司，实行垂直化管理体制。中国“太保”则是中国太平洋保险集团的子公司，也属于国有控股公司，实行垂直化管理体制。

中国“人保”和中国“太保”在总部均设有作为管理部门的船舶货运险部，负责全公司的航运保险业务管理责任；在省公司或各支公司则相应地设有航运保险业务处或室，负责该区域的航运保险业务经营。但按照目前规划，两营运中心均采取事业部制，均由总公司赋予全公司航运保险业务经营管理责任中心和利润中心的职责，均对全公司航运保险业务实施一体化管理，把分散在不同部门的市场拓展、承保理赔、财务核算、客户服务等经营职能都集中到该航运保险事业营运中心进行管理。如此，原有的船舶货运险部与目前的运营中心，势必存在经营管理方面的交叉甚至矛盾。如果运营中心履行管理职能，则必须划清与船舶货运险部门之间权责，如果运营中心仅是经营部门，则与规划不符合，且与其他省级分公司的业务部门发生冲突，也没有经营优势。就目前现状而言，两者关系仍没有明确，运营中心也基本上按照原有的机制在运作，即依靠行政干预实现保费业务归并到营运中心，险种设计、市场开拓等业务机构的特色并不明显。因此，两中心所能提供的航运保险服务并不显著，而扣除两“运营中心”的保费规模，上海航运保险的保费规模并没有实质性提高。长此以往，不仅不利于两大财险公司的发展，而且也必然阻碍上海航运保险业的发展。

（二）上海再保险市场发展需要实质性突破

由于航运保险和再保险市场建设息息相关，《关于推进上海加快发展现代服务业和先进制造业、建设国际金融中心和国际航运中心的意见》明确提出，上海要“积极发展再保险市场”，“培育发展再保险经纪人，积极探索开展离岸再保险业务”。但从现状来看，上海再保险市场尚没有实质性发展。

1. 再保险公司数量近3年没有增加

上海现有再保险公司5家，其中，两家中资再保险公司为分公司，其总部设在北京（见表8）。这5家公司进入上海的时间均是在中国加入世界贸易组织之后，即上海加快建设国际航运中心建设之前。近3年来，上海并没能如期引进国际再保险机构。再保险机构数量偏少，不仅意味着上海在定价权等国际话语权方面与伦敦等国际航运中心城市存在较大的差距，也显示出上海航运保险业国际性并不明显。

对再保险机构的引进过程中，税收优惠等经济政策的作用并不明显。在信息化和全球化背景下，上海航运保险企业寻求、联系并与伦

表8　2011年上海再保险公司

公司名称	进入上海时间
德国通用再保险公司上海分公司	2004年
中国财产再保险股份有限公司上海分公司	2004年
中国人寿再保险股份有限公司上海分公司	2004年
英国劳合社上海分公司	2007年
德国汉诺威再保险股份有限公司上海分公司	2008年

资料来源：中国保监会和上海保监局网站。

敦市场的国际再保险机构合作并非难事。因此，从企业需求来讲，引进再保险机构的积极性有限。另外，由于航运保险具有国际性，航运保险也适合通过国际或国外再保险机构实现，从成本角度而言，寻找本地再保险公司的成本优势也不大。因此，吸引再保险机构来上海落户，并不能主要依靠经济因素，更重要的是市场的规范运作、优质的行政服务能力，让这些国际再保险机构能感受到国际水平的软环境，这些正是上海需要努力改进的方面。

2. 离岸再保险业务发展缓慢

除税收制度支持政策、实行特殊监管体制等办法外，在洋山保税港区实行离岸金融试点是上海航运中心建设的综合突破口之一。2010年，上海出台了一系列措施推进金融试点的实质性进展。其中，离岸再保险是其中重要内容之一。期间，上海保监局就洋山港保税港区离岸再保险业务试点进行研究并形成了一个完整框架，例如借鉴百慕大的做法，根据保险公司的性质、业务规模和经营计划等条件划分不同的类别，设置不同的准入门槛，发放不同的业务许可证，与此同时，借鉴新加坡做法，实施税收优惠。但试点至今，离岸再保险业务发展缓慢，尚没有公开的资料显示有实质性进展。

（三）上海航运保险发展环境需要在更大范围内得到完善

随着国际航运中心建设进程的逐渐推进，上海航运保险的税收制度及创新试点等发展环境有较大改善。例如，国际航运保险业务从2009年开始免营业税，2011年上半年，此项业务已减免营业税近8000万元。但作为高端服务业，法律法规建设、人才集聚等软件环境对航运保险发展也日益迫切，有待进一步提高。

1. 航运保险的相关法律法规亟待完善

首先，相关法律法规不健全。目前，我国的航运保险主要由《保险法》和《海商法》进行规范，但航运保险具有特殊性，这些法律法规不能完全解决航运保险中的一些特殊需求。例如，保证制度是海上保险中重要制度之一，但目前涉及保险制度的条款仅为《海商法》第235条，而该条规定不仅过于简约而且偏重保护保险人利益。例如《海商法》第235条规定："被保险人违反合同约定的保证条款时，应当立即书面通知保险人。保险人收到通知后，可以解除合同，也可以要求修改承保条件、增加保险费。"该条款没有对保险人合同解除权的行使期限作出规定，如果在被保险人违反保证后，保险人既不宣布解除合同，也不修改承保条件，而只是无休止地拖延，则被保险人不能从这个保险中退出来安排新的保险。正是这种过于简单的条款，由于不够具体化和明确化，标准化程度也不够，导致许多保险争议难以解决，也影响了投保人和保险人续签合同。

其次，近年来随着航运保险业发展，相关法律法规的要求也逐渐增多。2001～2010年期间，上海海事法院受理海上保险合同纠纷96件；其中，在2004年以前，年收案基本是个位数，2005年以后平均达到10件以上，而近两年的上升趋势则更明显[1]。可见，在我国航运保险业发展的同时，也导致各类纠纷有增多的迹象，从而对航运保

---

① 张利荣：《海上保险的审判实践与司法难点》，载于《航运保险法律制度亟待完善》，2011年7月6日《上海金融报》。

险的法律法规提出更高要求。

2. 人才短缺问题日益突出

航运保险的竞争力和服务能力，并不在于保险业务规模的大小，而是海损发生后如何操作，多长时间内可以赔偿，保险评估是否及时准确、公正客观。理赔程序是否便捷有利或人性化，这些，都需要有专业性人才提供。因此，航运保险人才是提高航运保险服务的基本保障。但有资料显示，目前上海涉及航运保险相关业务的从业人员还不足千人[①]，其中，复合型和国际性人才更少。

教育滞后和教育难度较高是导致上海航运保险人才匮乏的主要原因。与经济学、历史学、哲学等专业相比，与航运相关的学校相对较少。目前上海培养航运人才的学校仅有上海海事大学、上海海洋大学、上海海关学院等几家，屈指可数，设置航运保险专业或相关专业的学校更少。而航运保险教育相对不足的主要原因之一又是航运保险专业人才培养难度较大。复合型的航运保险人才需要海事与保险双重知识，即不仅需要对航运有所了解，而且还要掌握保险知识。因此，相关的教育也需要具备这两类知识，但目前国内的高等院校中，设有保险业的学校大都没有航运专业，具有航运学科点的学校又缺乏保险专业的支撑。目前仅有大连海事大学和上海海事大学设立了航运保险相关的专业。可见，教育的滞后和教育难度较大，制约了上海航运保险人才的有效供给。

四　上海航运保险业的发展趋势

2011 年上海航运保险在保费规模、在全国的地位等方面取得较大的发展。但在目前的体制条件下，仍不利于航运保险功能的充分发

① 姜瑜：《上海加快航运保险人才培养》，2011 年 1 月 11 日《上海金融报》。

挥，市场机制作用也有限。从提升航运保险在配置全球资源过程中的能力而言，上海航运保险业将在以下几个方面有所突破。

1. 航运保险业经营管理体制改革将进一步深化

首先，在理顺母公司原有货运险总部和航运营运中心权责关系的基础上，进一步深化这两个航运营运中心的经营管理体制，明确其功能定位。其次，我国传统航运保险企业追求规模保费的传统发展模式将逐步改变，利润率较高的航运保险将受到更多重视。与此同时，航运保险业的竞争也将进一步加剧。

2. 上海航运保险业在长三角区域经济中的话语权地位将进一步树立和巩固

基于目前国际经济和金融发展不确定性仍较大，航运保险也面临相应的不确定性。因此，在强调航运保险业提升国际话语权的同时，巩固在长三角区域经济中的话语权显得更具可操作和重要性，从而进一步提高上海航运保险在长三角区域经济甚至全国的集聚效应。

3. 航运保险人才培养机制将进一步多元化

首先，充分利用上海海事大学、国际航运研究中心等机构加快航运基础人才培训。其次，探索政府和航运保险企业共同出资进行风险评估、理算、国际仲裁、国际贸易、国际法律法规等方面高级人才和国际性、复合型高级人才的培训；再次，有计划地引进国际人才特别是再保险市场的高级人才。

参考文献

〔挪〕卡尔·H. 博尔奇：《保险经济学》，庹国柱等译，商务印书馆，1999。

丁少群、阎建军、卓志：《谈我国保险市场垄断竞争型结构转变》，《商业时代》2006 年第 9 期。

庹国柱：《垄断结构——中国保险业的必然选择》，《首都经济贸易大学学报》2002年第6期。

魏华林、俞自由、郭杨：《中国保险市场的开放及其监管》，中国金融出版社，1999。

周振华：《论城市能级水平和现代服务业》，《社会科学》2005年第9期。

历年《中国统计年鉴》、《中国保险年鉴》和《上海保险年鉴》。

B.9

上海电子信息制造业发展的外部环境及对策思路研究

韩汉君　雷新军　闫彦明*

摘　要： 2008年全球金融经济危机爆发以来，不少国家特别是发达国家在其政策执行过程中，再次确认了信息产业对经济增长的重要性，将信息产业与未来国家发展联系起来，并从资源方面进行倾斜配置。从国内来看，随着中西部相关产业的快速发展，及东部其他城市逐步加大电子信息产业发展力度，国内的电子信息制造业竞争格局将发生新的变化，这对上海形成严峻的挑战。面对国内外电子信息制造业发展格局的变化，根据上海电子信息制造业的发展特点和基础，上海在选择未来发展重点行业方面，应摒弃片面追求发展规模的思路，在技术创新基础上抢占高端制造领域和制造环节，以技术创新、技术领先取得竞争优势，进而拓展产业发展规模、获得产业发展效益。

关键词： 国外趋势　国内格局　要素价格上升　上海发展思路

对上海电子信息制造业来说，目前正处于一个复杂多变的发展环

* 韩汉君，上海社会科学院经济研究所金融与资本市场研究室主任，研究员、经济学博士。主要研究方向为货币银行学、发展经济学等；雷新军，上海社会科学院经济研究所企业研究室主任，副研究员、经济学博士。主要研究方向为产业经济、中小企业发展等；闫彦明，上海社会科学院经济研究所金融与资本市场研究室，副研究员、经济学博士。主要研究方向为区域金融、金融产业组织、产业经济等。

境之中。近年来，正当上海电子信息制造业发展致力于解决诸如自主创新能力薄弱、产业地位低端、增加值率偏低等长期存在的问题并取得一定成效之时，一方面遭遇全球性经济金融危机，国际市场激烈动荡；另一方面在国内面临经济结构转型、制造业发展减速，面临原材料、能源、劳动力等要素价格上升和人民币升值加快的压力，还要面对来自国内其他地区产业同行日趋激烈的竞争挑战。显然，上海电子信息制造业要承受多方面的压力、艰难与痛苦。在这样一个复杂多变的产业发展背景下，上海电子信息制造业发展迫切需要深入研判、准确预估产业发展的外部经济环境。

本报告将在分析上海电子信息制造业发展现状的基础上，研究全球危机后国外电子信息制造业的发展变化、国内的竞争态势、电子信息制造业要素成本变动等发展环境问题，并提出相应的对策思路。

一　上海电子信息制造业发展现状分析

“十一五”时期，上海电子信息制造业的发展波动较大。2006～2007年，基本沿着往年正常轨迹发展；2008～2009年受到全球危机的严重冲击，增长出现明显回落，2009年出现负增长；2010年，在多项政策措施的刺激推动下，电子信息制造业快速回升，增长速度创出5年来新高，总产值规模也突破7000亿元规模。2011年1～9月份，上海电子信息制造业工业总产值为5277.29亿元，同比增长6.2%。

（一）电子信息制造业总产值规模及增长情况

上海电子信息制造业总产值规模及近几年的增长幅度波动较大（见图1），总体上年均增长速度偏低，大致保持在年均5%左右的增长速度。这一速度低于GDP同期年均11.1%的增速，也低于上海全市工业总产值年均12.6%的增速。这使得电子信息制造业在六个重点发展工业中所占比重略有下降，2006年这一占比为38.5%，2010年为35.5%。

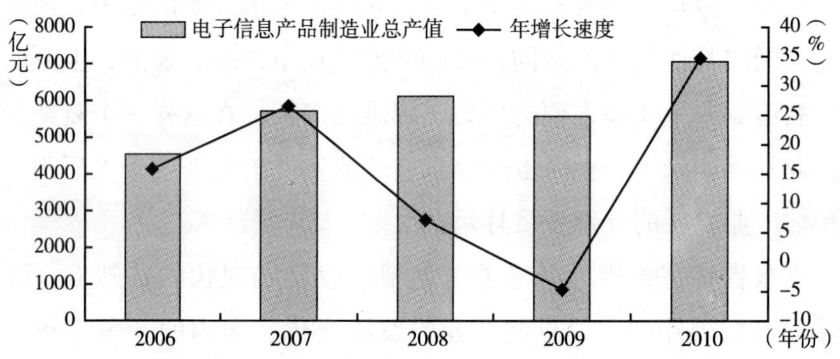

图1　上海电子信息制造业总产值及增长情况

资料来源：上海市统计局：《上海统计年鉴》，中国统计出版社，2006～2010。

与产值增速波动较大的情况相比，电子信息制造业的利润增速震荡更大。2008年、2009年，利润大幅下降，分别下降34.5个百分点和62.5个百分点，2009年的利润总额只有33.9亿元。然而，2010年的利润却出现戏剧性地暴增4倍多的局面，超过200亿元（见图2）。另外，电子信息制造业税收总额增长比较稳定，每年大约30亿元左右。

（二）电子信息制造业行业结构及变动

从行业结构分析，电子计算机制造依然保持绝对比重，2010年为54.9%（见图3）。

与2006年相比，2010年的行业结构总体变化不大（见表1）。电子计算机制造所占比重有所提高；通信设备制造所占比重有较大提

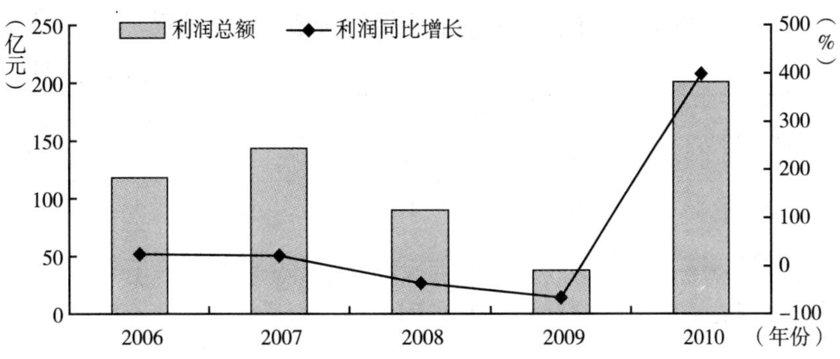

图 2　上海电子信息制造业利润及增长情况

资料来源：上海市统计局：《上海统计年鉴》，中国统计出版社，2006～2010。

高；电子器件制造（主要是集成电路制造）所占比重则有较大的下降；家用视听设备制造所占比重降低的更加明显。这说明，上海电子信息制造业的内部结构升级、行业高端化发展效果不明显。

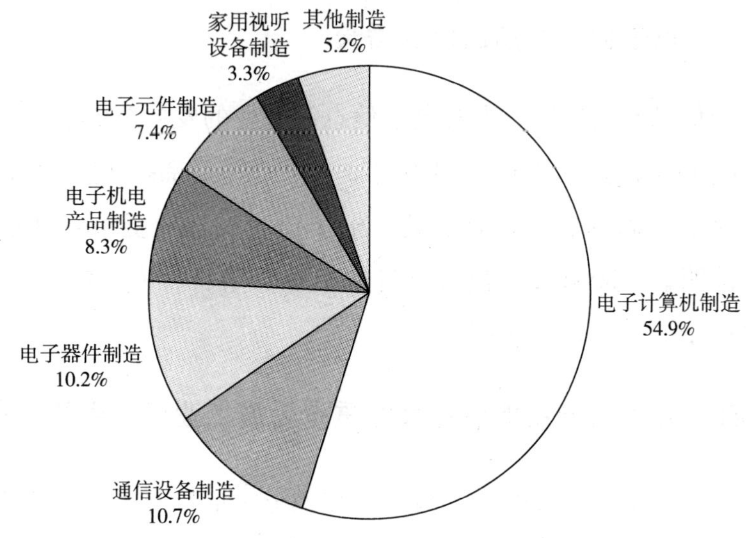

图 3　2010 年上海电子信息制造业主要行业结构

资料来源：上海市经济和信息化委员会。

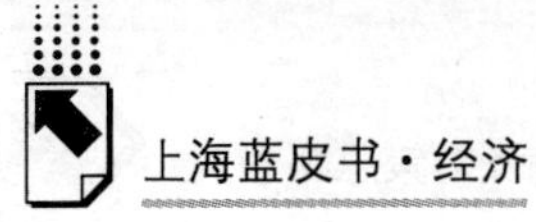

表1　电子信息制造业主要行业结构变动情况

单位：亿元，%

行　业	2010 年		2006 年	
	总产值	占比	总产值	占比
电子信息制造业	7061.3	100	4534.93	100
#电子计算机制造	3873.8	54.9	2370.32	52.2
通信设备制造	752.4	10.7	341.5	7.5
电子器件制造	719.0	10.2	602.15	13.3
电子机电产品制造	589.1	8.3	381.3	8.4
电子元件制造	522.8	7.4	382.8	8.4
家用视听设备制造	236.4	3.3	216.78	4.8
其他制造	367.8	5.2	240.08	5.4

资料来源：上海市统计局：《上海统计年鉴》，中国统计出版社，2006、2010；上海市经济和信息化委员会。

（三）电子信息产品出口及增长

电子信息产品出口对上海电子信息制造业的发展至关重要，基本上有70%以上的产品出口，2010 年，电子信息产品出口交货值占总产值的比重为71.4%。正是如此，电子信息制造业受全球性危机的影响更加明显。2009 年，出口交货值出现负增长，为-7.4%。2010年出口逐步恢复增长（见图4）。

（四）电子信息制造业在六个重点发展工业行业中的比重

上海六个重点发展的工业行业分别为电子信息制造业、汽车制造业、石油化工及精细化工制造业、精品钢材制造业、成套设备制造业和生物医药制造业，其中电子信息制造业产值规模最大。近 5 年来，六个重点行业的总产值和利润总额占全市工业总产值的比重变化不

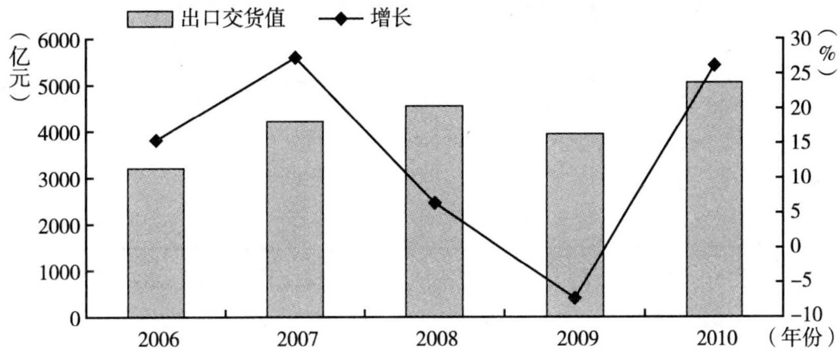

图 4　上海电子信息制造业出口交货值及增长情况

资料来源：上海市经济和信息化委员会。

大，平均为 64%；利润总额占比稍有波动，平均为 61%；而且，工业总产值所占比重与利润总额比重基本相称。

表 2　六个重点发展工业行业占全市工业的比重

单位：%

年　份	工业总产值占比	利润总额占比	年　份	工业总产值占比	利润总额占比
2006	64.2	60.1	2009	64.5	59.9
2007	65.2	62.2	2010	64.0	68.5
2008	63.7	53.9			

资料来源：上海市统计局：《上海统计年鉴》，中国统计出版社，2006～2010。

从电子信息制造业占六个重点发展工业行业比重看（见表 3），也比较稳定，近 5 年平均为 38%。但利润总额占比情况有较大差别：一是利润占比波动大，2009 年降低至 4.0%，只有前 3 年平均的 1/4；二是利润占比与总产值占比不相称，利润占比 5 年内平均只有 14.4%，远远低于六个重点工业总产值平均占比水平，显然，电子信息制造业在六个重点发展工业行业中，赢利水平偏低。

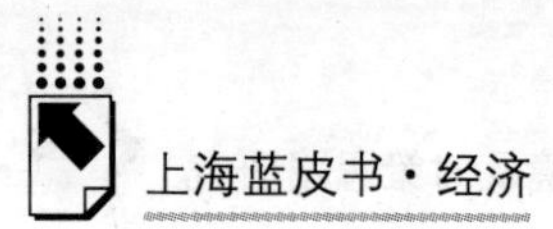

表3　电子信息制造业占六个重点发展工业行业比重

单位：%

年　份	总产值占比	利润占比	年　份	总产值占比	利润占比
2006	38.5	17.7	2009	36.4	4.0
2007	39.8	17.6	2010	35.5	13.2
2008	38.3	19.6			

资料来源：上海市统计局：《上海统计年鉴》，中国统计出版社，2006～2010；上海市经济和信息化委员会。

（五）上海电子信息制造业发展现状的总体判断

1. 总体状况：组装制造失去优势，另辟路径才是出路

根据电子信息制造业的产业特性及其发展趋势，根据上海电子信息制造业的产业发展特点，我们认为，上海在简单的组装制造方面已失去优势，在全球产业体系中的地位和重要性趋于下降；上海要扭转这一局面，重新获得电子信息制造的竞争优势和高端地位，必须另辟路径。

电子信息制造内部具有“元器件—组件—整机”几个制造环节，其中元器件、组件环节的技术含量较高，附加值也较高；而简单的整机组装相对来说技术含量低、附加值低。占有上海电子信息制造业半壁江山的电子计算机行业主要就是计算机整机的组装，属于技术含量低、附加值低的制造环节。其他附加值较高的元器件制造所占比重较小。同时，上海作为一个国际大都市其商务成本必然是不断上升的。由此，一方面产业获利空间非常小并不断收窄；另一方面制造成本在不断上升，受两面夹击，上海电子信息制造业曾经拥有的产业优势必定会失去。目前上海电子信息制造业的附加值低以及受到国内其他地区有力竞争的状况，正是这种趋势的反映。

上海的电子信息制造业要摆脱这种状况，一是要重点转向基于技

术研发和创新的前端制造环节，即元器件及其组件的研发制造，以重新获得产业优势地位；二是顺应制造业服务化的趋势和上海服务业发展的结构优势，走电子信息制造与服务融合发展的新路子。

2. 可利用的优势：人力资源丰富、产业基础雄厚

上海的电子信息制造业要实现创新发展、转型发展，存在一些可以利用的优势条件，主要体现在人力资源丰富、产业基础雄厚、商业环境成熟等方面。

（1）各类人力资源丰富。在调研中，我们发现，一些从海外归来的IT专业人员、国内其他地区来上海发展的企业家都一直认为，上海是中国经济发达地区，积聚了大量各种类型、各个层次、不同领域的职业人才，人力资源非常丰富，他们来上海创业发展，可以比较容易地招聘到所需的各类人才，包括IT领域的专业人员以及企业管理、财务、法律等方面专业人员，他们选择在上海发展，看重的一项优势条件就是上海的人力资源；而对于一些在IT领域已取得一定成就的高端人才来说，他们来上海发展，非常需要一些辅助性的、操作性的专业人才，而上海具有大量这方面的人才正合其意。显然，上海丰富的人力资源有利于吸引高端领军人才，也有利于信息产业领域整体研发创新能力的提升。

（2）产业基础雄厚。作为经济发达的大都市，上海已经拥有完整的、具有一定发展水平的产业体系，其中服务业发展水平相对较高。这一产业基础优势对于电子信息制造业发展来说至少在三个方面是非常有利的：一是具有电子信息制造业发展所需要的成熟的配套产业体系；二是其他产业的发展尤其是一些高端制造业的发展，能为电子信息制造业发展提供一定的需求市场；三是成熟、完善、规范的商业环境。

3. 面临的挑战：商务成本不断上升、产业结构升级障碍

但与此同时，上海电子信息制造业发展也面临一些不利的因素，主要是商务成本、产业体系结构等。

（1）商务成本不断上升。目前，电子信息制造企业必须承担较高的商务成本主要体现在两个方面：一是员工社会保障负担重，工资压力较大，劳动力成本不断上升。当然，劳动力成本也是由于大都市的住房成本、其他生活成本等都比较高而传导的。二是总体税收负担水平较高。当然，作为大都市，上海的商务成本较高也是情理之中的，关键是承受了较高的商务成本，应该追求高端的产业地位，获得较高的产出效益。

（2）产业结构升级存在障碍。然而，无法取得高端的产业地位，一个主要的原因是自主创新能力不足。导致创新不足的因素很多，从上海电子信息制造业发展的实际状况看，在产业内部结构体系方面存在的问题对此具有明显的影响。如上海电子信息制造业中的大企业不强，缺少核心企业，而中小企业的专业化发展不足，无法形成“核心企业＋专业化中小企业”的创新企业群（创新团队），这种创新企业群已经被日本、韩国等经济体的实践证明是非常有效的创新模式。如何形成这种创新企业群体、形成创新合力，从而显著提升创新能力，是上海电子信息制造业面临的重大挑战之一。

二　全球危机后国外电子信息制造业的发展新趋势

（一）全球电子信息制造业中长期发展及变化趋势

20世纪90年代以来，全球信息产业的发展呈现加速发展趋势，成为推动经济增长的重要动力源。进入21世纪后，信息服务业受到更为广泛的关注，并成为许多国家、特别是发达经济体推动信息产业发展的核心领域。但电子信息制造业仍是支撑信息产业发展的重要力量，尤其是近年，发达国家的电子信息制造业占信息产业的比重呈现出上升趋势。

与此同时，电子信息制造业的发展也推动了其内部结构的变化。首先，从电子信息制造业的内部生产结构看，在发达国家一些低附加值、组装加工型的终端信息产品生产不断缩小，而附加值高的半成品（元器件）与部件的生产呈扩大的趋势。从信息制造产品的贸易结构来看，发达国家对通信设备、计算机、音响影像设备等终端产品的进口以及对半导体、计算机部件及相关设备的出口均呈现扩大趋势。

（二）全球危机对电子信息制造业发展的影响

1. 信息产品制造业：美、日两国的生产活动分化

全球危机对信息产品制造业造成较大的负面影响，2008 年秋至 2009 年春，美国及日本的信息产品制造业出现大幅衰退。但是，随着全球经济的复苏，信息产品制造业也出现了快速回升。2011 年 3 月，美国信息处理及相关设备制造业生产指数（以 2007 年为基准）为 119.6%，创历史最高水平。[①] 特别是自 2010 年 3 月以来，连续 13 个月实现了 10% 以上的同比增长，超出同期全美工业生产同比增长的 3～9 个百分点。

从日本经济产业省发布的《矿工业指数》来看，日本信息通信制造业的生产活动仍不乐观[②]。特别是进入 2011 年以来，日本的信息通信机械工业生产指数呈现出加速下跌的态势，2 月的生产指数同比下降 19.2%，并创下了自 2009 年 2 月以来的新低。同时，2011 年 3 月份的日本东北部大地震，将会使这一局势更加恶化。

---

① 以 2007 年为基准的美国计算机及电子设备生产指数，在 2008 年 3 月创下危机前的最高值 110.7 后，处于持续下降状态，于 2009 年 2 月跌至 94.4，成为危机爆发后的“谷底”。此后进入回升态势，特别是自 2009 年 7 月以来，保持着持续上升态势。

② 因两国产业分类不同，无直接可比性。本文所指的美国信息制造业是计算机及电子设备行业，包括：通信设备、电脑及周边设备、半导体和其他电子元器件、测量和控制仪表等。而日本的信息制造业是信息通信机械工业、范围更为广泛，包括：通信机械、民生电子机械、电子计算机、电子部件和元器件、集成电路及半导体部件等。

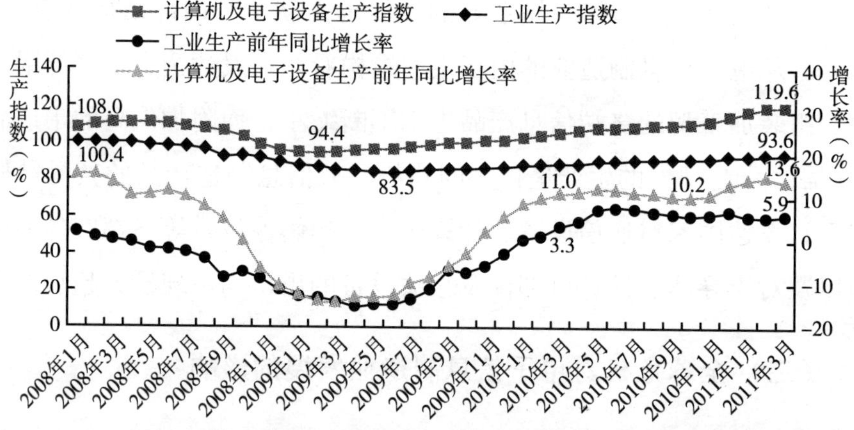

图5　2008～2011年美国的工业生产指数（2007=100）变化

资料来源：美联储（FRB）："Industrial Production and Capacity Utilization"（Industrial Production Index，2007年基准）；http：//www.federalreserve.gov/releases/g17。

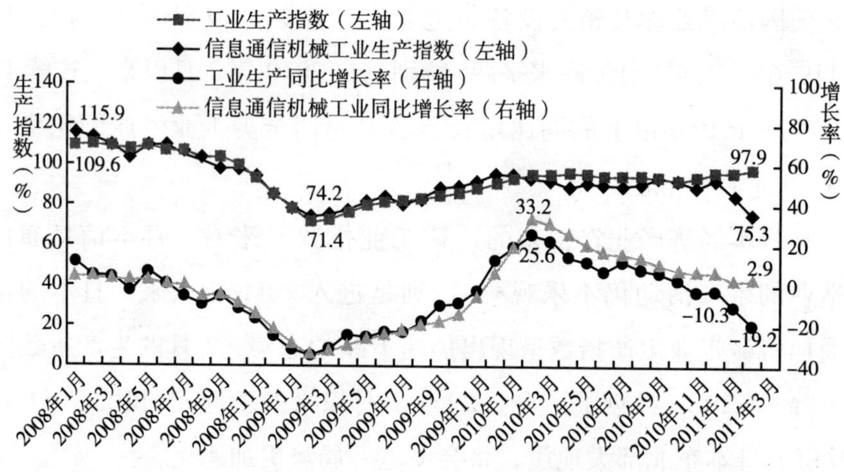

图6　2008～2011年日本的工业生产指数（2005=100）变化

资料来源：日本经济产业省：《矿工业指数》；http：//www.meti.go.jp/statistics/tyo/iip/index.html。

世界金融危机后，美、日两国信息制造业的不同表现，主要反映了两国经济复苏的步伐和市场结构的差异。美国的经济复苏步伐快于

日本，带动了其国内信息制造产品的消费需求；而日本信息制造业，虽然因中国和东南亚等国家和地区经济快速复苏的影响，使出口有较大的恢复，但2010年秋季以来日元升值和国内经济增长的回落对其生产的扩张形成了巨大压力。

2. 信息制造业内部行业结构：呈现加速分化趋势

虽然美国与日本的信息制造业整体表现有较大的差异或显明对比，但从内部行业生产活动来看，两国的发展趋势相似，即上游的半导体及部件、集成电路、其他电子元器件发展速度加快，而下游的通信设备等终端产品发展速度放慢或衰退。

2009年1月至2011年3月，美国计算机及电子设备生产扩大到近1.27倍，其中，半导体及电子元器件的生产扩大到1.53倍，而通信设备的生产变化却很少（见图7）。上游产品和下游产品的生产结构变化，在日本的信息制造业中表现得更为突出。2011年3月与2009年1月相比，日本的半导体部件、集成电路、电子元器件的生

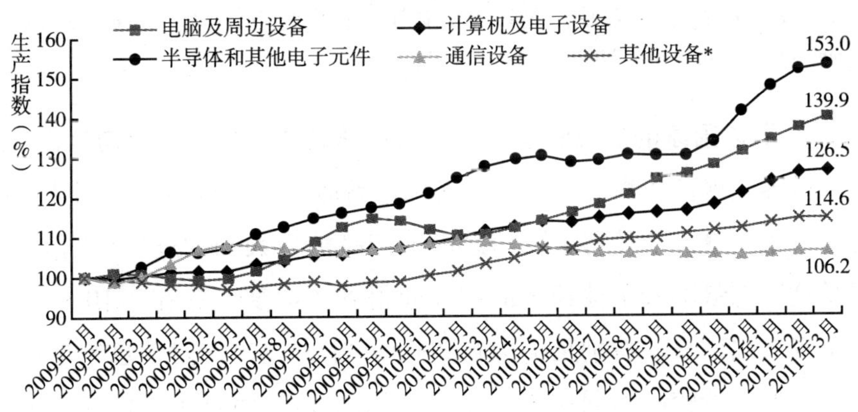

图7　2009～2011年美国信息制造业内部行业生产活动变化

＊其他设备：航海、测量、电子医学及控制仪表。

注：以2009年1月的生产指数为基准算出。

资料来源：美联储（FRB）："Industrial Production and Capacity Utilization"（Industrial Production Index，2007年基准）；http：//www.federalreserve.gov/releases/g17。

产分别扩大到2.8倍、1.98倍和1.79倍，而通信机构制造业的生产缩小39.1%（见图8）。

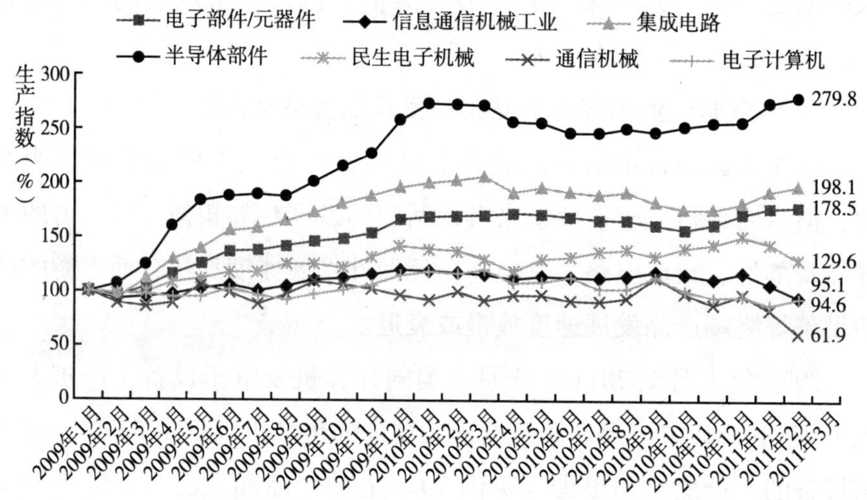

图8　2009～2011年日本信息制造业内部行业生产活动变化

注：以2009年1月的生产指数为基准算出。

资料来源：日本经济产业省：《矿工业指数》；http://www.meti.go.jp/statistics/tyo/iip/index.html。

3. 发达国家的信息制造产品进口：总量快速恢复、结构分化

世界金融危机爆发后，由于各国消费收缩，导致对信息制造产品需求大幅下降，这使得主要信息制造产品消费大国的进口急剧减少，但是这一趋势随着全球经济的复苏而得到了改变，并在2010年上半年出现大幅增长。特别是美国自2009年年末以来，对信息制造产品的进口保持着较高的同比增长速度（见图9），而日本对信息制造产品的进口相对弱于美国（见图10）。

发达国家市场需求的恢复和扩张，带动了信息制造产品的贸易增长。但从美国和日本的产品进口结构来看，上游产品与下游产品的分化现象仍然呈现扩大趋势。美国对半导体、计算机的进口保持强劲需求，而对办公设备、科学及医疗相关设备的进口需求则相对较低

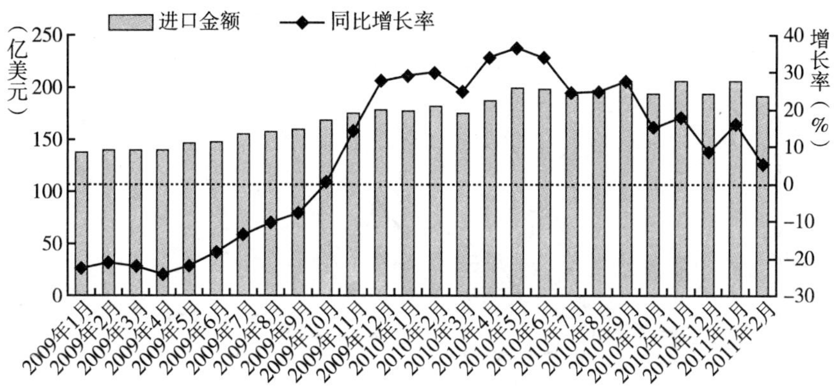

图9　美国信息制造产品进口同比增长变化

资料来源：美国商务部："National Economic Accounts"（Monthly Imports of Goods, Census-based, SA.）；http：//www. bea. gov/national/index. htm。

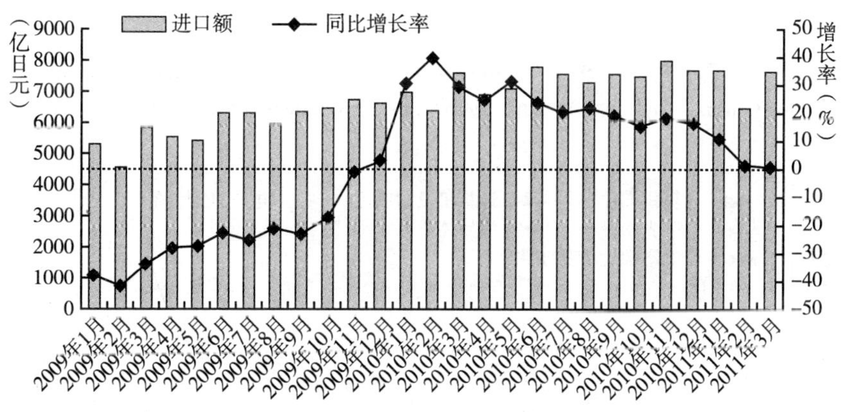

图10　日本信息制造产品进口同比增长变化

资料来源：日本财务省贸易统计网站；http：//www. customs. go. jp/toukei/suii/html/time. htm。

（见图11）。在日本的进口中，音响影像设备及部件、通信设备、电子光学设备等终端产品表现强劲，而计算机部件、半导体等电子部件及半成品的进口相对增长缓慢（见图12）。实际上，这一现象与前面的美、日两国的国内生产结构相吻合，即上游产品的国内生产扩大、下游产品的进口增加。

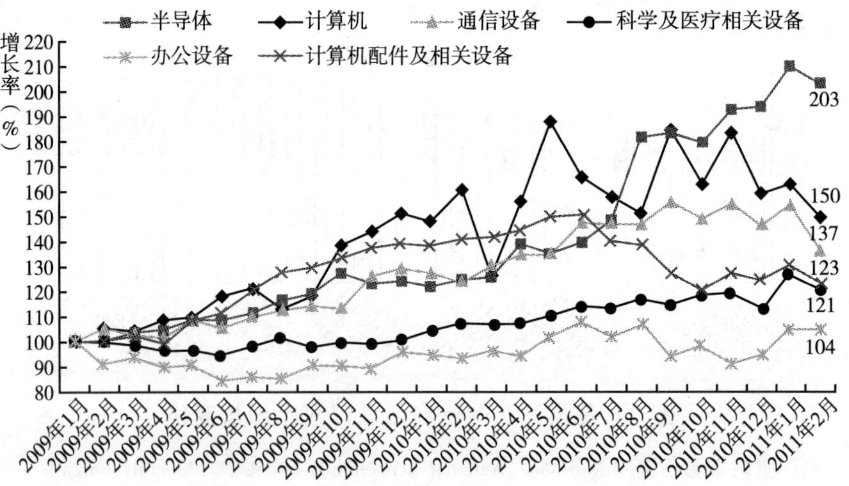

图 11　美国主要信息制造产品进口的变化（2009 年 1 月 =100）

资料来源：美国商务部："National Economic Accounts"（Monthly Imports of Goods, Census-based, SA.）；http：//www. bea. gov/national/index. htm。

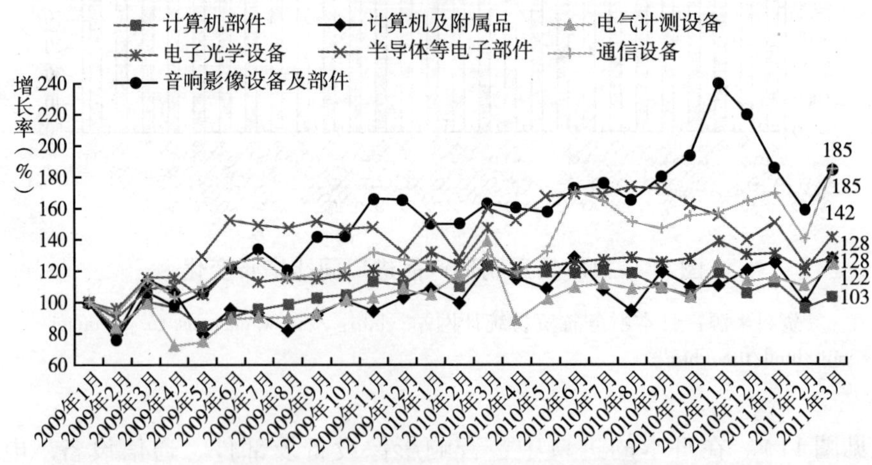

图 12　日本主要信息制造产品进口的变化（2009 年 1 月 =100）

资料来源：日本财务省贸易统计网站；http：//www. customs. go. jp/toukei/suii/html/time. htm。

4. 对信息产业发展战略的影响

危机爆发以来，各国相继出台了救市和促进经济增长的相关对策，不少国家、特别是发达国家在其政策执行过程中，再次确认了信息产业对经济增长的重要性，将信息产业与未来国家发展联系起来，并从资源方面进行倾斜配置。自 2008 年秋以来，美、英、法、韩、日等国家针对信息产业领域，相继制定出台了相关的国家发展战略，进一步明确了 IT 产业在国民经济的地位与作用及其发展的方向，推进 IT 产业的加速发展（见表 4）。随着危机的消退和经济复苏的进展，全球信息化投资将进一步加快。

表 4　　主要国家的 ICT 战略动向

美国	奥巴马政府提出了“技术与创新战略”的施政政策 主要措施:用世界最先进的通信设施连接所有的学校、图书馆、家庭和医院;推进电子政务,设置统筹联邦政府全体的首席技术执行官(Chief Technology Officer);利用信息技术推进医疗制度改革等
美国	国家高速网络计划:2010 年 3 月,美联邦通信委员会(FCC)公布了向联邦议会提出的《国家高速网络计划》。该计划(由 17 章构成)提出今后 10 年(至 2020 年)的六大“长期目标”: 1. 建设世界最先进的高速网络。建成可为 1 亿以上的家庭提供下传速度 100Mbps 以上(实测速度)、上传速度 50Mbps 以上;费用低廉的高速网络,2015 年前,建成下传速度 50Mbps 以上(实测速度)、上传速度 20Mbps 以上、费用低廉的高速网络 2. 建设世界最先进的无线高速网络。在全球率先建成速度最快、且规模最大的无线网络(至 2020 年,500MHz 频率的高速网络,2015 年前 300MHz 频率的高速网络) 3. 为全体国民提供高速网络服务。90% 以上的国民可以享受廉价、安全的高速网络服务 4. 实现高速网络连接教育、医疗等机构。所有的社区可以利用 1Gbps 以上的廉价高速网络连接学校、医院以及政府机关 5. 构建公共安全网络。为了确保美国人的安全,所有的第一时间报警(first responder)接入全国规模的无线高速网络 6.“绿色”ICT 的利用。所有的美国人可以通过高速网络,即时追踪和管理其能源消费

续表

英国	2008 年 10 月,着手制订"新 ICT 行动计划" 目的:当前危机中,数字通信领域的重要性日益突显。该领域作为发挥创造性、提升效率性的触媒,对英国经济的发展是不可缺少的;为了促进经济增长,提升英国在知识社会的国际地位,"数字英国"在数字通信领域制定政府与产业界的行动计划
	2009 年 6 月,英国公布了"数字英国"(Digital Britain)计划,该计划提出了以下目标: 1. 将所有的有线、无线和传播基础设施实施改造为现代化的最先进的措施 2. 促进在数字内容业、应用软件业和信息服务业等领域的投资和技术创新 3. 在新闻领域,确保高质量的公共服务内容 4. 提高各种水准的数字技能 5. 提高高速网络的普及率,为国民提供更多、更有效的公共服务
	"数字英国"中强调,至 2012 年年底,在全国范围内提供不低于 2Mbps 的网络服务。同时,为了普及高速网络,加大对低收入阶层的支援力度,为他们提供规模为 3 亿英镑的低价格终端设备、二手 PC 以及预付款式的移动高速网络服务。此外,为了实现"数字英国"计划,2010 年 4 月,英议会通过了《数字经济法》
法国	2008 年 10 月公布了"综合数字国家战略"(France Numérique 2012) 目标:2012 年,ICT 产业的 GDP 份额从目前的 6% 提升到 12%
韩国	2008 年 7 月公布"新 IT 战略" 确定三大战略领域:与全产业融合的 IT 产业,解决经济社会的 IT 产业,高度化的 IT 产业
	2008 年 12 月制定"国家信息化基本规划"(2008 ~2012 年) 提出五大目标:三大领域(安全的信息化社会、舒适的国民数字生活、知识政府) + 二大发动机(先进的基础设施、创意的软实力)
	2009 年 9 月公布"IT 韩国未来战略" 展示了韩国对 IT 产业发展的蓝图和实施战略。200 9 ~2013 年,官民共计投入 189. 3 万亿韩元(政府 14. 1 万亿韩元、民间 175. 2 万亿韩元),着重推进 IT 融合产业、软件业、主力 IT 设备、电视通信、互联网等 5 大核心领域的发展
	2010 年 5 月公布"广播电视通信未来服务战略",提出了未来的 10 大服务领域: 1. 4G 电视(3DTV/UHDTV) 2. Touch DMB(WiBro + DMB) 3. McS(Mobile Convergence Service) 4. 泛车网 5. 未来网络 6. K-Star(通信卫星) 7. "SMART"视听服务

续表

<table>
<tr><td rowspan="2">韩国</td><td>8. Next-Wave 服务
9. 智能型综合安全服务
10. 综合绿色 ICT 服务
为了实现以上目标,2011 ~2015 年,将投入研发经费 2.1392 万亿韩元</td></tr>
<tr><td>2010 年 1 月公布"海外发展支援战略"确定了 5 大战略出口项目,即 WiBro、DMB、IPTV、电视节目和高速网络,以及 25 个出口市场(因未公布战略文本,具体出口市场不明)</td></tr>
<tr><td rowspan="4">日本</td><td>2001 年 1 月,日本实施《高度信息通信网络社会形成基本法》,并出台了《e-Japan 战略》,成为日后推动日本信息产业发展的法律与政策的基本框架</td></tr>
<tr><td>2009 年 4 月公布《面向新数字时代的新战略——三年紧急计划》提出:在今年 3 年,追加信息化投资 3 万亿日元,创造约 50 万人的就业机会。投资重点领域:数字特区(指定信息化特区)推进政府、医疗和教育等领域的信息化,产业、区域的振兴和新产业的培育,信息通信基础建设等三大核心领域</td></tr>
<tr><td>2010 年 5 月,出台《新信息通信技术战略》,提出了三大战略重点:
1. 在政府内部彻底推进信息通信技术革命,实现以国民为本的电子行政
2. 通过信息通信技术,推进地区之间的融合
3. 培育新市场、扩大出口</td></tr>
<tr><td>2010 年 5 月,公布《ICT 维新构想 2.0》,提出了三大目标:
1. 搭建知识信息社会的根基:2015 年实现 100% 的"光之通道"(所有家庭可享受高速网络服务)
2. 提升日本的综合势力:"日本 ICT"战略将为日本今后 10 年(1011 ~2020 年)创造约 2.6% 的年均潜在增长率
3. 地球温暖问题的国际贡献:通过 ICT,降低二氧化碳的排放量(2020 年比 1990 年削减 10%)</td></tr>
</table>

5. 对信息化投资的影响

20 世纪 80 年代以来,信息化投资呈加速上升的趋势。2008 年,美国的信息化投资额达到 5482.8 亿美元(电子通信设备 1292.8 亿美元、计算机配件及相关设备 2362.6 亿美元、软件 1827.4 亿美元,均为 2000 年价格),投资规模是 2000 年的 1.6 倍(电子通信设备 1.04 倍、计算机配件及相关设备 2.29 倍、软件 1.66 倍),1990 年的 8.5 倍(电子通信设备 3.62 倍、计算机配件及相关设备 43.17 倍、软件 7.94 倍)。信息化投资占全美国民间投资额的比重由 1990 年的 10.2% 上升到 2000 年的 26.5%,2008 年达到了 36.9%(见图 13)。

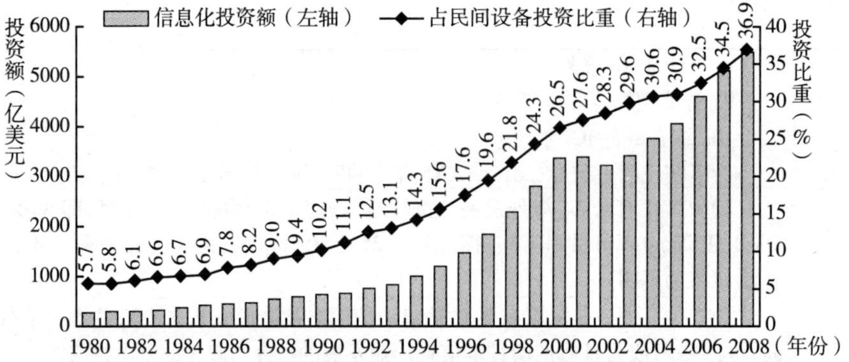

图 13　美国信息化投资及占民间设备投资比重变化（2000 年价格）

注：信息化投资包括通信设备、计算机设备及相关设备和软件三个领域的设备。

资料来源：美国商务部经济分析局："National Economic Accounts"；http：//www. bea. gov/national/index. htm。

1990～2008 年，日本经济虽然长期处于停滞的状态，但信息化投资仍有较大的增长，在这一期间扩大了 2. 42 倍（电子通信设备 1. 36 倍、计算机配件及相关设备 2. 71 倍、软件 2. 62 倍，均为 2000 年价格），远高于民间投资总额的 1. 24 倍。信息化投资占民间投资总额的比重，2008 年为 24. 4%，比 1990 年的 10. 9%、2000 年的 19. 4%分别上升了 13. 5 个百分点和 5 个百分点（见图 14）。

全球金融危机对各国的信息化投资造成了一定的影响，但这种影响相对于其他行业要小，而恢复的速度要快。从美国的固定资产投资指数（2005 年 =100）来看，危机对电子通信设备和软件业的影响较小，2008 年第三季度到 2009 年第一季度为衰退期，期间下降 6. 4%（其中：计算机配件及相关设备下降 15. 3%，软件下降 1. 6%；而此间，工业设备下降 21. 6%，运输设备下降 59. 3%），此后开始持续回升，在 2009 年第四季度超过危机前的最高水平，2010 年第四季度指数上升到 147. 7%（其中计算机配件及相关设备 209. 7%，软件 134. 3%），创历史新高（见图 15）。

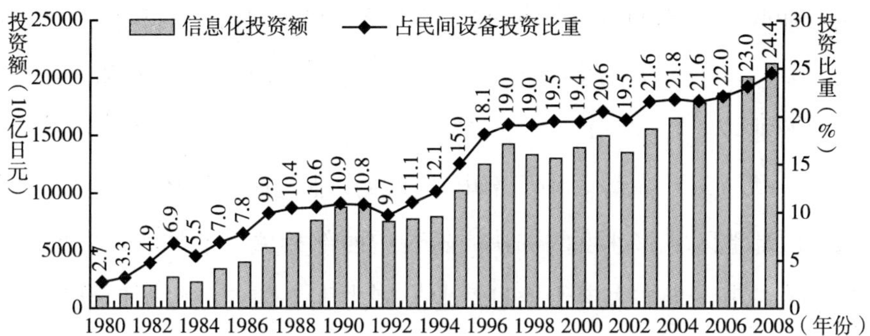

图 14　日本信息化投资及占民间设备投资比重变化（2000 年价格）

注：信息化投资包括通信设备、计算机及相关设备和软件三个领域的设备。

资料来源：日本总务省：《“关于 ICT 经济分析的调查”报告书》，2010。

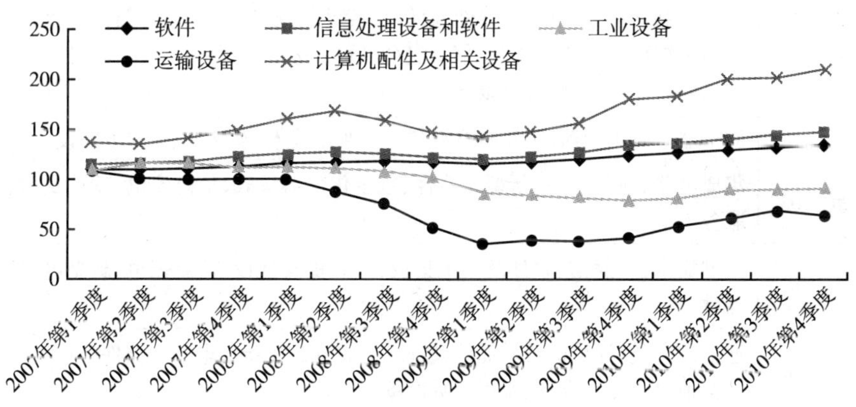

图 15　美国信息化投资指数变化（2005 年 =100）

资料来源：美国商务部经济分析局：“National Economic Accounts”；http：//www. bea. gov/national/index. htm。

三　国内部分城市电子信息制造业发展特点及优势

从区域比较来看，国内电子信息产业的区域转移步伐呈现加快趋势，一些沿海地区和川渝地区成为新的增长极。总体上，中西部地区电子信息产业发展快于东部地区。2010 年，中部地区规模以上电子信息制造业收入、利润分别增长42.5%和80.4%，高出全行业平均水平14和26.7个百分点；西部地区收入、利润分别增长46.6%和55.8%；东部地区收入、利润分别增长27.3%和51.8%，扭转上年下滑（-2.3%、-5.4%）态势。中西部电子信息产业快速发展还得益于东部产业向中西部地区转移速度的加快。随着中西部相关产业的快速发展，及东部其他城市逐步加大电子信息产业发展力度，国内的电子信息制造业竞争格局将发生新的变化，这将对上海将形成严峻的挑战（见表5）。

表5　国内部分城市信息产业重点发展方向

城　市	电子信息产业重点发展方向
成　都	集成电路、电子材料及元器件、通信产品制造、光电产业、软件及信息服务业（应用软件、信息服务外包、信息安全、数字娱乐、IC设计、嵌入式软件、实用型软件人才、互联网增值服务）
西　安	通信器件电子元器件、新型材料和军民两用技术、软件业、集成电路设计
重　庆	集成电路、通信产品、新型元器件、数字化仪器仪表、信息家电、软件及信息服务
南　京	新型显示器、通信、软件及系统集成、计算机及外设、信息家电、新型电子元器件
广　州	通信设备类、计算机及零部件、软件、集成电路及新型电子元器件、汽车电子及其他电子专用设备、家用视听设备
北　京	软件业、集成电路产业、TFT-LCD产业、计算机及网络产品、数字电视产业、第三代移动通信产业、汽车电子及智能交通业、电子元件、下一代互联网
上　海	集成电路、新型元器件、通信产业、信息家电、光电子、汽车电子、软件产业、数字内容产业、电信服务业

资料来源：《2009年成都市信息产业发展报告》。

（一）国内部分城市电子信息制造业发展特点归纳

1. 广州市目前引入大批新项目和高水平研发平台，这些项目非常有助于其提升电子信息制造业的竞争力；深圳的电子信息制造业具

有完整的产业链，集聚一大批龙头企业，在高端领域已具备相当的优势，整体产业竞争优势明显；苏州则在产业园区的集聚集群效应及外资企业等方面具备较明显的优势；成都市、重庆市后来居上，在强有力的政策支持和明显的成本优势下，对东部地区的电子信息制造业形成咄咄逼人的竞争态势。

2. 目前国内主要城市都把电子信息制造业作为重点发展的行业，有的城市甚至使电子信息制造业发展成为第一支柱产业。从国家政策导向、城市产业基础、城市产业定位等多方面来看，未来几年国内各省市都将大力发展电子信息制造业，这必然导致激烈的市场竞争。

3. 与东部地区相比，虽然成都、重庆等城市产业基础相对薄弱，但是可以从历年增长情况看出其电子信息制造业发展态势迅猛，这主要得益于它们具有充裕的产业空间、丰富的劳动力、较低的商务成本，以及在国家西部大开发政策下的政策优势，这使得其在吸引海外产业转移和东部产业转移方面具有很强的吸引力。

（二）国内部分城市电子信息制造业发展特点对上海的启示

对于上海电子信息制造业发展来说，可以从中得到以下启示。

1. 推动产业结构产业升级与高端化、新型化发展

广州、上海在产业发展方面具有相似之处，作为国内产业引领城市在商务成本和生产成本高的情况下，应当大力推动电子信息制造业向高端化、新型化发展，发挥技术创新、制度创新在产业发展方面的潜能。与此同时，与其他城市开展错位竞争，通过“有所为有所不为”的战略，摒弃一些处于加工阶段的低附加值领域，聚集产业资源主攻高端上游产业。

2. 发挥产业规划与政府推动对产业发展的积极作用

电子信息产业作为国家重点推动的战略性新兴产业，受到各省市高度重视。在前述各大城市中，电子信息制造业几乎都是第一支柱产业及龙头产业。在产业崛起过程中，各地政府高度重视电子信息产业发展，通过一系列规划与政策部署，为产业发展创造了良好环境，为产业发展带来机遇。上海应当进一步将有关规划和政策支持落到实处。

3. 不断完善产业创新体系

上海与其他城市相比，具有许多产业条件优势：四个中心建设的国家战略、国际化和外向型突出的经济道路、更为充裕的国际化人才基础等，这些汇聚起来就容易形成更为强大的创新体系。在国内各大城市大力开展技术创新的同时，上海应当感受到产业创新的紧迫性。

4. 更好地引进和发挥外资在产业发展中的作用

通过为外资企业营造良好的发展环境，推出具有竞争力的政策措施，并有选择地引进两种类型外资企业：一是全球500强企业，尤其是其地区总部或功能性总部（可借鉴重庆引进惠普结算中心的模式）；二是那些掌握前沿技术、具有巨大发展潜能的创新型企业。在此方面，上海不仅有着深厚的底蕴，也有国际大都市在集聚高端资源方面的优势。

四 电子信息制造业要素成本变动分析

（一）通货膨胀高位运行

从2009年年底开始，CPI和PPI同步上行（见图16），价呈现普遍上涨的态势：一方面上游能源价格上涨，中游钢铁、有色金属材料、化工材料、建筑材料上涨，还有食品原料、纺织原料也快速上涨；另一方面下游的食品、衣着及其他一般消费品价格上涨，甚至连通常价格稳定的通用设备、专用设备、电气设备的价格也有3%～4%的涨幅。2011年，受到严厉管制的房价也还保持较低速度的上涨。这些状况说明，目前物价的普遍上涨完全具有典型通货膨胀的特征。

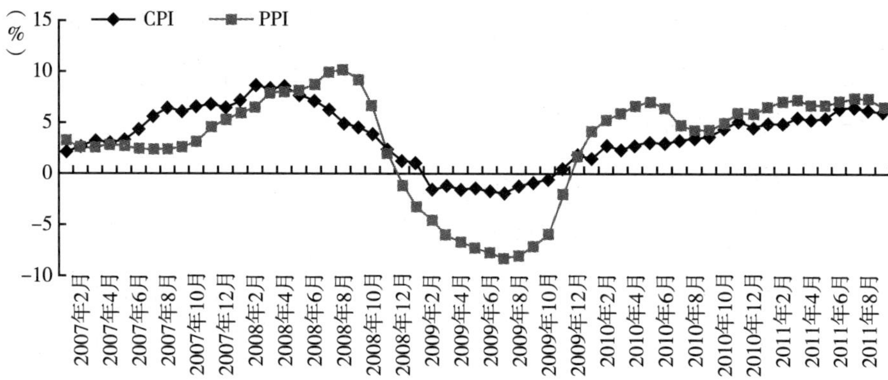

图 16　2007 年 1 月 ~2011 年 9 月我国 CPI、PPI 月度数据运行情况

资料来源：国家统计局网站。

本轮通货膨胀具有与以往不同的特征，虽经货币政策强力收缩，通胀依然顽固地在高位运行，甚至还有所上升。通过分析认为，此次通货膨胀还将持续在高位运行一段时间，无法有效回落，不排除管理层出台更严厉调控措施。

1. 通胀居高不下有经济体内部更深层次原因

由于受到资源环境因素的约束，我国短期潜在经济增长率降低。此次通货膨胀与以往不同的是，伴随着通胀的上行，实际产出率没有上升而是缓慢下行，这种情况的出现促使我们关注潜在经济增长率。如果潜在经济增长率出现下降，那么实际产出高于潜在产出的缺口依旧存在，甚至扩大，这就能解释为什么实际产出在下行而通胀却居高不下。若此，这就意味着实际经济增长还需要进一步下降才能遏制通胀，而进一步降低经济增长速度是各方都难以接受的事实。

2. 广义货币扩张依然存在

虽然目前采取货币收缩政策，使实际的货币供应增长速度已跌至低位，但是由于过去投放的货币太多，近期的货币增速降低不足以抑制通货膨胀，以往的大规模货币投放正以货币流通速度加快、非银行

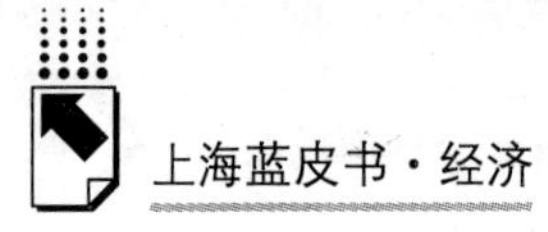

信用扩张的方式自发扩张广义货币供应，抵消了银行信用扩张的增速回落。货币扩张实际效应仍然存在，货币供应实际上仍偏宽松，这就使得通货膨胀很难有效回落。

3. 美国宽松货币政策的影响

美国的宽松货币政策向全球输出通胀效应，中国由于采取人民币与挂钩美元的汇率机制过于僵化，也不得不承受来自美国的通货膨胀压力。实际上，应对这种局面最有效的方法就是人民币合理地、较快地升值，以抵御美国输入通胀，很显然，政府决策者似乎不愿意采用这一策略。

由于上述因素的影响，未来一段时间通货膨胀依然无法有效回落，若此，中国经济面临高通胀持续时间就会超政府预期，政府不得不采取更强力手段进行调控，这种做法很可能面临经济下滑过快的风险。

（二）全球大宗商品价格走势及其影响

1. CRB 指数上涨

由路透社发布的 CRB 商品价格指数涵盖能源类、金属类和农产品类共 19 种商品的价格，它是观察大宗商品价格走势的有效工具。在 2008 年的金融危机时期，CRB 指数出现快速下跌，但危机稍有缓和，指数即掉头上行，并很快超过危机前高点，到 2011 年 4 月 20 日创下 691 点的历史高点，这一点位是危机后最低点 322 点的 2 倍多，也就是说，危机后 CRB 指数上涨已超过 1 倍（见图 17）。

2. 原油价格上涨

作为大宗商品中重要的基础性资源——石油，其期货价格近期处于较高水平。美国纽约商品交易所的原油期货价格，在 20 世纪 90 年代，基本上围绕每桶 20 美元上下波动，2002 年开始加速上涨，到 2008 年 7 月份创下 147 美元的历史纪录。此后，全球性危机全面恶

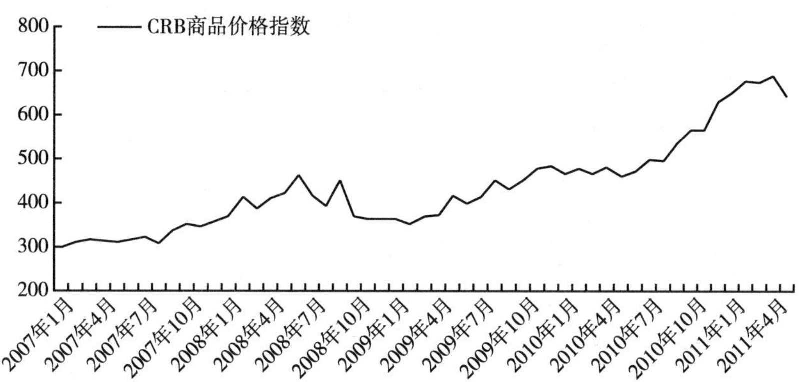

图 17　2007 年 1 月～2011 年 4 月 CRB 商品价格指数走势图

资料来源：根据大智慧股票软件数据制作。

化，原油价格开始暴跌，半年内（到 2008 年年底～2009 年年初）跌回至 30～40 美元区间。然而时隔不久，油价回升至 70 美元左右，并在 70～80 美元区域内横盘。至 2010 年 10 月份之后，油价再度上行，于 2011 年 2 月份再次突破 100 美元，4 月份上冲至 110 美元以上，5 月份开始回落，目前油价保持在 100 美元上下。

全球大宗商品价格上涨给全球经济，也给中国经济增长带来很大的影响。由于这些商品的特殊性，在未来几年中，大宗商品价格还将继续上涨。作为资源类的商品，无论如何紧缺，如果仅是最终消费品，其价格只会根据市场供求关系来决定，其价格出现巨大波动的可能性不是太大；但是当前的资源类商品已经不是最终消费品了，而是金融化、期货化或货币化的投资产品了。当资源类商品作为一种投资品时，其定价基础、价格运作方式、市场供求关系都发生了根本性的变化。在这种情况下，其价格完全取决于投资者预期，而投资者预期又取决于市场的金融条件及投资者心理状态。

3. 大宗商品价格上涨造成企业成本显著上升

中国有“地大物博”之称，但是国内的资源、能源供应远远不能满足经济发展的需求。资源、能源已经成为确保中国经济持续发展的重要问题之一。中国已成为国际资源、能源市场的主要购买者（见表6），2005～2007年中国对全球铁矿石、原油进口增加的贡献率达到72.8%和62.1%，纸浆及废纸、棉花、钢铁的进口贡献率也分别达到了34.1%、18.9%和18.0%。

表6　2009年主要商品进口前十位国家

单位：亿美元

排名	纸浆及废纸		棉花		铁矿石		铜		钢铁	
1	中　国	106	中　国	22	中　国	501	中　国	226	中　国	265
2	德　国	31	土耳其	10	日　本	87	美　国	57	德　国	217
3	美　国	26	印　尼	8	韩　国	35	德　国	55	美　国	217
4	意大利	18	泰　国	5	德　国	28	意大利	43	韩　国	174
5	韩　国	15	巴基斯坦	5	土耳其	9	韩　国	37	意大利	137
6	法　国	12	墨西哥	4	法　国	9	法　国	28	法　国	129
7	日　本	10	韩　国	3	意大利	8	比利时	21	比利时	93
8	印　尼	10	印　度	2	英　国	7	泰　国	20	印　度	79
9	荷　兰	9	俄罗斯	2	阿拉伯	7	土耳其	20	土耳其	77
10	比利时	8	日　本	1	奥地利	6	日　本	8	日　本	53

排名	煤炭		原油		木材		铝	
1	日　本	220	美　国	2006	美　国	58	美　国	89
2	中　国	106	中　国	893	中　国	21	德　国	79
3	韩　国	99	日　本	800	日　本	27	中　国	53
4	印　度	76	印　度	649	意大利	26	日　本	38
5	德　国	46	韩　国	508	英　国	24	法　国	34
6	英　国	41	德　国	434	法　国	19	意大利	28
7	土耳其	30	意大利	335	德　国	16	韩　国	26
8	意大利	25	法　国	318	荷　兰	15	英　国	26
9	法　国	21	荷　兰	259	比利时	11	墨西哥	22
10	巴　西	21	英　国	226	加拿大	10	荷　兰	22

资料来源：日本总务省统计局：《世界统计》，2011；http：//wenku. baidu. com/view/0f962669 a45177232f60a2b8. html。

我国制造业发展所需要的能源、原材料严重依赖进口，国际市场大宗商品价格上涨必然导致企业生产成本的大幅度上升。2010 年我国石油消费量为 4.49 亿吨，其中进口石油占比高达 55%。另外，铁矿石也严重依赖进口，2009 年我国进口铁矿石所占比重高达 70% 左右，2010 年有所回落。

原材料、燃料、动力购进价格指数反映了企业因大宗商品价格上升所导致的经营成本增加情况。数据显示，2009 年价格有所下跌，但 2010 年迅速回升至 2008 年的价格水平（见图 19）。

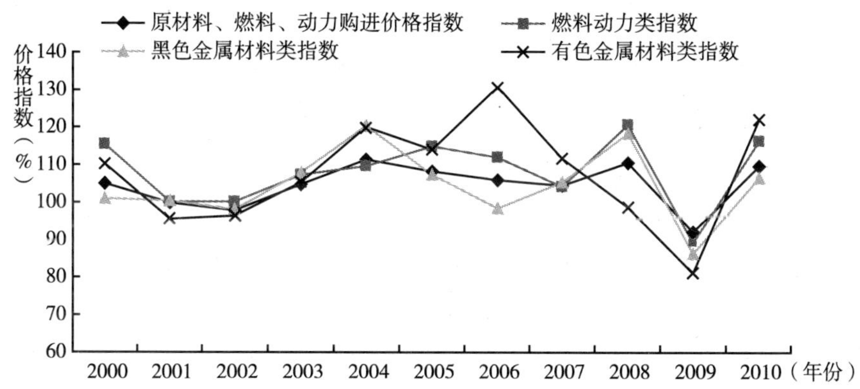

图 19　2000～2010 年我国内原材料、燃料、动力购进价格同比指数及主要类别同比指数

资料来源：国家统计局网站。

从上海的情况看，2009 年企业原材料、燃料、动力购进价格指数，与上年同月相比基本上都是下跌，只有 12 月份略有上升；2010 年则全年处于上涨的状态，2011 年前 4 个月该指数继续上升（见图 20）。如果说 2010 年的上升是因为 2009 年指数下跌而较低的话，2011 年前 4 个月的上升则是在 2010 年上升的基础上进一步上升。可见，2011 年因为大宗商品价格上升对企业造成的成本上升压力明显增加。

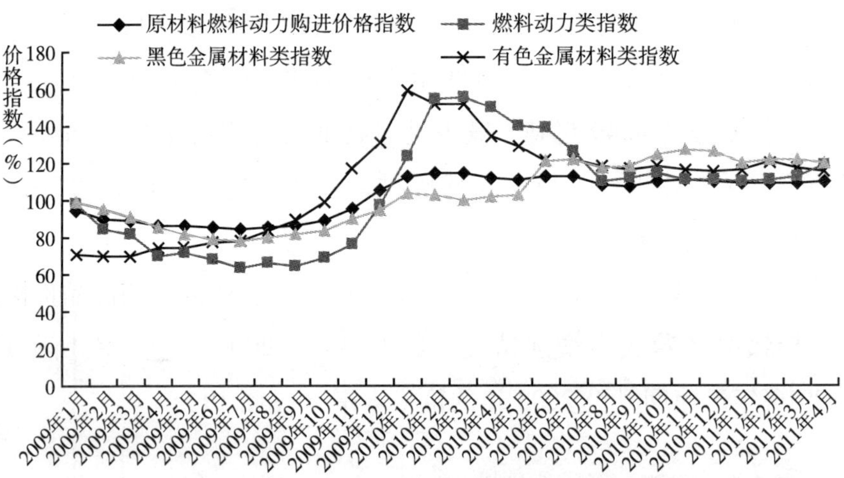

图 20　2009 年 1 月份～20114 月份上海原材料、燃料、动力购进价格同比指数及主要类别同比指数

资料来源：上海市统计局网站。

（三）劳动力成本上升分析

1. 最低工资标准提高

鉴于生活费成本的上升，2011 年以来，全国就有 12 个省区市提高了最低工资标准，提高幅度在 14%～26% 之间。其中有 11 个省市距离上次调整不到 1 年。最低工资标准提高意味着企业的劳动力平均成本和总成本都会有较大幅度的提高。

从 2011 年 4 月 1 日起，上海市职工月最低工资标准从 1120 元调整为 1280 元。上海月最低工资标准不含劳动者个人依法缴纳的社会保险费和住房公积金，用人单位应按规定另行支付。如果加上个人最低缴纳的社会保险费和住房公积金，以同口径比较，上海的月最低工资标准大约为 1600 元，为全国最高。

2. 固定资产投资价格中的人工费增长

目前，我国固定资产投资价格中的人工费指标持续上升。根据这

表7　部分省市最低月工资标准

单位：元，%

省、市	新的最低月工资标准	比上次标准增加	增加比例
上　海	1280	160	14.3
浙　江	1310	210	19.1
江　苏	1140	180	18.8
北　京	1160	200	20.8
天　津	1160	240	26.1
广　东	1300	270	26.2

注：上海、北京的标准不含劳动者个人依法缴纳的社会保险费和住房公积金，用人单位应按规定另行支付，与其他省市的标准口径不同。

资料来源：根据相关省市人力资源和社会保障厅（局）发布的通知整理。

一统计指标，我国人工费成本在2010年四个季度中的同比逐季上升，2011年第一季度又比2010年第一季度同比上升11.6%（见图21）。

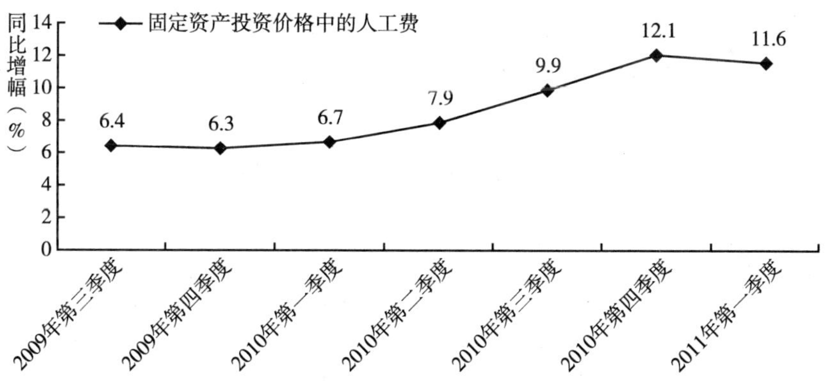

图21　全国固定资产投资价格中的人工费同比增长情况

资料来源：国家统计局网站。

（四）制造业企业成本压力总体分析

通货膨胀高企、原材料能源价格上涨、劳动力成本上涨对制造业企业构成巨大的成本压力，而工业产品出厂价格却没有出现同样幅度的上涨，电子信息制造业产品出厂价指数还在不断下跌（见图22）。两头挤压给制造业企业尤其是电子信息制造业企业经营带来很大的困难。

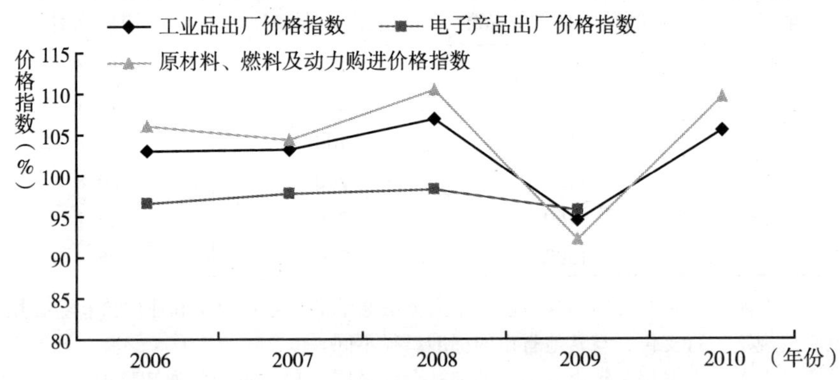

图22　2006～2010年全国部分工业价格指数比较

资料来源：国家统计局网站。

上海电子信息制造业企业所面临的情况也大致如此。从上海电子信息制造业的销售利润率数据看，产业利润率不到3%，2009年甚至低至0.69%，微薄的利润很容易被各种成本上涨所吞噬。

表8　上海电子信息制造业销售利润率

单位：亿元，%

年　份	利润总额	销售产值	销售利润率
2006	118.2	4526.63	2.61
2007	143.53	5661.59	2.54
2008	90.43	6006.38	1.51
2009	37.92	5515.16	0.69
2010	200.21	7061.30	2.84

资料来源：上海市统计局网站。

（五）人民币升值的影响分析

1. 人民币汇率变动趋势

2010年以来，人民币继续保持结构性走强的总体格局。其趋势

特征突出地体现在：对美元持续走强，对欧元在一定的区间内波动，对日元则略有贬值。

从人民币对美元的汇率来看，2005 年中国宣布废除原先盯住单一美元的货币政策，开始实行以市场供求为基础、参考一篮子货币进行调节、有管理的浮动汇率制度汇率改革以来，人民币汇率基本上呈现一路走强的单边走势。2008 年下半年，受金融危机冲击，多数货币对美元贬值，人民币对美元汇率重新挂钩，维持在 6.8 附近，超过 20 个月（见图 23）。2005 年 7 月份汇率制度改革以来至 2010 年末，人民币对美元汇率累计升值 25%，对欧元汇率累计升值 14%。根据国际清算银行数据测算，至 2010 年年末，人民币名义有效汇率升值 14.8%，实际有效汇率升值 22.6%。

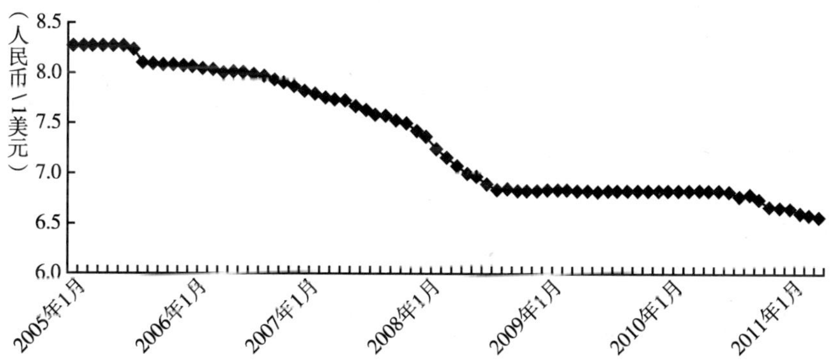

图 23　2005 年 1 月 ~2011 年 1 月人民币对美元汇率（月平均价）

资料来源：中国人民银行网站。

2010 年 6 月 19 日中国人民银行宣布进一步推进人民币汇率形成机制改革，人民币升值态势不减，双向浮动特征渐趋明显，汇率弹性明显增强。但受美国推出量化宽松政策的影响，人民币汇率屡创新高。2011 年 6 月 20 日，人民币对美元汇率中间价为 6.4696，创下 2005 年汇率制度改革以来的新高。自 2010 年 6 月 19 日重启汇率制度改革以来，人民币升值 5.24%；自 2005 年汇率制度改革以来，人民币累计升值27.98%。

对于未来人民币汇率政策，我们认为，一是应该坚持我们的主动、渐进、可控的汇改方针，在美国政府和国会的舆论达到顶点时就适当的调整一下，在处于各方所能容忍的限度内时，就盘整一下，不温不火、气定神闲。二是绝不急于对汇率制度和外汇管制政策作大的结构性调整，决不能一次性大幅升值，更不能承诺放弃对汇率和外汇流动的管制。在美国没有调整到位前，国际间各种经济、金融、政治的关系都是不稳定的，都应在互动中微调，而不是单方面结构性改变。

2. 人民币汇率变动对电子信息制造业的影响

从我国电子信息制造业进出口贸易情况看，汇率因素对其产生重要的影响，同时海外市场在危机后复苏态势及国际产业分工格局变化等因素的影响也是非常明显的。结合近年来电子信息产品进出口值变动情况，分析人民币汇率变动带来的影响。

由于人民币的结构性升值，尤其是对美元，我国电子信息制造业出口受到的冲击增强，但是进口的受益程度却不明显。

从出口方面看，我国电子信息产品出口附加值低，降价空间小，电子信息产品出口容易受到人民币升值的影响。不少种类的产品出口在金融危机过程中都出现不同程度的下降，但一些相对高端的产品如自动数据处理设备及零部件、数字式自动数据处理设备等，出口值增长较快，在此次危机后也快速恢复上升（见图24）。

从进口方面来看，我国的电子信息产品的需求弹性小，全球的原材料价格持续上涨，从而使得人民币升值收益不明显。我国的电子产品进口主要以零部件为主，以满足国内电子产品组装需要。在目前全球原产料和能源供给短缺、价格持续上涨的趋势下，供给者提高售价会使国内企业的成本增加，远远超过由于本币升值所带来的进口采购收益。从进口产品结构看，也体现出高端产品相对占优的特点（见图25）。

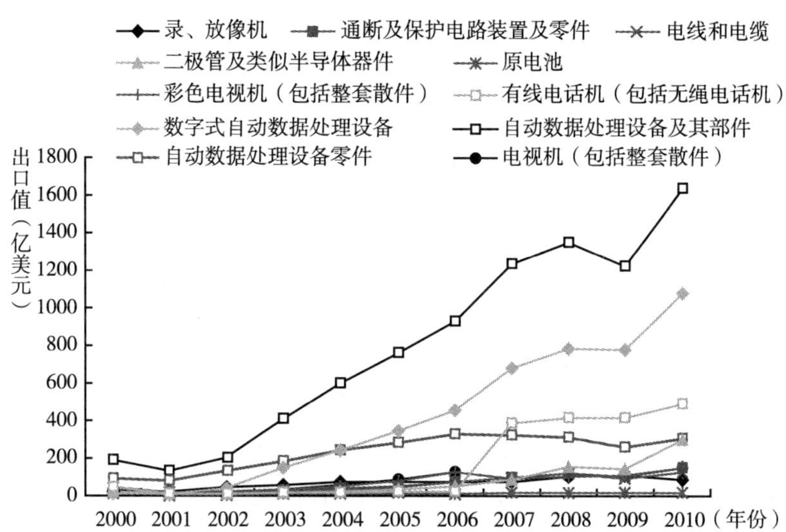

图 24　2000～2010 年主要电子信息制造业产品出口值变动情况

资料来源：根据“上海财汇信息技术有限公司”数据库数据绘制。

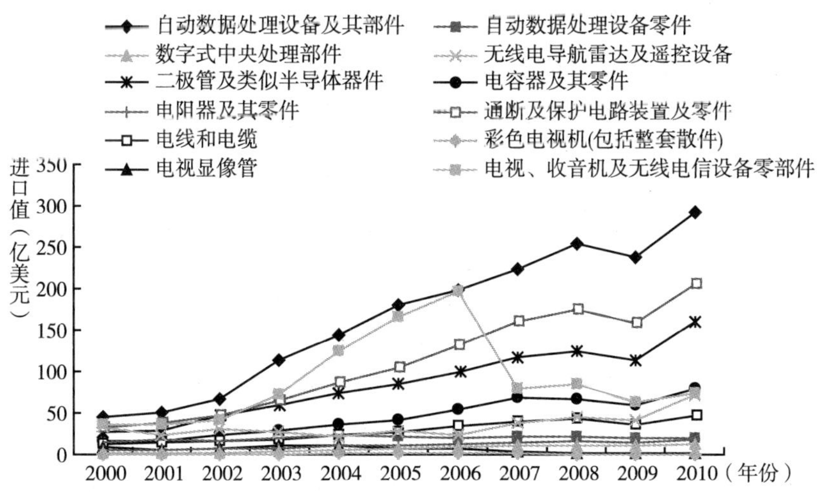

图 25　2000～2010 年主要电子信息制造业产品进口值变动情况

资料来源：根据“上海财汇信息技术有限公司”数据库数据绘制。

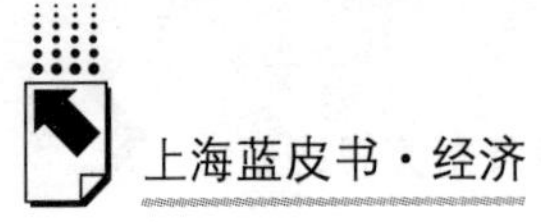

五　促进上海电子信息制造业发展的对策思路

（一）以新的发展思路选择产业发展重点

面对国内一些重要的电子信息制造业发展省市的激烈竞争，根据发达国家最近发展电子信息制造业的重点行业领域，根据上海电子信息制造业的发展特点和基础，上海在选择未来发展重点行业方面，应转变思路，摒弃追求发展规模的思路，应在技术创新基础上抢占高端制造领域和制造环节，以技术创新、技术领先取得竞争优势，进而拓展产业发展规模、获得产业发展效益。

以往选择重点发展行业，尽管也有一些较高技术含量的项目如大规模集成电路制造，但考虑更多的是产业规模，因而形成一些规模庞大但技术含量非常低的组装制造项目，如计算机制造，以致这样的行业占到整个电子信息制造业的一半。

随着外部发展环境的变化，上海在电子信息制造业发展方面，拼规模、拼成本，不仅受到苏南地区的挑战，近年来甚至受到中西部地区的重庆、成都的挑战，上海已失去竞争优势。应对这一发展环境，上海应立足于技术创新，积极进取电子信息制造业的高端领域和高端环节，具体来讲，上海应选择以下重点领域：

第一，电子元器件及组件的研发与制造。这是上海避开低端组装制造竞争、尽快占据高端制造环节、取得竞争优势的重要选择方向，也符合目前电子信息制造业发达国家的重点选择趋势。

第二，电子信息系统集成的设计、研发与制造。这是充分利用上海产业体系完整、产业基础雄厚、综合集成能力较强的优势，能够取得竞争优势的电子信息制造领域。物联网发展、智慧城市建设等信息化发展战略，都能为上海在系统集成领域带来巨大的发展机遇和业务

拓展空间。

第三，先进制造业领域的电子信息系统研发与制造。航空航天、船舶、大型成套设备等是上海优先发展的先进制造业重点领域，配合这些产业领域的发展，其所需的电子信息系统及相关硬件设备制造，应该成为上海电子信息制造业的重点发展领域。这既是上海具有产业优势的地方，同时也是上海应该占领的具有战略意义的电子信息制造产业领域。

（二）通过专业化发展途径提升自主创新能力

要在一些高端制造领域和制造环节取得竞争优势，关键是自主创新能力的提升。上海电子信息制造业技术创新能力的提高，应转变思路，即从外部推动转向内部生长。以往在促进技术创新方面，一般都非常强调政府推动和政策支持，很少注意培育技术创新的市场化机制和系统组织。自主创新能力的提高是一个内生过程，是一种产业体系内部生长的能力。这种内生的创新能力的提高是一个经由专业化发展推动自主创新的过程，其有效的组织形式是由核心企业和由其带动的专业化发展的中小企业群构成。日本川崎、中国台湾以及深圳等地的经验就是最好的例证。因此，上海提升技术创新能力之外，一方面要注意培育核心企业，另一方面一定要鼓励中小企业走专业化发展的道路，只有专业化才有可能内生出自主创新的能力，形成市场化的、内生的技术创新机制和组织形式。

（三）与服务业融合创新商业模式——服务型制造

除了努力提高自主创新能力之外，与服务业融合、不断创新商业模式，是上海电子信息制造业发展摆脱竞争困境的出路之一。

制造业与服务业的融合是产业发展的趋势，这种趋势催生出一种新的产业业态——制造服务业。制造服务业不是制造业的简单延伸，

而是制造业的发展，其发展趋势是制造服务业的产业化。欧美发达国家的产业分工之所以处于高端位置，主要是转移了传统制造业，留下了高质量的制造业，并发展了高水平的现代制造服务业，推动了科技创新，从而能够始终掌控制造产业链上的高额利润。许多企业的制造与服务功能已经融合在一起，作业管理也从制造领域延伸到了服务领域，一些企业的经济活动甚至已由以制造为中心转向以服务为中心。美国通用电气公司和 IBM 公司都是非常典型的例子。

上海电子信息制造业与服务业的融合，就是要实现从生产型制造向服务型制造的转变。全球制造业产品的生产，正从大批量生产方式向批量定制生产方式转变，生产型制造的利润空间越来越受到挤压，而服务的增值，在制造过程中所占的比重正在不断扩大。服务型制造是制造与服务相融合的新的产业形态，服务型制造向客户提供的不仅仅是产品，还包括依托于产品的服务，或整体解决方案。

（四）抓住战略性新兴产业发展带来机遇

总体来看，制造业发展环境欠佳，但是一些战略性新兴产业将得到国家产业政策的鼓励而会优先发展、加快推进。2010 年《国务院关于加快培育和发展战略性新兴产业的决定》明确指出，到 2015 年，战略性新兴产业形成健康发展、协调推进的基本格局，对产业结构升级的推动作用显著增强，增加值占国内生产总值的比重力争达到 8% 左右；到 2020 年，战略性新兴产业增加值占国内生产总值的比重力争达到 15% 左右，吸纳、带动就业能力显著提高。节能环保、新一代信息技术、生物、高端装备制造产业成为国民经济的支柱产业，新能源、新材料、新能源汽车产业成为国民经济的先导产业。

其中，在新一代信息技术产业发展方面，加快建设宽带、泛在、融合、安全的信息网络基础设施，推动新一代移动通信、下一代互联网核心设备和智能终端的研发及产业化，加快推进三网融合，促进物

联网、云计算的研发和示范应用。着力发展集成电路、新型显示、高端软件、高端服务器等核心基础产业。

根据全国的战略性新兴产业政策，上海做了具体的细化，确定“9 +5”战略性新兴产业发展领域：“9”是指2009年开始启动的新能源、民用航空制造、先进重大装备、生物医药、电子信息制造、新能源汽车、海洋工程装备、新材料、软件和信息服务业等；“5”是指2010年新启动的智能电网、物联网、云计算，和2011年启动的节能环保、民用航天等5个领域。

显然，新一代信息技术产业本身就列在我国七大战略性新兴产业之中，同时其他一些战略性新兴产业的发展非常需要信息技术产业的支持，这无疑会给电子信息制造业的发展带来巨大的机遇。

B.10

“限购令”背景下的上海楼市何去何从

顾建发*

摘　要：2011年1月26日国务院出台了“新国八条”，启动了新一轮的政策调控。在“新国八条”中最严厉的一招是第六条的“限购令”。在经济调控失灵的背景下，不得不启动强制性行政手段。本文通过上海房地产市场的背景分析和2011年的回顾，认为2012年上海房地产市场在严厉“限购令”的形势下，在上海经济向创新、转型发展的背景下，调整势在必行，房价将有小幅下跌，商品房成交量继续萎缩。房地产投资额在保障房的刺激下仍将有小幅增长，总体成交量也将会有所增长，处于小幅盘整阶段。如果宏观调控政策有所放松，房价马上就会反弹，调控效果将前功尽弃。

关键词：房地产　限购令　何去何从

一　房地产宏观调控重拳出击的背景

房地产宏观调控已经9年了。但是，调控似乎进入了“越调越涨”的怪圈。2003~2005年，全国部分城市的房价开始迅速上升，2006~2007年在大多数城市快速增长，2009~2010年，在中西部地

* 顾建发，博士，上海社会科学院房地产业研究中心研究员，主要研究方向为房地产经济。

区城市也开始迅速崛起。2010 年开始，宏观调控升级。2010 年 4 月 17 日，国务院颁布了《关于坚决遏制部分城市房价过快上涨的通知》，要求遏制房价过快上涨，同时实行更为严格的差别化住房信贷政策。这就是号称历史上最严厉的“国十条”。2010 年 9 月 29 日出台“新国五条”，2011 年 1 月 26 日出台“新国八条”不惜采取更为严厉的行政措施，用“限购”的办法来控制房价。

（一）经济手段失灵行政手段重拳祭出

1. “新国八条”出台，祭出“限购令”

第一条，进一步落实地方政府责任。这一条执行起来是有相当难度的，一是地方政府对控制房价的积极性并不高，二是现在房价的统计方法值得商榷。在许多城市，非普通商品房、普通商品房和动拆迁房、限价房都被纳入商品房渠道，这样房价很容易被平均，这也是大家普遍感到房价上涨很快，而统计数据却不敏感的原因。

第二条，加大保障性安居工程建设力度。这一条是老生常谈，对此必须在制度上有所突破。例如，土地出让金净收益的 10% 用于廉租房，但是根据国土资源部 2010 年年底提供的资料，全国大部分城市都没有完成这一指标。

第三条，调整完善相关税收政策，加强税收征管。这一条似乎很严厉，但仔细分析却未必尽然。例如调整个人转让住房营业税政策，对个人购买住房不足 5 年转手交易的，统一按销售收入全额征税。因为，在目前许多城市中，绝大多数都是非普通商品房，而目前政策非普通商品房的营业税也是 5 年内全额征收，5 年以上差额征收。以上海为例：根据 2011 年 1 月 30 日上海网上房地产发布的信息，在销售的 613.26 万平方米一手商品住宅中，非普通商品住宅就有 526.16 万平方米，占 85.8%。由此可见，调整完善相关税收政策对市场的杀伤力是有限的。但是如果严格执行个人转让房地产所得税征收政策按照20%税率来执行，而不是目前普通商品住宅1%、非普通商品住宅2%的标准，那么对市场的杀伤力更大。

第四条，强化差别化住房信贷政策。购买第二套住房的贷款家庭，贷款利率至少是基准利率的1.1倍，首付款比例不低于60%。这一条对市场的影响微乎其微，倒是可能误伤一大批改善型住房需求者，对于高端投资客来讲并不会有什么影响，因为他们买房往往都是全额一次性付清。但是，大批改善型住房需求者往往需要通过银行的支持，如今贷款利率在基准利率基础上提高，首付款比例提高，将大大提高购房成本，因此穷者愈穷富者愈富的马太效应将会愈演愈烈。

第五条，严格住房用地供应管理。这一条说在点子上了，为什么9年房地产宏观调控的效果不佳，一个很重要的原因就是市场供需失衡。过去调控基本控制的需求，供给没有得到有效增加。因此，在供给严重短缺的条件下，控制房价是一件很难的事情。只有在供需平衡的条件下，控制需求或增加供给是可以把房价控制住的。目前，各地增加土地有效供应，加大对住房保障的土地供应，要求保障性住房、棚户区改造住房和中小套型普通商品住房用地不低于住房建设用地供应总量的70%，这样一来，普通商品房的土地供应反而少了。根据规划，上海在“十二五”期间1亿平方米的住宅中，市场化土地供应仅为3000万~4000万平方米，平均每年600万~800万平方米，大约可建住宅6万~8万套，届时可能仍然会出现供不应求的局面。

第六条，合理引导住房需求。这就是“限购令”，它是“新国八条”中最为厉害的一招，这要比“国五条”的“限购令”厉害得多。一是范围扩大到全国50多个主要城市，二是已有2套及以上住房的当地户籍居民家庭、拥有1套及以上住房的非当地户籍居民家庭都被“限购”。未来市场成交量急剧减少：有购房能力的被限购，有购房

资格的但又没有支付能力。现在，“限购令”对房地产市场的影响开始逐步显现。

第七条，落实住房保障和稳定房价工作的约谈问责机制。关于这一点，很难执行到位。由于我国相关体制问题，中央政府部门很难对地方负责人进行问责。部长和省（市）长都是平级，如何问责？即便进行问责，省（市）长不理睬怎么办？过去在各项政策中不乏问责机制，小地方的领导好像有过问责，但还没有省长被问责的先例。因此，“新国八条”可能是“成也第七条，败也第七条”。

第八条，坚持和强化舆论引导。这一条措施是比较虚化的，关键还是要看执行力。

2. “房产税”出台对控制房价作用有限

2011 年 1 月 27 日，国务院原则同意部分城市开展房产税试点。随后，重庆、上海明确于 1 月 28 日正式启动房产税。重庆税率 0.5% ~ 1.2%，上海实行差别化税率，0.4% ~0.6%。当时几乎所有媒体都认为：重庆的方案严厉，上海的方案比较人性化。但是上海的方案还是很有杀伤力的。尽管税率较低，乍一看没有什么力度，但是实际上绵里藏针。例如征收对象包括新购的二手存量住房和新建商品住房。也就是说不管你买的是普通商品房还是非普通商品房，甚至是售后公房，只要超过人均 60 平方米就要交“房产税”。而重庆仅对独栋商品住宅、高档住房征收。很明显，上海“房产税”的杀伤力还是不容小视的。但是，目前的房产税的实行并不足以遏制地方政府部门对土地出让的热情，主要是税率太低。按照目前的税率，每年新增住房的“房产税”只不过几个亿，对地方财政的作用非常有限。即使对目前上海 5 亿平方米存量住宅全部征收房产税，每年大约也只有 200 多亿元的税收贡献，作用也不是太大。但是如果将房产税税率调高到 3%，就相当可观了，每年可产生 1000 多亿元的税收。当然，提高税率仅仅是一种假设，推行起来会有很

大难度。

2011 年 2 月 18 日，上海统计局公布 2010 年上海平均房价为每平方米 14213 元。根据“房产税”相关条例，低于平均房价两倍的税率是 0.4%，高出平均房价两倍的税率是 0.6%。也就是说，住房价格每平方米高于 28426 元，要按 0.6% 的标准来征收“房产税”。尽管 0.4% 和 0.6% 的绝对值相差并不多，以 300 万元一套住宅为例，0.4% 的标准 1.2 万元打 7 折[①]就是 8400 元，0.6% 的标准 1.8 万元打 7 折就是 12600 元，相差 4200 元，这在 300 万元的房价中所占比重很低。但是相对值却完全不一样，由 0.4% 到 0.6% 就是 50% 的幅度。因此，28426 元已经成为购房风向标，一些开发商也就打出“买房送房产税”的促销广告来吸引购房者的眼球。

3. “房价调控目标”成为“空中楼阁”

2011 年 1 月 26 日国务院召开常务会议，出台了“新国八条”，启动了新一轮并且是最为严厉的调控政策。其中“新国八条”的第一条就是进一步落实地方政府责任。提出 2011 年各城市人民政府要根据当地经济发展目标、人均可支配收入增长速度和居民住房支付能力，合理确定本地区年度新建住房价格控制目标，并于一季度向社会公布。到 3 月 31 日，全国 657 个城市（包括 287 个设区城市、370 个县级市）中，有 608 个城市（包括 281 个设区城市、327 个县级市）公布了年度新建住房价格控制目标，占 92.5%。

从已经公布年度新建住房价格控制目标的 608 个城市来看，绝大多数城市根据当地经济发展目标、人均可支配收入增长速度提出“房价调控目标”，即房价涨幅限制在 8% ~15%。对此，众多媒体纷纷提出质疑：“新国八条”的“限价令”怎么变成了“限涨

---

① 上海市人民政府：《上海市开展对部分个人住房征收房产税试点的暂行办法》，2011 年 1 月 27 日。

令”，“房价调控目标”成为“空中楼阁”。住建部在3月29日晚发出通知，要求各地在确定年度新建住房价格控制目标时，要听取社会的意见，使各地调控目标制定得科学合理，并取得社会的认同和支持。通知还要求各省级人民政府督促所辖各城市做好上述工作。

在所有“限涨”声中，北京是唯一提出房价“下降”的城市。3月29日晚北京公布的目标是：2011年北京新建普通住房价格与去年相比稳中有降。住建部3月29日晚发出通知，要求已经公布本地区年度新建住房价格控制目标的城市，也要以适当的方式听取社会的意见，并根据听取意见的情况，酌情调整已发布的调控目标。这明确说明：政府有关部门对先前的“限价令”是不满意的，因此要求各地酌情调整已发布的调控目标。

2011年4月初国务院派出8个督查组到各地督查房地产调控落实的情况和调控成效，督查结果将对社会公布。住房和城乡建设部有关负责人此前也表态，调控政策仍有储备，一旦房价再次出现异动，房地产调控力度还将进一步加码。从全国情况来看，许多城市根据中央的要求，酌情调整已发布的调控目标。其中，西安市成为第一个调整调控目标的城市，由原来的涨幅不超过15%调整为涨幅不超过3.5%。其他城市也相应调整了调控目标。

（二）流动性泛滥加剧房地产调控难度

自2010年起，国务院出台了各种更为严厉的针对房地产过热现象的调控政策，例如“新国十条”“新国五条”。2011年1月份，“新国八条”的调控政策出台。这是历史上调控最为严苛的一次。北京上海等重点城市也出台了相关的房地产政策，甚至做出很多矫枉过正的决定，比如限制外地人购房。而之所以出台这么多的调控政策目的性很简单，就是打压房价。可是从目前的效果来看，主要的“效果”还是在房地产的成交量上。房价已经出现松动迹象。在地产政策特别严厉的时间段里，特别是“新国八条”开始实施之后，不但各种投资渠道如艺术品、邮票、期货、黄金大幅攀升，甚至一些民生必需品的涨价幅度也是愈演愈烈。这其中比较多的原因是与国际形势变化有关。但这种越调控越通胀的现象却值得深思。

第一，大家心里都希望房价能够慢慢降下来，最起码降到一个相对合理的区域并稳定下来，然后可以带动其他的物价指数整体回落，使大家慢慢地感到生活压力是在逐步下降。可是，像这种单纯以打压房价为目的的政策是无法做到这些的，不但无法做到，甚至可能会因为刻意打压而导致负面效应的产生。从目前的状况就可以看得出来，当今年的房地产政策实施开始，地产交易量狂降，但是由于地产供应格局没有发生根本性改变，自然也就加强了地产商和炒房者的“死扛”的信心。仅仅是交易量的狂降就足以让一些原本准备投入房地产的资金开始流窜，这些资金逐步开始分散到各种投机行业的炒作当中。不但影响一些投资商品的价格，甚至会参与民生产品的囤积和炒作。

第二，地产价格如果没有有效的政策进行疏导，那么很有可能会造成一场流动性泛滥的灾难，因为一旦这种打压成功必然会带来大批资金的外溢。2011 年年初出台的“限购令”，使炒作一二线城市房地产资金向二三线城市溢出，目前二三线城市也开始限购，这些资金开始向三四线城市流动。一旦所有城市都限购，这些资金上蹿下跳很可能给国民经济造成负面影响。

第三，在人民币不断升值背景下，出口企业越来越难以维持。一些中小企业辛辛苦苦一年运营下来，所获得的利润还没有买一二套房子赚得多。因此，会使相当一部分产业资本纷纷流入到房地产。

（三）住房从经济问题上升为政治问题

2011 年 4 月国务院兵分八路督查楼市，各部委不约而同表态再度强化市场对于楼市调控的预期，房价已经上升为政治问题。国土资源部在调研中表示，中央已经把城市住房问题不仅当做经济问题、民生问题来看待，而且已经上升到政治问题，要将之作为影响社会政治稳定大局、全局的问题来认识和看待。

"中央认为，以城市住房为主的问题已经影响到了全局，必须在控制通胀的同时下决心解决好房价问题。"① 这就是说，中央已经把城市住房为主的问题不仅当做经济问题、民生问题来看待，而且已经上升到政治问题来看待，特别是已经影响到社会政治稳定大局、全局的问题来认识和看待。目前，中国的大局和全局第一位的是社会政治稳定，这是一条不可触及的高压线，谁危及于此，一切都将为此让路。事实也正是如此，任何时期房地产的混乱现象、高房价的严重程度都没有目前突出，不仅影响到百姓的基本居住民生，而且已经影响经济结构和经济金融的良性循环。同时，一个高房价问题已经民怨沸腾，每年"两会"房价都是热门话题，高房价正在影响政府的权威性和公信力，正在危及社会政治稳定。"住房问题已影响全局"的结论，充分表明中央调控房地产的决心。

二　2011 年上海房地产市场回顾

2011 年上海房地产市场由于"限购令"的影响，商品住宅市场急剧萎缩，成交量可能创下 2003 年宏观调控以来的最低水平，价格

---

① 于祥明、朱楠：《中央认为住房问题已经影响全局，必须解决》，2011 年 4 月 13 日《上海证券报》。

也会有所变化。与商品住宅市场冷冷清清相比，住房保障市场可以说是大干快上的一年，保障房市场已经成为市场的主角。

（一）房地产投资额继续保持高位运行

2011 年 1 ~9 月上海市房地产开发投资 1483. 65 亿元，比去年同期增长 7. 1% ，占全市固定资产投资的 46. 2% 。由于加大了住房保障的投资，因此住宅投资比重明显提高，从 2010 年的 62. 8% 提高到 64. 2% （见图 1）。

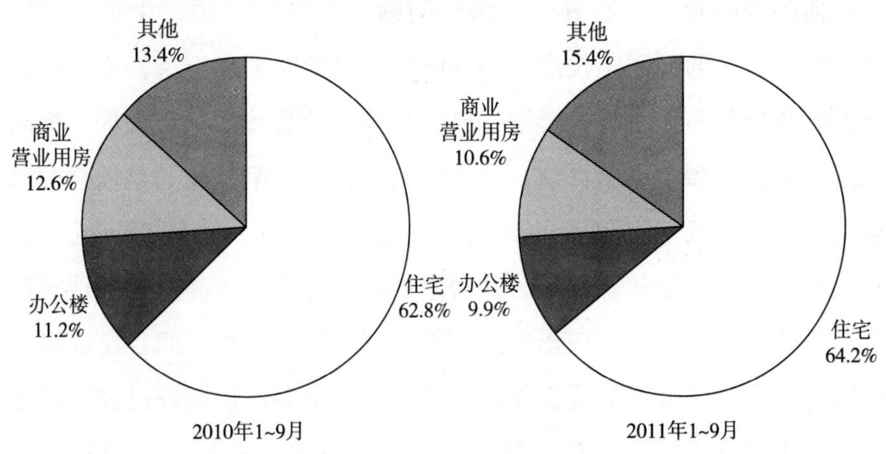

图 1　房地产开发投资比率

资料来源：根据上海市统计局月度数据整理而成。

（二）土地市场由热到温再转冷

在“新国八条”出台前，土地市场仍然非常火爆，土地出让的溢价率都在 100% 以上；“新国八条”出台后，土地出让的溢价率有所下降，基本上在 50% ~100% ；但是，从下半年开始，土地市场由温再转冷，许多地块甚至都是以底价成交。这对许多地方政府的财政收入是一个巨大的考验。根据上海土地交易市场官方网站数据显示，

2011年1～10月份上海土地款收入1056亿元，同比减少23%。

1. 第一季度继续上演火暴行情，溢价率高于100%

尽管“新国八条”与“房产税”分别于2011年1月26日和27日公布，但是住宅用地依然成为开发商拿地的“香馍馍”。1月30日，绿地集团7.73亿元竞拍得到崇明城桥镇新城18号一期住宅地块，折合楼板价6073.5元/平方米，溢价率143%，创下崇明县的单价地王及总价地王。然而不到半个月，崇明总价及单价地王就再次被双双刷新。2月12日，上海佳富投资有限公司、上海保集（集团）有限公司联手以10.02亿竞拍得到崇明城桥商品房基地1、2号住宅地块，折合楼板价6451元/平方米，溢价率115%。2月11日位于青浦重固镇的一块土地经过竞拍，这块出让面积为3470.1平方米的土地以1806万元总价被拍出，楼板价4337元/平方米，溢价率达到了131%。单以溢价率来判断，可以说和房产税、“新国八条”出台之前相比并没有太多的变化。

2011年2月23日，上海有5个地块土地拍卖出现微妙变化，规划和国土资源局网站公告，预申请期间和进入出让申请期间，领取出让申请书的人数大相径庭。此前预申请期间，5个地块领取出让申请书的人数达107人，而最后进入出让申请流程，再次领取出让申请书的人数仅44人。最终，唐镇新市镇A－1－7商业地块被上海唐龙以1.71亿元竞拍得标，楼板价13054元/平方米，溢价率87%。洋泾社区C000204单元1－03－06办公楼地块被上海电气集团资产精英有限公司以3.9亿竞拍得标，楼板价15601元/平方米，溢价率43%。闸北区101街坊15丘商服地块被上海苏河湾投资有限公司以16080万元底价竞拍得标，楼板价12000元/平方米。上海中冶轩和投资有限公司以8009万元竞拍得到亭林镇亭升路东侧宅地，楼板价4025元/平方米，溢价率113%。自然人赵文表以7650万元竞拍得到亭林镇亭枫公路以南，亭升路以东商住地块，楼板价1921元/平方米，溢价

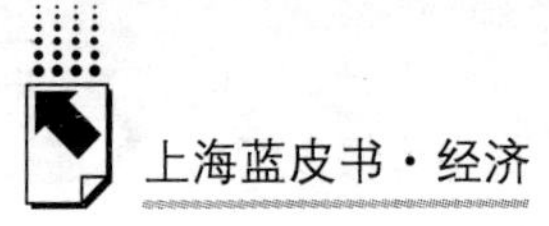

率71%。很明显，这次拍卖地块依然是住宅地热，商办地冷。

2. 第三季度开始降温，溢价率低于50%

2011年7月27日青浦区华新镇新府中路东侧地块被宝龙集团旗下上海瑞龙投资管理有限公司以底价9.9496亿元竞拍得标。9月7日上海陆家嘴金融贸易区开发股份有限公司于以5.68亿元竞拍得到浦东塘桥社区02~04地块，由于地块用途为办公性质，因此溢价率仅为24.64%。9月15日闵行马桥镇16A-09地块和16A-02/04地块被上海古杉投资管理有限公司、上海元景投资管理有限公司联合以底价竞拍得标。

3. 住宅地块也受到冷落

2011年7月27日青浦区华新镇新府中路东侧地块被宝龙集团旗下上海瑞龙投资管理有限公司以底价9.9496亿元竞拍得标。9月1日88号公告推出嘉定区的四幅商办、商住和住宅用地，出让面积合计约18.72万平方米。其中，嘉定区横沥河以东、嘉程路以北地块是四幅地块中唯一一个纯住宅用地，出让面积8.1万平方米，容积率2.0，中国中建地产有限公司以底价11.86亿元竞拍得到该地块，折合楼面地价7300元/平方米。9月15日纯住宅用地松江区北场1号地块，被上海象屿置业有限公司以14.501亿元竞拍得标，较起始价溢价14.18%，折合楼板价8011元/平方米。

（三）房地产市场供应有所加快

由于上海住房保障加快建设，因此房地产市场供应有所加快，一改2010年负增长的局面。

1. 商品房和商品住宅施工面积出现同比增长。

2011年1~9月份上海市商品房施工面积11934.82万平方米，增长17%。其中商品住宅施工面积7606.87万平方米，增长16.4%（见图2、图3）。

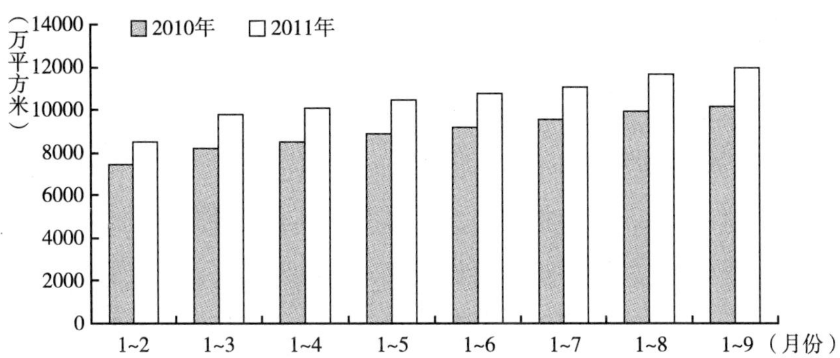

图2　2010年1~9月份和2011年1~9月份上海市商品房施工面积比较

资料来源：根据上海市统计局月度数据整理而成。

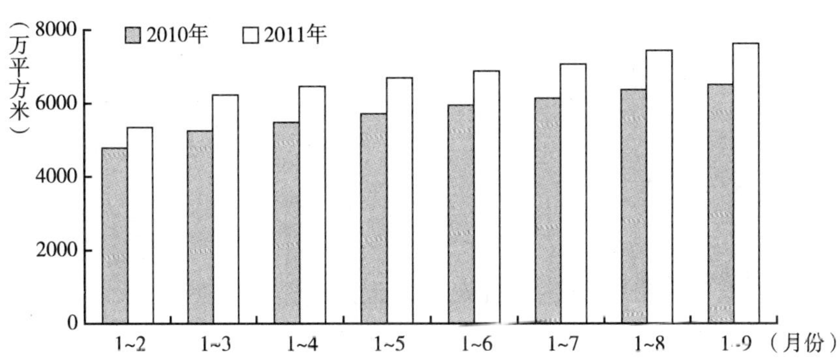

图3　2010年1~9月份和2011年1~9月份上海市商品住宅施工面积比较

资料来源：根据上海市统计局月度数据整理而成。

2. 商品房和商品住宅新开工面积出现较大增长

2011年1~9月份上海市商品房新开工面积2648.35万平方米，增长23.7%。其中商品住宅新开工面积1752.3万平方米，增长17.8%（见图4、图5）。

3. 商品房和商品住宅竣工面积出现大幅增长

2011年1~9月上海市商品房竣工面积1440.08万平方米，增长

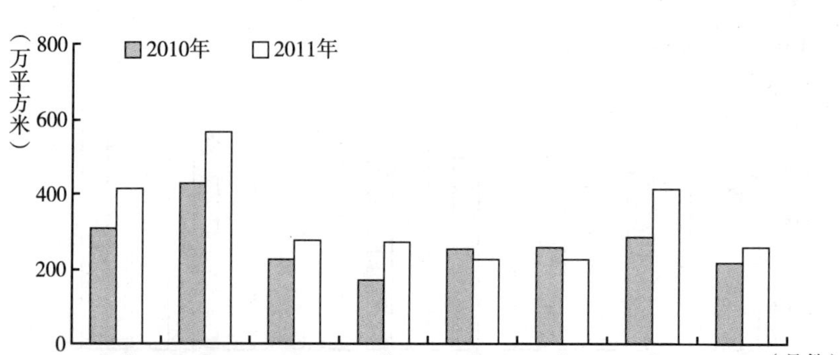

图4　2010年1～9月份和2011年1～9月份上海市商品房新开工面积比较

资料来源：根据上海市统计局月度数据整理而成。

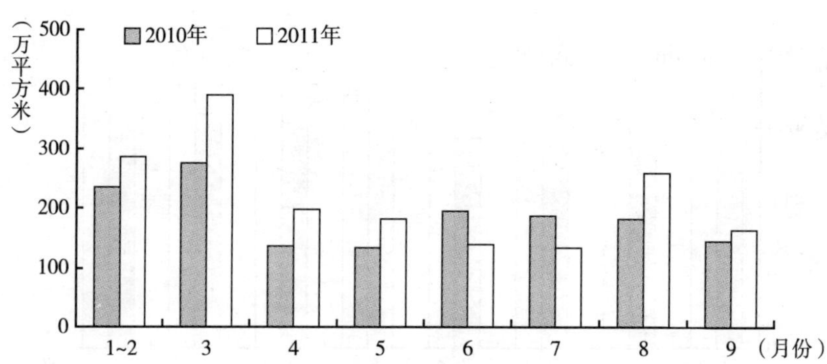

图5　2010年1～9月份和2011年1～9月份上海市商品住宅新开工面积比较

资料来源：根据上海市统计局月度数据整理而成。

49.4%。其中商品住宅竣工面积934.04万平方米，增长36.3%。与2010年的负增长出现明显的变化（见图6、图7）。

（四）"限购令"使楼市交易急剧萎缩

2011年1～9月份上海市商品房销售面积1306.75万平方米，下降13.1%。其中商品住宅销售面积1062.58万平方米，下降14.9%。

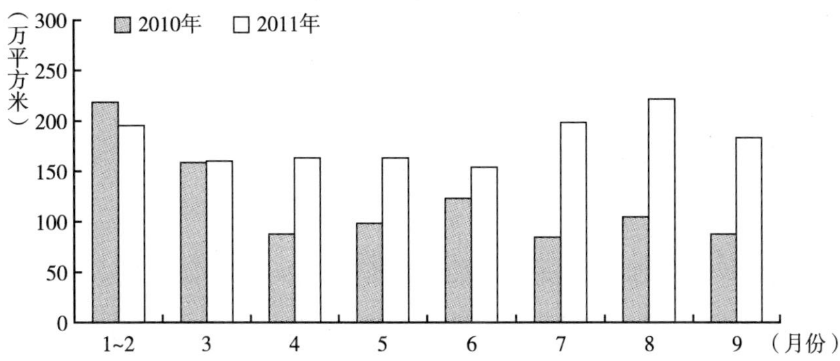

图6　2010 年 1 ~ 9 月份和 2011 年 1 ~ 9 月份上海市商品房竣工面积比较

资料来源：根据上海市统计局月度数据整理而成。

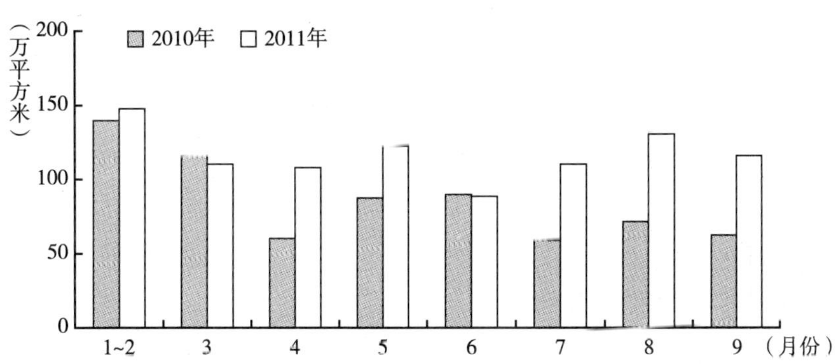

图7　2010 年 1 ~ 9 月份和 2011 年 1 ~ 9 月份上海市商品住宅竣工面积比较

资料来源：根据上海市统计局月度数据整理而成。

商品住宅销售面积完全和政策影响相一致，“限购令”出台使得 1 ~ 3 月份成交量急剧萎缩，但是 4 ~ 6 月份又出现环比增长，7 月份因为上海出台“沪四条”，明确非本市户籍居民家庭持《个人所得税完税凭证》购房的，个人所得税的申报日期须符合“自购房之日起算的前 2 年内累计缴纳满 12 个月”的规定，补缴的不予认可。这样，打“擦边球”的漏洞也被堵住了，导致 7 ~ 9 月份成交量逐月下降，其中9月份的商品房和商品住宅销售面积仅为121.25万平方米和92.15万平方米，成为前9个月成交易最低水平（见图8、图9）。

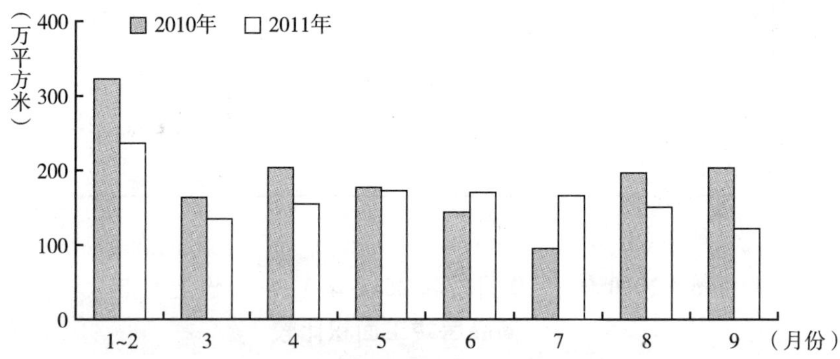

图8　2010年1~9月份和2011年1~9月份上海市商品房销售面积比较

资料来源：根据上海市统计局月度数据整理而成。

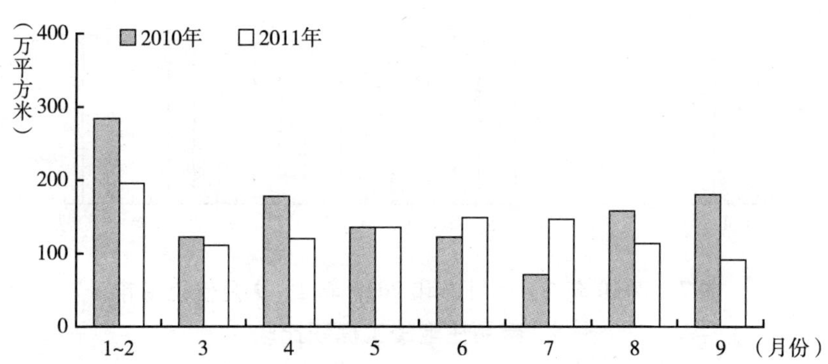

图9　2010年1~9月份和2011年1~9月份上海市商品住宅销售面积比较

资料来源：根据上海市统计局月度数据整理而成。

根据2011年10月4日上海网上房地产统计的数据：截至2011年10月3日上海新增住房为61931套和886.98万平方米，是近年来库存最高的水平。如果根据2011年前9月销售速度，这些库存的消化大约需要8个月时间。

（五）房价涨跌扑朔迷离

目前我们采取的平均房价已经成为一场数字游戏，平均房价无法反映真实的房价走势。不要说地方房价统计体系，就是全国的房价统计体系也曾遭受深度质疑。国家统计局2010年2月25日公布的《2009年国民经济和社会发展统计公报》显示，在全国70个大中城市中，房屋销售价格上涨1.5%，其中新建住宅价格上涨1.3%，二手住宅价格上涨2.4%。消息一公布，舆论大哗。实际上，2009年房价是非常疯狂的，许多城市的房价涨幅超过了两位数，个别城市超过50%。2009年房价平均上涨1.5%这个数字被广泛质疑后，国家统计局局长马建堂多次表示，要改革房地产价格统计体系。对于房价这种既非国家机密、又与老百姓生活息息相关的数据，应该是越真实透明越好。相对而言，城市的成交网签数据较为及时、准确，尽管会有“阴阳”合同出现，其数据也相对可靠。根据上海统计局公布的数据：2010年上海市场化新建商品住宅平均价格为20995元/平方米。但是如果包括经济适用房和动迁安置住房等保障性住房的价格后，全市新建商品住宅平均销售价格就会降为14213元/平方米。上海“十二五”规划明确指出：60%的土地用于住房保障，支持完成住房保障100万套，其中45万套动迁安置房，40万套经济适用房。由于拆迁安置房和经济适用住房的价格比普通商品房低得多，一般至少低于50%，在一些地区只有1/3的价格。以经济适用房为例：浦东三林地区的价格为每平方米8000～9000元，而同地段的普通商品房大多在每平方米25000～30000元，个别的项目超过30000元/平方米。因此，2011年上海市新建商品住宅平均销售价格应该不会超过14213元/平方米，因为大量经济适用房和动迁安置房将会拉低房价，但实际上商品住宅销售价格并没有下降。

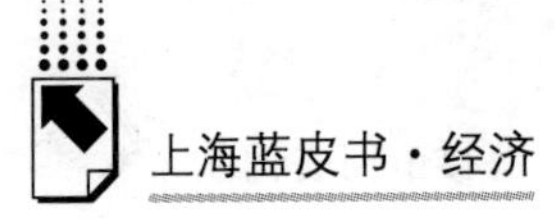

（六）住房保障成为市场主角

1. 全国“十二五”住房保障规划

“十二五”规划全国建设保障性住房3600万套，2011年全国计划新开工建设保障性住房1000万套，2006～2009年全国商品住房竣工1889万套，而同期销售2491万套，2010年全国商品住房销售也只有800万套。在目前“限购”的背景下，保障房将超过商品房规模。

2. 上海“十二五”住房保障规划

“十二五”规划上海建设保障性住房100万套，2011年完成22万套。根据上海近几年商品住宅销售数量，平均每年大致也在20万套左右。2006～2010年上海市商品住宅成交量分别为2615.49万平方米、3279.17万平方米、1965.86万平方米、2928.04万平方米、1685.35万平方米，2011年1～8月仅为970.43万平方米。

3. 2011年上海供地计划

2011年上海计划供应的住宅用地1200公顷，较2010年增加了约9%，为近年来最高水平。而在1200公顷的供地总量中，纯粹商业住宅类型用地仅为360公顷，占总量30%；保障房性质的住宅用地占供地量的70%。

由此可见，上海保障性住房已经成为房地产市场的主角。

4. 资金来源已成为住房保障的瓶颈

根据测算，全国2011年1000万套保障房完工，所需费用大约达1.3万亿～1.5万亿元，其中近1/3的资金将由各级政府通过多渠道筹集。

众所周知，在当前财税体系下，地方政府的事权与财权不相匹配，各地财政频频吃紧。当初为争取保障房的中央拨款，一些地方踊跃上报开工规模，而在项目资金争取回来后地方配套资金却迟迟难以到位。目前，中央政府要求各地土地出让金净收益的10%用于保障

房建设，由于今年以来土地出让市场低迷，这部分收益对资金缺口而言也可谓杯水车薪。根据审计署在对19个省市2007~2009年政府投资保障性住房审计时就曾发现，这些省市不仅在资金投入上欠账超过上百亿，套取挪用资金高达2.1亿元。因此，2011年完成1000万平方米保障房的开工任务不难，但是要以后真正完工还是有一定的难度，需要用真金白银堆砌出来的。

目前，上海已基本形成廉租房、经济适用房、公租房和动迁安置房"四位一体"住房保障体系。

在经济适用房、动迁安置房建设方面，由项目中标企业带资开发建设，资金可以通过出售回笼，银行信贷资金也比较愿意进入。已形成了"企业兴建、定向供应、滚动开发"的良性运行机制。

在廉租房、公租房建设方面，上海结合自身实际，在金融管理部门和金融机构的支持下积极研究和探索公租房建设投融资模式，吸引多种渠道资金以多元化方式支持公租房建设。解决资金问题主要来自五方面：一是土地出让净收益，二是住房公积金增值收益，三是保险资金参与，四是通过配建手段筹集房源和资金，五是设法降低土地成本。

按照规划，上海"十二五"期间将建设100万套、供应100万套保障房。其中2011年计划建设和筹措保障性住房是22万套、1500万平方米，需要资金900亿元。上海市、区两级财政投入100亿元，其中50亿元专项用于公租房建设。还有800亿元的资金，需要通过各种渠道进入。保险资金、社保资金以及住房公积金已经成为上海融资首选。但是，目前上海保障房融资渠道依然十分有限，多为短期筹措之举；长效融资渠道建设问题，仍然需要进一步破解。

三　2012上海房地产市场展望

2012年上海房地产市场在严厉的"限购令"的形势下，在上海经济向创新、转型发展的背景下，调整势在必行，商品房成交量继续萎缩，房价将有小幅下跌。房地产投资额在保障房的刺激下仍将有小幅增长，总体成交量也将会有所增长，处于小幅盘整阶段。如果宏观调控政策有所放松，房价马上就会反弹，调控效果将前功尽弃。

（一）2012 年上海房地产市场背景分析

1. 房地产宏观调控没有松动的迹象

首先从我国房地产“十二五”规划来看：

（1）保障性住房将会大规模建设。“十二五”规划全国建设保障性住房 3600 万套，2011 年全国计划新开工建设保障房 1000 万套。控制住房投资需求的政策将持续执行。

（2）国务院多次强调房地产宏观调控政策不松动。一是 2011 年 7 月 4 日 ~11 日，国务院先后召开四次经济形势座谈会，分别听取部分省政府负责人、企业界负责人和经济专家意见和建议。二是坚定不移地把房地产市场调控政策落到实处。继续抑制不合理的住房需求，重点抓好保障性住房和普通商品房建设，落实好 1000 万套保障性住房开工建设计划，加强金融支持，推动制度建设。三是 2011 年 9 月 1 日温家宝总理在《求是》杂志撰文表示，要坚定不移地把房地产市场调控政策落到实处，确保见到实效。

（3）不会出台类似 2008 年的经济刺激政策。一是中国经济仍然保持 9% 左右增长，尽管和前几年相比有所下降，但是在国际经济衰退和国内通货膨胀的双重压力下是非常不容易。二是经济转型迫在眉睫，欧债危机、美债危机频频袭来，以投资和出口拉动的中国经济迫切需要以消费主导来取代。大规模建设保障性住房，可以使大部分人从“房奴”中解放出来。三是 2008 年出台的 4 万亿经济刺激政策的后遗症还没有消除，在此之前中央政府应该不可能继续出台大规模经济刺激政策。

2. 城市化进程依然是房地产发展的动力

无论是中国还是外国，城市化率都是一个国家经济繁荣的标志。2010 年，我国的城市化率达到 47.6%，并且以每年增加 1 个百分点的速率向上递增。对比美国等西方国家 90% 左右的城市化率，我国城市化进程至少还有 40 年以上时间。上海城市化率尽管已经达到 70% ~80%，和世界大城市相比仍然还有发展的空间。

根据 2010 年第六次全国人口普查主要数据公报：2010 年 11 月 1 日上海全市常住人口为 23019148 人，其中本市户籍人口 14022140 人，占 61%。外省市来沪常住人口为 8977000 人，占 39%。全市共有家庭户 8251160 户，家庭户人口为 20581448 人，平均每个家庭户的人口为 2.49 人。上海 2009 年共有各种居住房屋 50211 万平方米①，根据统计口径：2009 年上海人均住房面积 33.6 平方米，约有 1494.38 万人是有房住。从上海居民家庭房屋产权构成来看：79.2%②的家庭住在产权房，20.8% 的家庭住在各种租赁房里。如果说上海 1400 多万户籍人口是居有定所，那么近 900 万的外省市来沪常住人口则大部分是居无定所。他们大部分居住在各种出租屋、城中村、工棚、活动房、宿舍等，拥有一套居有定所的住房是他们的梦想。此外，在 200 多万的集体户口人群中，有相当一部分是各机关、研究机构、高校、医院等企事业单位的白领，他们都是房地产市场的主力。

3. 投资需求退场刚性需求成为市场主力

从"新国八条"实施以来，上海房地产投资需求受到极大的压制，本市居民是"买得起的没指标，有指标的买不起"。非本市居民通过一次性补缴一年税费的做法，取得《个人所得税完税凭证》，打

① 上海市统计局：《上海统计年鉴（2010）》，中国统计出版社，2010。

② 上海市统计局：《上海统计年鉴（2010）》，中国统计出版社，2010。

政策的“擦边球”，但是“擦边球”被上海市住房保障和房屋管理局发布的《坚决贯彻国家房地产市场调控各项政策措施》叫停，明确个人所得税的申报日期须符合“自购房之日起算的前2年内累计缴纳满12个月”的规定，补缴的不予认可。因此，当前房地产的投资需求已经被大大压缩，购房者基本都是刚性需求：结婚的、以小换大的。在市场上的表现是购房者更冷静，更现实；抢购者少了，观望者多了。大户型高价房卖不动了，小户型低总价房源依然是非常畅销。根据2011上海房地产秋季展示会主办方统计：4天参观总人数逾13万人次，这一数据几乎可与2009年楼市最热的时候相当。房展4天成交203套共2.6亿元，意向1326套共21.3亿元（均含异地置业），可谓是看房者不少，买房者不多，折扣不多不少。

综上所述，上海房地产市场发展的内生和外在因素都是客观存在的，而且也是比较大的。但是房地产宏观调控依然没有松动的迹象，至少在本届政府不会出现改变。房地产市场短期内仍然维持比较低迷状态，中长期则主要看政策变化动向。

（二）2012年上海房地产市场发展展望

1. 房地产投资继续保持高位运行

近几年，上海房地产投资一直保持在高位运行，在2008～2010年的三年中分别投资1366.87亿元、1464.18亿元和1980.68亿元，2011年预计将超过2000亿元。2012年房地产投资仍然将维持在2000亿元水平。主要原因是上海保障房开始加速，尽管2012年商品房市场会继续紧缩，但是保障房市场将会快速发展。2011年完成22万套保障房任务，就必须投入900亿元资金。2012年如果要完成20万套保障房任务，也必须投入800亿～900亿元的资金。预计在整个“十二五”期间，上海保障房的投入要占整个房地产投资的半壁江山。上海房地产投资结构的变化一方面是上海房地产市场从原来的市场化

单轨制向保障和市场双轨制转变的需要，另一方面也是上海试图摆脱经济发展模式过分依赖房地产业，向建设金融中心、航运中心转型的需要。

2. 土地市场开始从冷转温

经过一年时间调整，开发商开始谨慎拿地。在2011年第四季度已经出现一些大型开发商拿地的情况，2012年这一现象将会有所发展。在2008年世界金融危机爆发之时，大部分开发商对土地是避之不及，而一些大型开发商却是别人恐惧我贪婪，在2009年和2010年获得了市场的超额利润。目前的形势与2008年非常相像，有的开发商已经开始出手了。2011年8月25日，万科以3.24亿元的价格，独揽北京丰台区一宗居住用地；8月30日，据北京市土地整理储备中心土地出让结果显示，北京的万科联合北京住总以7.343亿元成功竞拍得到北京市房山区长阳镇区02－2－04等地块，折合楼面价5462元/平方米。9月1日，北京市大兴区的一宗住宅用地，万科、金地联合拍出了9843元/平方米的单价，创下了该区域今年以来最高的楼面价。中粮地产（上海）有限公司在2011年10月12日以7.4亿元一举拿下奉贤区南桥新城09单元03A－04A、06A－01A区域地块，楼面价5277元/平方米。

3. 房价在“限购令”下调整势在必行

2011年上海房价尽管出现下跌，但是幅度非常有限。2012年在“限购令”的影响下，绝大部分投资客被驱逐出市场，购房者主体主要是刚性需求者。在住房市场中，如果以投资为目的，必然是买涨不买跌。如果是自住刚性需求者，希望房价能够再跌一点儿。因此，“限购令”已经近一年，开发商的资金链非常紧张，会主动调整价格，以迎合购房者的心理。但希望开发商大幅降价不可能，一是开发商到嘴的肉不会轻易吐出，二是市场刚性需求依然非常强烈，开发商只要“92”折、“95”折，一些楼盘可能就是“日光盘”。

4. 成交量仍然低位运行

在“限购令”背景下，商品房成交量仍然低位运行，主要原因是有支付能力的被限购。上海在2012年依然会严格执行“限购令”，因此商品房市场的成交量仍然将低位运行。但是，由于经济适用房和动迁安置房的大幅度增加，总体成交量仍然保持原有的规模。

四　若干建议和措施

（一）加快保障性住房建设

最近两年，房地产宏观调控都提到要加大住房保障力度。我国“十二五”规划确定完成3600万套保障性住房，其中2011年要完成1000万套。根据报道：2011年5月底，全国城镇保障性住房和各类棚户区改造住房开工340万套，占计划的34%；截至9月底，开工率达到计划的98%。[①] 尽管目前上海已经形成廉租房、公共租赁房、经济适用房和动迁安置配套房“四位一体”的住房保障体系，中共中央政治局委员、上海市委书记俞正声明确指出“加快保障房建设，不折不扣地完成今年确定的目标任务”。他要求大家创造性地开展工作，千方百计突破瓶颈，想方设法解决困难，认认真真落实，切切实实推进，确保今年保障性住房建设各项任务的落实。相信2011年上海能够完成22万套保障房的任务。目前上海仅有“四位一体”还不够，处于“四位一体”之外的“夹心层”更应该得到社会关心，在这部分人群中相当多的人是各个单位的骨干。因此，限价房也必须提到议事日程上来。

① 国家住房和城乡建设部：《今年1~9月全国城镇保障性安居工程开工率达98%》，中华人民共和国住房和建设部网站，2011年10月10日。

（二）坚定不移继续执行“限购令”

由于“限购令”是采取强制性的行政手段，因此对房地产市场的影响是非常巨大。2011 年年初，上海市根据“新国八条”出台了“限购令”，同时规定了非本市户籍人士在本市购房必须出示由本市财税部门开出的一年期的缴税证明。但在实际操作中，不少居住年限未满一年的非本市户籍人士都会采用“一次性”补足一年税费的做法。据《上海商报》报道：在目前市场上非本地居民购房者中，有近一半是通过这种打“擦边球”的形式进行买房操作，而这样“不合规”的做法也曾一度被本市的不少房地产交易中心“默许”。2011 年 7 月 26 日，上海市住房保障和房屋管理局发布了《坚决贯彻国家房地产市场调控各项政策措施》，继续严格执行住房限售政策。明确非本市户籍居民家庭持《个人所得税完税凭证》购房的，个人所得税的申报日期须符合“自购房之日起算的前 2 年内累计缴纳满 12 个月”的规定，补缴的不予认可。上海严格执行“限购令”的做法是应该肯定的。

但是，由于二三线城市对“限购令”认识不尽相同，上海有一些业内外人士提议采取用“限价令”取代“限购令”的办法，也有人提出用“限售令”取代“限购令”。尽管都是一字之差，但是效果却是失之毫厘谬以千里，用“限价令”取代“限购令”基本上是换汤不换药，用“限售令”取代“限购令”表面看似非常严厉，在流动性充裕、通胀压力加剧、投资渠道狭窄的背景下，社会游资可能会把住宅一扫而空，房价马上就会反弹，调控效果将前功尽弃。由此可见，“限购令”必须不折不扣严格执行。

（三）建议开征房产收益税

目前，过度的投机和投资已经扭曲了住房的基本功能，政府真正要解决的问题是还住房的本原，即居住功能，限制投资功能的溢出。尽管政府也看到这一问题的严重性，在2005年就出台了征收营业税、土地增值税，等等。但是，几年的实践证明，作用是有一点儿，但仍不足抑制投资和投机。在当前流动性充裕的情况下，住房的投资功能肯定会被放大，唯一的办法就是采用重税：以收益增值税的办法彻底打消人们买房投资的念头。如果一套住房100万买进，200万卖出的话，这增值的100万可以征收房产增值税，同时将其他交易的税种进行统一归并。持有时间越短征收的比例越高，获取的金额越大征收的额度也越大。假设第一年卖出，征收90%房产增值税，第二年征收80%，第三年征收70%，但是最低不得低于30%。如果这样的话，房地产投资客肯定会望而却步，对于短线投资客更是致命打击，因为你投资房地产所获取的收益大部分都要上交给国家。

（四）进一步完善“房产税”

目前上海“房产税”0.4%和0.6%的税率，根本不足于阻击房地产投资，如果采取累进“房产税”既可以避免房地产投资客回潮，也可以增加政府税收收入。就是采取第一套免征、第二套轻征、第三套重征、第四套以上惩罚性征收方法。也就是人均60平方米免征、60~120平方米轻征（税率0.4%~0.6%）、120平方米以上重征（税率3%~5%）、180平方米以上惩罚性征收（税率10%以上）。

参考文献

潘家华、李景国：《中国房地产发展报告NO8》，社会科学文献出版社，2011。

顾建发：《房地产宏观调控的现实绩效与制度创新》，《上海城市管理》2011年第4期。

B.11

产业融合、业态创新与转变经济发展方式：上海创意产业的分析

李 凌*

摘 要： 上海当前正处于经济结构转型和发展动力转换的关键时期，各产业之间和产业内部的相互融合以及与之相关的业态创新大量涌现，成为推动上海从工业生产力向信息生产力转向的新兴力量。与此同时，产业融合与新型业态的迸发也对传统产业的划分标准及管制模式提出挑战，对原有行业管理体制与机制构成冲击。本文以上海创意产业为产业融合与业态创新的典型案例，在阐述与梳理其发展规模、结构与政策支持的基础上，寻找和剖析上海创意产业进一步壮大面临的困难及制约，就上海如何应对产业融合与新型业态的内生性发展诉求，推动并深化交叉前沿产业的市场化改革，调整行业管制模式以及转变政府管理职能等，提出相关的政策建议。

关键词： 产业融合　业态创新　创意产业　政府管制

一　产业融合与业态创新是当今全球经济发展的新趋势

进入21世纪的第二个十年，经济全球化使得世界各国、各地区

---

* 李凌，上海社会科学院经济研究所助理研究员，经济学博士，主要研究方向为宏观经济、创意产业等。

在贸易、生产、金融、投资和政策协调方面的分工与合作超越了国界和区域的天然屏障，大量跨国公司在全球范围内配置资源组织生产，世界经济由此成为一个互相牵制而不可分割的有机整体。与此同时，随着金融危机产生的外部冲击逐渐消隐，世界政治格局与经济力量分布也在悄然发生着变化，发达国家在全球范围内的影响力正在衰减，而新兴经济体的实力正在崛起，成为稳定世界发展格局和全球治理中的新角色。然而，新兴经济体进一步发展遇到的难题是，如何加快转变经济发展方式，摆脱原有传统的、粗放型的、以投资和出口为主的生产方式，转向技术创新主导的、集约型的、面向消费市场的生产方式，以增强经济实力和实现包容性增长，融入和顺应全球化浪潮的发展趋势。其中，以产业融合和业态创新为特征的产业结构调整与升级是最直接的推动力量。

（一）全球化和信息化背景下的产业融合是经济发展的新载体

经济全球化尤其是信息化的浪潮推进了不同产业之间和同一产业内部不同行业之间的互相交叉、渗透与融合，波及市场制度与企业治理结构的创新。产业融合凭借数字技术等信息化手段率先在产业边界处发生，这是对传统产业边界固定化及其相互间产业分立的根本否定，并形成纵向一体化的市场结构，因而是一场发展动力更替的新兴产业革命。

由于产业融合突破了产业分立的限制，使不同产业部门得以寻求交叉产品、交叉平台以及收益共享的交叉部门，导致资源能够在更大范围内得以合理配置，进而催生出许多新产品和新服务、开辟出更多的新市场、塑造出竞争更为激烈的新的市场结构，以及派生出信息产业发展的更加巨大的增值契机，成为推动产业结构升级和促进经济发展的内容更为丰富的新载体。

例如，以较早出现融合的电信、广播电视和新闻出版三个产业为

例，在信息技术和互联网等现代通信方式的推动下，这三个产业自身的信息化和数字化进程，使得三个原本互相分立的产业在原有的技术边界、业务边界、运作边界和市场边界上逐渐产生模糊，从而形成一种新型的融合产业结构，各种新产品、新服务和新市场如雨后春笋般大量涌现，如在线报纸和杂志、在线广播和视频、数字广播、网络媒体、网上电视、网上图书馆和网络电话等，以及在此基础上的一系列商业运作。[①]

又如，从全球经济和信息产业的发展趋势来看，物联网是产业融合的又一重要表现形式，它是在互联网的基础上，将用户端延伸和扩展到任何物品与物品之间，依托射频识别、红外感应器、全球定位系统和激光扫描器等信息传感设备，按照约定的协议，进行信息的交换与传输，以实现对物品的智能化识别、定位、跟踪、监控和管理。据预测，未来十年我国在物联网重点应用领域内的投资将达到 4 万亿元，产出可达 8 万亿元，[②] 相当于目前全国 GDP 的 1/5。如此大规模的投入必将催生出大量与之相关或配套的新产业、新技术、新业态、新产品、新服务及新市场，同时伴随着三大根本性转变，即以物质流为主导的产业运动状态向以信息流为主导的产业运动状态的转变；以工业技术为核心的产业创新能力向以信息技术为核心的产业创新能力的转变；以及以物流运输平台为基础的产业核心能级向以信息运行平台为基础的产业核心能级的转变。实际上，这三方面转换的实质是生产力的根本转向，即从工业生产力向信息生产力的转向。[③]

（二）新型业态为经济发展创造新空间、提供新动力

业态，顾名思义，就是营业的形态。国家质量监督检验检疫总

---

① 周振华：《信息化与产业融合》，上海三联书店、上海人民出版社，2003。

② 张全升：《努力赢得物联网及其产业发展的先机》，《求是》2011 年第 16 期。

③ 周振华：《产业融合：产业发展及经济增长的新动力》，《中国工业经济》2003 年第 4 期。

局、国家标准化管理委员会联合发布的《零售业态分类》（GB/T18106－2004）按照零售店铺的结构特点，根据其经营方式、商品结构、服务功能，以及选址、商圈、规模、店堂设施、目标顾客和有无固定经营场所等要素，将零售业分为有店铺零售业和无店铺零售业两大类，其中有店铺零售业包括食杂店、便利店、折扣店、超市、大型超市、仓储式会员店、百货店、专业店、专卖店、家具建材商店、购物中心（包括社区型购物中心、市区购物中心、城郊购物中心三种）与工厂直销中心等12种不同的业态；而无店铺零售业则包括电视购物、邮购、网上商店、自动售货亭和电话购物等5种不同的业态。

实际上，产业融合可以孕育出新的业态和经营模式，而一些旧的业态则由于失去了竞争优势而被慢慢取代或走向消亡。例如旅游业和农业的融合所孕育出来的观光农业，就在很大程度上改变着农产品的加工与销售模式，将蔬果采摘融入农家乐不仅为农民创收、扩展农业产业链以及改变农产品结构开辟了道路，同时也带来了旅游业以及宾馆、交通、餐饮等相关服务行业发展的新契机。同样，工业与服务业的融合也会产生类似的效应，重新整合与划分产业结构，建构新的服务赢利模式，创造新的赢利空间。传统工业产业中迸发出的创新思想在新业态中可归结为一种从“机器”到“方案”的提升，因为越来越多的制造企业开始意识到把产品制造出来仅仅是赢利的一小部分，而价值链的重心在于为客户“提供解决方案”。许多新型业态开始致力于将产业链与价值链匹配起来，为客户提供更加人性化的问题解决方案。

此外，信息产业内部的业态创新也在如火如荼地展开着。以定位服务（LBS，基于位置的网络服务）与团购这两个当前互联网行业的业态为例，2011年淘宝旗下的口碑网首度推出具备客户端团购以及在线购买外卖等功能的新版Android系统的手机客户端。这是国内城

市生活服务领域内首款 LBS 结合交易的手机应用，为移动互联网进入城市生活服务领域打开了一扇便捷的大门，也为移动互联网提供了更多样化的商业模式。[①] 互联网从生活消费的信息提供者，延伸到生活消费的交易提供者，并最终完成了从有线到无线的定位服务，这一连串的改变带来的不仅是业态创新的升华，更为经济发展创造了新空间、提供了新动力。

（三）产业融合与业态创新是经济发展方式转变新的增长点

以信息化为核心的新技术在由制造业向服务业全面渗透的过程中，突显了现代服务业网络化、智能化、个性化与集群化的新特点，产业融合与业态创新催生出来的知识型产品和专业化服务，以及新开辟出来的更为细分的市场，成为经济发展方式转变过程中新的增长点，表现出产业融合、结构升级和业态创新并存的发展态势：一是在工业化进程中，现代服务业同传统制造业、农业的融合，有助于延长传统产业的产业链，改变传统行业与生产管理的经营理念，积极探索工业化与信息化综合性互动的新型工业化道路。二是在城市化进程中，现代服务业加速向大城市集聚，通过优化城市产业体系与布局，形成多层次多方位的城市产业生态系统，有助于实现具有包容性特质的城市产业空间结构。三是在市场化进程中，现代服务业在新兴市场的加速发展，成就了新型业态的发展，尤其是产业扶持政策从对传统制造业的扶持转向对高新技术产业和新能源产业的扶持，产业结构的调整和升级使得产品生产更具多样化和个性化，只有面向市场的业态创新才能被细分市场所接受。

---

① 据 CNNIC 的统计数据显示，截至 2010 年 12 月，我国网民规模达到 4.57 亿，其中手机网民规模达 3.03 亿，手机网民在总体网民中的比例从 2009 年年末的 60.8% 提升至 2010 年的 66.2%，其中更有 4299 万的网民只使用手机上网。手机上网群体的膨胀，无疑催生了手机用户庞大的消费需求。

为此，产业融合与业态创新对转变经济发展方式起到了积极的推动作用，有助于加快各种新技术和新的生产模式在现代产业体系中的运用与渗透，在全球化背景下实现各类生产资源跨国界、跨区域的高效配置，通过深化劳动分工、提高劳动者素质和细分市场需求，实现基于传统产业改造的跨越式发展与服务半径的自由延展，从而降低传统制造业对自然资源的依赖和对环境的损害，在本质上摆脱原先传统的、粗放型的、以投资和出口为主的生产方式，转向技术创新主导的、集约型的、面向消费市场的生产方式，使一国的经济发展融入和顺应全球化浪潮的发展趋势。

（四）产业融合与业态创新引发的现实挑战

作为经济增长的新动力，产业融合与业态创新在推动经济发展方式转型的同时，也带来了管理体制方面的现实挑战，主要表现在两个方面，一是对传统产业和行业分类标准的挑战；二是对政府制定产业管制政策的挑战。

众所周知，目前世界上通用的三次产业的分类方法，源于新西兰经济学家费歇尔（Fischer）与英国经济学家克拉克（Clark）的研究，其后，为了进一步揭示信息产业发展的特殊性，马克卢普（Marchlup）和波拉特（Borat）在三次产业的基础上，将信息业从服务业中剥离出来，确立了四大产业的分类标准。但是随着现实中信息技术与信息产业迅猛发展，产业与产业之间或产业内部因互相融合而诞生的新的产业及经营业态又该如何归属呢？无论是三次产业还是四大产业的划分对此都无能为力。作为工业经济时代“产业分立”的产物，传统的产业分类标准在产业融合新范式面前业已落伍，不符合信息化条件下产业融合与业态创新的本质属性，因而也无法满足现实经济发展的需要。为此，面对来自信息化的挑战，迫切需要建立新的产业分类标准及统计体系。

另一方面的现实挑战来自产业融合与业态创新产生的新的产业管制问题。在传统产业分立基础上建立起来的产业管制体系，其特点是针对不同传统部门的特性而专门设计其管制内容及方式，并由不同的管制实体负责具体实施，从而形成一种多重性的管制体制框架；然而，当产业边界与产业交叉地带出现大规模的产业融合与业态创新之后，新技术、新产品、新服务与新市场完全有可能跨越不同的传统部门，从而引发多重管制（见图 1）。从企业层面看，多重管制增大了企业申请管制许可证时审批程序的复杂性，复杂不仅是因为存在多头审批与管理，而且更主要的是不同管制实体之间的协调、推诿，甚至是扯皮都将消耗企业大量的交易成本，从而压抑企业创新的市场活力。另外，从行业层面看，在多重管制体制框架下，由于不同管制实体只负责新兴产业或业态来自于融合之前传统产业中的一部分，所以极有可能造成管制运用的不对称，进而引发对新的融合产品与服务的差别性对待，造成阻碍竞争、扭曲投资和不公平服务提供的管制调节。

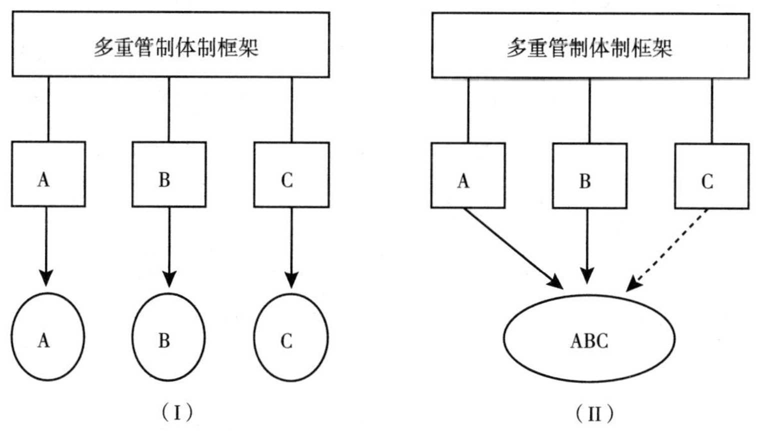

图 1　产业分立与产业融合背景下的多重管制框架

资料来源：周振华：《信息化与产业融合》，上海三联书店，上海人民出版社，2003。

应当看到，分类标准及产业管制政策的挑战已构成我国产业融合与业态创新过程中亟待突破的制约因素，如果不能妥善应对，将极有可能影响到中国经济发展与转型的方向与质量。为此，本文立足上海产业融合与业态创新中创意产业的萌发与壮大，进一步阐述上海经济启动“创意”引擎的政策因应与对策建议。

二　产业融合与业态创新为发展转型注入新动力：上海经济启动“创意”引擎

改革开放以来，上海的产业结构升级与城市转型密切联系在一起。从20世纪80年代末90年代初的“优先发展第三产业、积极调整第二产业、稳定提高第一产业”；“结合旧区改造，将不符合中心城区发展需要、有污染的工业单位搬迁到郊区，为中心城区发展高层次服务业腾出空间”；到“十一五”规划明确的“继续坚持‘三、二、一’的产业发展方针，优先发展现代服务业和先进制造业，把提高自主创新能力作为产业结构优化升级的中心环节，以信息化为基础提升产业能级，促进二、三产业融合发展”；再到“十二五”规划纲要提出的要“按照高端化、集约化、服务化，推动‘三、二、一’产业融合发展”；“加快构建以现代服务业为主、战略性新兴产业引领、先进制造业支撑的新型产业体系，不断提高产业核心竞争力，努力打造‘上海服务’和‘上海智造’”等，上海在实现从一个传统工业型城市向现代服务业城市转型的过程中，始终承担着产业融合与业态创新的历史使命。上海的历史文化氛围及其在中国经济改革大潮中的特殊地位，决定了上海的城市化选择了一条由“创意”引擎的发展路径，一方面众多具有开放思想的艺术家和创意工作者纷至沓来，而另一方面由旧城区、旧厂房转型升级而来的创意产业园区相继涌现，这不仅使上海这座城市中优秀的工

业文明遗迹得到了保护，而且还使其以一种崭新的姿态引领价值创造。

（一）上海发展创意产业是推动经济结构调整的重要着力点

1998 年《英国创意产业路径文件》首次将创意产业（Creative Industry）定义为："源自个人创意、技巧和才华，通过知识产权的开发和运用，具有创造财富和就业潜力的行业"，在现实经济中主要涵盖广告、建筑、艺术和古玩市场、工艺品、设计、时装设计师、电影与录像、互动休闲软件、音乐、表演艺术、出版、软件和电视广播等行业。从产业融合与业态创新的角度看，创意产业是先进制造业和现代服务业互相融合的产物，是服务业中的多媒体产业、文化产业与数字娱乐产业同制造业中的工业设计、工业研发与工业包装等结合在一起，在产业边界处产生的创新活动（见图 2）。

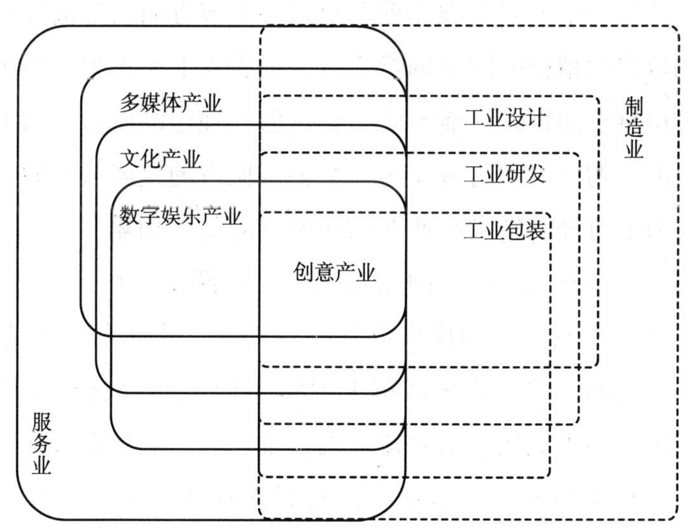

图 2 《英国创意产业路径文件》定义的创意产业

我国创意产业的萌发与壮大，是高新技术、金融贸易、交通通信、房地产以及旅游体育等多种产业融合与业态创新同时渗透到文化及相关产业的结果。创意产业的蓬勃发展不仅能为人们提供文化含量较高的产品和服务，满足人们的精神需求，形成新的消费市场，以文化、技术、产品（服务）与市场有机结合起来的方式刺激内需增长；更为重要的是，创意产业通过形成文化创意、文化产品制造、文化传播、文化销售、文化服务、文化交流的文化创意产业链，以及具有强大竞争力的大型文化创意产业集团，实现了创意产业的跳跃式发展和产业组织与管理创新，通过文化产业内部结构的高度化与合理化，促进了虚拟经济与实体经济的二元互动，以转变传统的增长机制。

在上海，开放创新的人文氛围，为创意产业的快速发展提供了良好的“创意生态环境”，同时也为创意的展示提供了一个极佳的平台。上海创意产业的发展路径遵循着从创意产业到创意经济，再向创意社会与创意城市发展的轨迹演进。比如，2010 年上海成功举办的世博会，就是一个在媒介载体形态及核心内容方面云集世界各地创新成果与地域文化精粹的国际创意盛会，标志着上海作为一个国际性大都市，正担负着向世人传播不同文化价值与理念的使命，而上海也在创意产业的熏陶中，践行着作为一个创意城市的发展与转型，创意产业正在成为上海经济转型和产业结构调整的新“引擎”。

目前，上海有 2/3 以上的创意园区是按照土地性质、产权关系、建筑结构“三个不变”的操作办法对老厂房、老大楼、老仓库进行改造而来。比如，位于普陀区莫干山路 M50 艺术品创意基地，是上海最早运用民族工业建筑遗存建成的首批创意产业集聚区之一；田子坊则盘活了 6 家旧工厂、旧仓库，使旧弄堂和旧民宅的价值得到提升，已成为吸引文化旅游和时尚消费的区域性品牌。截至 2010 年年底，上海经认定的文化产业园区 15 家，创意产业集聚区达到 80 家，基本覆盖全市，总建筑面积突破 270 万平方米，入驻企业超过 8200 家，从业人员逾 15.5 万人，初步形成“一轴（延安高架主轴）、两

河（黄浦江、苏州河）”的产业布局。[①] 2010 年 2 月，上海成功加入全球“创意城市网络”，被联合国教科文组织授予“设计之都”称号。“上海国际创意产业活动周”也已连续成功举办 6 届，国际知名度与影响力不断提升。

（二）上海创意产业的形成与发展：以 M50 为例

M50 是上海苏州河南岸莫干山路 50 号的简称，占地面积约 36 亩，原本是上海春明粗纺厂，为近代徽商代表人物之一周氏的家族企业信和纱厂，新中国成立后更名为信和棉纺厂、上海第十二毛纺织厂和上海春明粗纺厂。从 2000 年起，在上海市政府的支持下，企业通过都市型工业园区的建设与业态调整，逐步将 M50 创意园区定位为以视觉艺术和创意设计为主体的艺术家工作室、文化艺术机构和设计企业。2002 年上海市从保护历史文脉出发，取名为“上海春明都市型工业园区”；2004 年更名为“春明艺术产业园”；2005 年 4 月挂牌为上海首批创意产业聚集区，正式命名为 M50 创意园；2007 年被国家旅游局批准为全国工业旅游示范点；2008 年被中国浦东干部学院确立为“现场教育基地”；2009 年被上海市宣传部任命为上海首批文化产业园区，成为上海时尚文化的新地标。

M50 主要以艺术家的工作室和画廊为主体，包含书吧、咖啡吧和音乐吧等休闲配套的功能，吸引了众多国内外收藏家、媒体、知名人士和艺术爱好者。M50 创意园每年推出各类艺术展览约 300 场，先后参与和举办了 2005 年上海国际服装文化节、上海纺织“时尚之夜”、上海苏州河 2007 年文化创意产业论坛、CREATIVE M50 年度创意新锐评选、宝马车展等文化与时尚活动。2008 年 11 月下旬，世博会公益宣传片“视觉上海”之“上海特色”在 M50 创意园取景拍摄，举

---

① 姜小玲：《上海文化创意产业十年腾飞》，2011 年 4 月 1 日《解放日报》。

办“纺织企业文化子理念暨世博知识培训”、“09 旅游景区导游员资格培训”等活动。2009 年，M50 围绕“艺术、创意、生活”的品牌核心价值，在创意园区的基础上，积极开拓 M50 品牌衍生业务，逐步形成 M50 品牌体系，秉承了从实体到载体（网上虚拟园区）转变的发展思路（见图 3），主要包括 M50 创意空间、M50 设计联盟、M50 表演工作坊、M50 创意市集、吾灵小小画家坊、《ART IN SHANGHAI》杂志等。M50 在业态创新与商业模式拓展的同时，提升了创意产业的社会和经济价值，展现了上海海纳百川的国际大都市形象和独特的人文景观。

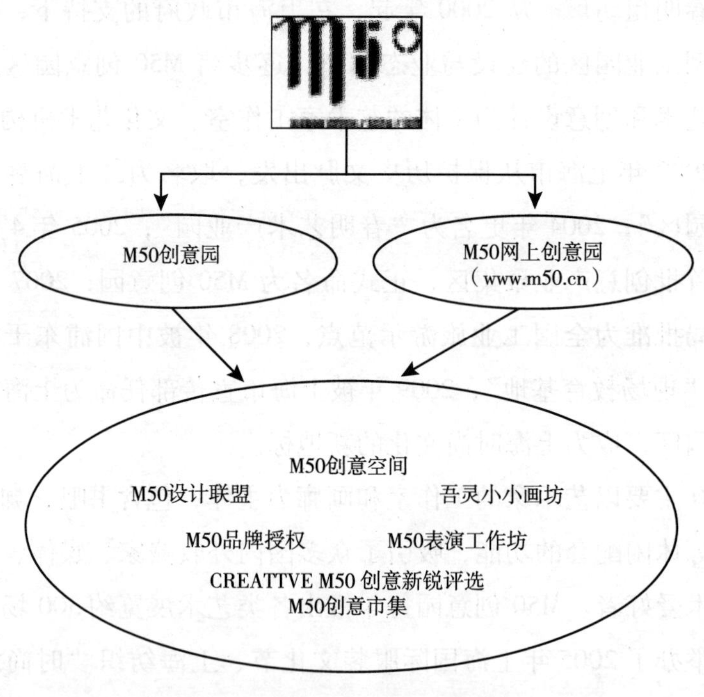

图 3　M50 品牌发展思路

M50 为创意产业拓展多元化的业态模式提供了例证，特别是为从实体到虚拟载体的品牌延伸提供了创新成果，从而有力地推进了中国文化创意产业的发展。2008 年 M50 实现收入 2271 万元，利润总额 721

万元；2009 年 M50 品牌的整体收入来自园区租赁业务和 M50 品牌拓展业务两部分，共计 2567 万元，其中园区租赁收入 2357 万元，与 2008 年相比增加收入 86 万元，增幅 3.79%。园区在 M50 品牌拓展收入方面，主要得益于 2008 年下半年成立的 M50 设计联盟承接的市区级创意项目，M50 桃浦分园的开园也为 M50 品牌真正实现零投入提供了可能；2009 年实现品牌拓展收入 210 万元，2010 年超过 300 万元。[①]

M50 文化创意园区的形成和发展受到多方面因素的影响，一是政府保护历史积淀与推动城市产业结构转型的主导性力量，原本划定批租的地块在城市发展规划中重新定位，反映出政府主导下新兴创意产业的发展意愿，旧厂房的改造与转型对 M50 园区的形成提供了不可估量的历史价值，税收与租金方面的优惠措施为 M50 园区的发展提供了便利的政策条件；二是艺术家和创意工作者对文化和艺术的自发性力量，当老工业建筑面临拆迁和置换时，他们凭借艺术价值的敏感性和对历史建物保护的意识出面呼吁和加入改造；三是 M50 创意园区管理方提供的保障性力量，通过完善企业化的业态与物业管理方式，使得老工业建筑以创意产业园区的新兴业态和城市同步发展。

三　上海创意产业发展的规模、结构与体制机制分析

M50 文化创意园区是上海文化创意产业发展的一个缩影。在 M50 创意园成功将工业厂房打造成创意产业空间之后，上海许多老旧工业厂房亦效仿这种产业置换的方式，掀起了一股从“中国制造”到“中国创造”的以工业厂房成为创意产业园区载体的创意城市转型，

① 金伟东等：《M50 创意园品牌的创建和管理》，载于《上海市企业管理创新成果集（上册）2010》，上海社会科学院出版社，2011，第 184 页。

在创意产业发展的规模、结构与体制机制方面都取得了前所未有的突破。

（一）上海创意产业发展的数据分析：基于新的分类标准

1. 上海创意产业发展的规模

上海根据2004年国家统计局颁布的《文化及相关产业分类》，针对上海创意产业的发展特点，初步形成了一套符合上海实际、可供自身历时发展比较的统计与分类方法。尽管这一统计方法仍有待进一步完善，以更全面地测度创意产业的边界问题，但这是目前为止所能获得的最可靠的官方统计资料。据不完全统计，2004～2011年上海创意产业一直保持高速增长，增加值年均增长率超过20%，即使在金融危机期间，创意产业也呈现了逆势增长的反周期态势。2010年上海创意产业增加值达1619.8亿元，占全市GDP的比重为9.60%。如果按照增加值占全市GDP的比重为10%和上海GDP增长9%估算，那么2011年上海创意产业的增加值将达到1839.1亿元（见图4）。

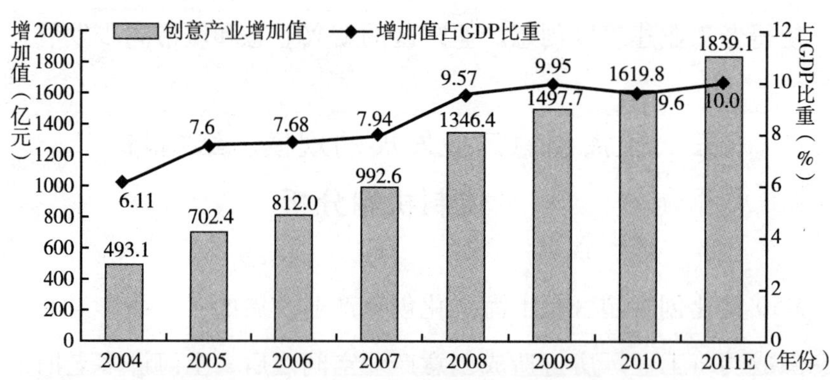

图4　2004～2011年上海创意产业增长情况

资料来源：2004～2009年数据来自巫志南《科学统筹、融合发展——上海文化及创意产业发展研究》，载于《上海文化发展报告（2011）》，社会科学文献出版社，2011，第182页；2010年数据来自姜小玲《上海文化创意产业十年腾飞》，2011年4月1日《解放日报》；2011年是估算数据。

上海文化创意产业在“十二五”的发展目标是：到2015年文化创意产业增加值力争占全市生产总值的比重达到12%左右。

2. 上海创意产业发展的结构

上海市经济和信息化委员会和统计局于2005年编制的《上海创意产业发展重点指南》（以下简称《指南2005》）根据产业之间的共同特征及其与创意的相关程度，结合上海经济发展现状及产业发展实践，确立了上海市创意产业重点发展的五类行业：分别是研发设计创意、建筑设计创意、文化传媒创意、时尚消费创意与咨询策划创意。这五类行业共涉及24个大类行业、38个中类行业及55个小类行业（见表1），散布在杨浦、徐汇、长宁、虹口、卢湾、普陀等辖区的创意产业园区内。

表1　上海创意产业分类标准及创意园区代表

<table>
<tr><th>类别</th><th>行业大类</th><th>行业名称</th><th>创意园区代表</th></tr>
<tr><td rowspan="10">研发设计创意</td><td>62</td><td>基础软件服务、应用软件服务、其他软件服务</td><td rowspan="3">张江文化科技创意产业基地</td></tr>
<tr><td>61</td><td>计算机系统服务</td></tr>
<tr><td>60</td><td>互联网信息服务</td></tr>
<tr><td>42</td><td>雕塑工艺品制造、金属工艺品制造、漆器工艺品制造、花画工艺品制造、天然植物纤维编织工艺品制造、抽纱刺绣工艺品制造、地毯挂毯制造、珠宝首饰及有关物品的制造、其他工艺美术品制造</td><td rowspan="2">田子坊、八号桥、文定生活、尚街LOFT</td></tr>
<tr><td>31</td><td>日用玻璃制品及玻璃包装容器制造、日用陶瓷制品制造、园林陈设艺术及其他陶瓷制品制造</td></tr>
<tr><td>75</td><td>研究与试验发展</td><td rowspan="3">工业设计园、老四行仓库、SVA越界</td></tr>
<tr><td>74</td><td>广告业、知识产权服务</td></tr>
<tr><td>76</td><td>其他专业技术服务</td></tr>
<tr><td colspan="3"></td></tr>
<tr><td colspan="3"></td></tr>
<tr><td rowspan="3">建筑设计创意</td><td>76</td><td>工程管理服务、工程勘察设计、规划管理</td><td rowspan="3">海上海、创意仓库、新十钢（红坊）</td></tr>
<tr><td>81</td><td>城市绿化管理</td></tr>
<tr><td>49</td><td>建筑装饰业</td></tr>
</table>

续表

<table>
<tr><td rowspan="3">文化传媒创意</td><td>88</td><td>新闻业、出版业</td><td rowspan="3">传媒文化园、M50、空间 188、同乐坊</td></tr>
<tr><td>89</td><td>广播、电视、电影制作、音像制作</td></tr>
<tr><td>90</td><td>文艺创作与表演、博物馆、其他文化艺术</td></tr>
<tr><td rowspan="7">咨询策划创意</td><td>74</td><td>市场调查、社会经济咨询、其他专业咨询、会议及展览服务、其他未列明的商务服务</td><td rowspan="3">彩虹雨、南苏河、卓维 700</td></tr>
<tr><td>69</td><td>证券分析与咨询</td></tr>
<tr><td>70</td><td>保险辅助服务</td></tr>
<tr><td>61</td><td>其他计算机服务</td><td rowspan="3">新慧谷、虹桥软件园</td></tr>
<tr><td>62</td><td>其他软件服务</td></tr>
<tr><td>77</td><td>科技中介服务、其他科技服务</td></tr>
<tr><td>90</td><td>文化艺术经纪代理</td><td>E 仓</td></tr>
<tr><td rowspan="4">时尚消费创意</td><td>82</td><td>理发及美容保健服务、婚庆服务、摄影扩印服务</td><td rowspan="2">第一视觉创意广场</td></tr>
<tr><td>92</td><td>室内娱乐业、休闲健身娱乐活动</td></tr>
<tr><td>74</td><td>旅行服务</td><td rowspan="2">旅游纪念品设计园</td></tr>
<tr><td>81</td><td>游览景区服务</td></tr>
</table>

（1）研发设计创意主要指与工业生产和计算机软件领域相关的研发与设计活动，是上海创意产业发展的核心部分，包括工业设计、工艺美术品设计、软件设计、服装设计、产品设计、包装设计、电脑动画设计、广告设计、研究与试验发展等 10 个中类行业，21 个小类行业。

（2）建筑设计创意主要指与建筑、环境等有关的设计活动，包括工程勘察设计、建筑装饰、室内设计、城市绿化设计等 3 个中类行业，5 个小类行业。

（3）文化传媒创意主要指文化艺术领域中的创作和传播活动，包括文艺创作表演、广播、电视、电影制作、出版、音像制作等行业等 9 个中类行业，9 个小类行业。

（4）咨询策划创意主要指为企业和个人提供各类商务、投资、教育、生活消费及其他咨询和策划服务的活动，包括市场调研、证券

咨询、会展服务、市场调查等9个中类行业，12个小类行业。

（5）时尚消费创意主要指在人们日常消费、生活娱乐中体现创造性及其价值的行业，包括休闲体育、休闲娱乐、美发及美容设计、婚庆策划、摄影创作、娱乐游戏、旅行等7个中类行业，8个小类行业。

从上海创意产业发展的结构看，近年来研发设计创意与咨询策划创意两项的占比逾七成，时尚消费创意的占比在提升，而建筑设计创意与文化传媒创意的占比都略有下降（见表2）。

表2　2004~2010年上海五大类创意产业增加值占创意产业增加值比例

单位：%

年份	研发设计	建筑设计	文化传媒	咨询策划	时尚消费
2004	43.39	22.74	6.18	23.30	4.39
2005	44.71	18.83	6.72	25.25	4.48
2006	43.48	18.42	6.34	27.43	4.32
2007	42.88	15.43	5.68	31.73	4.28
2008	50.13	12.65	5.36	24.33	7.54
2009	49.00	14.00	5.00	25.00	7.00
2010	49.71	12.43	4.70	25.21	7.95

资料来源：巫志南：《科学统筹、融合发展——上海文化及创意产业发展研究》，载于《上海文化发展报告（2011）》，社会科学文献出版社，2011，第182页。

（二）上海创意产业发展的体制机制分析：基于相关政策体系

近年来，上海创意产业的快速发展得益于相继出台的多轮产业扶持政策，集中体现在2008年上海市经济和信息化委员会与市委宣传部联合发布的《上海市加快创意产业发展的指导意见》（以下简称《意见2008》）及相关的政策体系之中，大致可分为文化与创意产业投资指导、创意产业聚集区建设、对创意企业发展的政策扶持、知识产权保护以及完善创意产业人才吸引与培育机制等五个方面。

1. 文化与创意产业的投资指导

对创意产业的投资指导是参照文化产业投资指导进行的。我国文化部根据文化产业发展的实际情况和《文化产业振兴规划》提出的发展方向，在《文化部关于制定〈文化部文化产业投资指导目录〉的公告》中，明确指出文化产业的国内投资主体类型，并将文化产业投资项目划分为鼓励、允许、限制和禁止四类。目前，上海关于文化与创意产业的投资指导是在国家相关文件的基础上依据《指南2005》给出的，其积极意义在于创立了一套可供实践的创意产业统计分类体系，科学引导创意产业的投资方向。

2. 加快建设创意产业聚集区

《意见2008》结合上海产业发展实际，就上海创意产业在优化资源配置方面给予明确指导，一是依托先进制造业、现代服务业的发展基础和城市功能定位，积极支持和推进创意产业集聚区建设；二是积极吸引知名创意企业高端项目落户，促进创意产业集聚发展；三是积极支持以划拨方式取得土地的单位利用工业厂房、仓储用房、传统商业街等存量房产、土地资源兴办创意产业，土地用途和使用权人可暂不变更；四是对符合土地利用总体规划、城镇建设规划、国家产业政策和供地政策的创意产业项目，优先保证用地；五是鼓励重点创意企业承担本行业技术研发、市场推广、信息集散等公共服务平台的建设。

3. 对创意企业发展的扶持政策

对创意企业发展的扶持，主要表现在对文化企业、创意高新技术企业、技术先进型服务企业等不同类型企业的税收优惠，表3总结了上海市对创意企业发展的政策扶持要点。

表3　上海市对创意企业发展的政策扶持要点

企业类型	税收优惠政策内容
文化企业	①部分业务予以收入免征增值税和营业税；②出口图书、报纸、期刊、音像制品、电子出版物、电影和电视完成片按规定享受增值税出口退税政策；③在境外演出从境外取得的收入免征营业税；④开发新技术、新产品、新工艺发生的研究开发费用允许按国家税法规定在计算应纳税所得额时加计扣除；⑤进口国内不能生产的自用设备及配套件、备件等按有关规定免征进口关税等
创意高新技术企业	①被认定为国家重点扶持的高新技术企业，按15%的税率征收企业所得税；②被认定为软件企业的，自获利年度起，第一年和第二年免征企业所得税，第三年至第五年减半征收企业所得税等，对软件生产企业实行增值税即征即退政策，所退还的税款由企业用于研究开发软件产品和扩大再生产，不予征收企业所得税；③集成电路设计企业视同软件企业，享受软件企业的有关企业所得税政策
技术先进型服务企业	①按15%的税率征收企业所得税；②技术先进型服务企业发生的职工教育经费按不超过企业工资总额8%的比例，据实在企业所得税税前扣除超过部分，准予在以后纳税年度结转扣除；③技术先进型服务企业离岸服务外包业务收入免征营业税
中小企业	①广泛开展社会宣传，充分利用电视、网站、报纸、刊物等媒体，宣传和塑造成功创业典型，营造全社会鼓励创新、宽容失败的良好氛围；②设立中小企业发展专项资金，切实缓解中小企业融资困难；③加大对中小企业的财税扶持力度；④设立科技型企业种子资金、融资辅助资金和匹配资金，推进上海市科技小巨人工程，加快中小企业技术进步和结构调整；⑤支持中小企业开拓市场，建立中小企业国际市场开拓资金；⑥努力改进对中小企业的服务；⑦提高中小企业经营管理水平；⑧加强对中小企业工作的引导和领导
非公经济企业	①鼓励和支持非公有资本从事文化创意产品和文化服务出口业务；②鼓励和支持非公有资本参与文艺表演团体、演出场所等国有文化单位的公司制改建及非公有资本控股；③实现非公经济平等的市场准入和公平待遇；④鼓励非公经济参与创意产业及配套产业的发展，引导其在中介服务、信息服务、航运物流、文化服务、生产性服务等现代服务业重点领域发展，筛选服务型非公企业在这些领域的重点产业项目和区域功能项目，引导其申报上海市服务业发展引导资金；⑤健全和完善公平、公正、公开的招投标机制，公开政府信息，简化审批手续，推进资质资格管理改革

4. 创意设计登记备案制度

创意产业是知识经济时代的产物，因而对知识产权的保护显得尤为重要。目前我国主要依据《中华人民共和国专利法》与《中华人民共和国专利法实施细则》为专利如商标权和著作权等提供法律保护。为进一步鼓励自主创新，维护创意设计人的合法权益，上海市知识产权局于2008 年下发了《上海市创意设计登记备案服务指南（试行)》，就主管部门、申请人范围、提交程序、处理程序、期限及续展等作了详细规定。但这一登记备案制度尚比较粗疏，在实际运用中对创意的保护效果评估也不多见。

5. 创意产业人才吸引与培育机制

《意见 2008》同时还给出了加快创意人才集聚，强化创意产业智力支撑的指导意见，包含建设创意人才培训基地、建立创意人才流动机制、完善创意人才专业服务体系，以及实施创意人才奖励机制等旨在强化创业教育、提升大学生的创业能力，鼓励并引导更多具有创业意愿的毕业生进入创意产业的具体措施。在人才建设配套方面，一是创业基金进一步拓宽资助范围，扩大基金受益面，以稳定的创业带动就业效果；二是积极探索创意项目预孵化及培育机制，进一步提高创意产业项目的成功率等。但需要指出，上海在人才引进方面的政策举措大多仍停留在“人才居住证”层面，如果将子女入学、配偶入籍等公共服务以及房租等高昂的生活成本也考虑在内，那么上海与周边城市相比，并不具有吸引创意人才的相对优势。

四　上海进一步发展创意产业面临的问题及对策建议

自 2004 年首届“上海创意产业国际论坛”召开以来，上海有关职能部门积极应对创意产业对传统产业和行业分类标准的挑战，通过重新划编产业分类，明晰产业边界，科学引导创意产业投资方向，确

保了上海创意产业在短期内的蓬勃发展，突显出产业融合与业态创新对促进经济结构转型的强劲动力。然而，从中长期看，上海创意产业因快速扩张而引发的产业园区建设模式过于单一、园区企业空心化等问题初现端倪，直接影响到上海创意产业的可持续发展；此外，政府的多重管制框架也未能有所突破，一个突出的表现就是创意产业与文化产业的衔接及融合存在较为严重的制度障碍。为此，如何正确处理创意产业发展过程中政府与市场的关系，成为标志性产业融合与新型业态的内生性发展诉求，而一些体制机制性的弊病与矛盾也亟待解决。

（一）上海进一步发展创意产业园区面临的问题

1. 园区建设模式过于单一，园区内企业空心化趋势加剧

创意产业园区在政府主导之“有形之手”的“复制”下，由于缺乏必要的市场机制，致使园区建设模式过于单一，园区内企业空心化趋势加剧。主要表现为，一是几乎所有新建的创意产业园区都毫无例外地花费大量资金投入物理空间的“美丽变身”，而忽视对创意源头的呵护；二是园区与园区之间同质竞争，园区内部入驻企业良莠不齐，有些企业为取得“授牌”与支付高昂的地租而急功近利；三是创意企业增速不及园区的扩张速度，导致园区设施空置，园区企业空心化趋势明显，创意产业发展目标难以实现；四是园区企业提供的产品与服务同周边区域的经济发展阶段脱节，过度超前的产业配置得不到园区周边居民消费的认可。

2. 园区管理缺乏必要的软环境，新型业态与产业链的涌现受到抑制

园区内形成并维持文化创意元素的除租金优惠及富有特色的厂房作为吸引艺术家进入的方式以外，多数园区管理方只是进行一些简单的修旧如旧或修旧如新，但硬件的修复并不能取代管理上的软机制，缺乏文化产业优化发展的多角度思维和软环境服务成为制约新型业态

涌现的瓶颈因素。同时，政府机构对创意产业的扶持、调控与导向政策，也往往因商业因素而被淡化、走样或降调。由于所有园区几乎都面临偿还银行贷款的压力，园区的投资者和运营者难以主动促进以园区为载体的创意产业链的形成。

3. 多重管制框架难以突破，体制性分割引发产业管制的非对称性

创意产业与其他相关产业之间的体制分隔及所造成的部门与行业的分离情形下资源分配的阻隔与不对称，是长期以来困扰上海创意产业发展的突出问题。具体表现为，在多重管制体制框架下，创意产业园区在利用城市文化资源方面存在的间隔，而其他相关产业如文化产业在运用创意产业成果方面也存在着类似的间隔。此外，在创意产业与其他相关产业的二次融合及业态创新的过程中，也不可避免地遇到相同的问题，最为突出的是发展成果的归属权问题等。

4. 文化创意滞后于科技创新，双引擎增长格局尚未形成

在上海创新型城市建设的总体部署中，创意产业的巨大功能尚未有效突显，尚未形成与科技创新并驾齐驱的格局。实际上，科技创新和文化创意是现代经济增长的双引擎，也是建设创新型城市的主要手段。前者是硬实力产业，后者是软实力产业，真正能发挥巨大能量的是由文化因素主导和科技含量有机融合的综合性创意产业。文化创意落后于科技创新的非均衡发展模式势必导致科技创新的成果转化存在体制性障碍。

5. 创意产业战略定位模糊，人才及人才的培育机制匮乏

上海各级政府和有关部门发展创意产业的积极性非常高涨，但在实践操作中，对创意产业的认识仅停留在产业层面，甚至把创意产业等同于一些新型产业或文化艺术类产业的简单组合，而未能从上海建设国际经济、金融、贸易和航运中心的战略高度与“创新驱动、转型发展”的本质内涵出发，准确把握创意产业对于扩大城市内需及城市功能转型的战略意义。此外，与巴黎、雅典、罗马等一些世界级

的文化中心相比，上海相对缺乏创意产业的创作人才与管理人才，在推进创意产业发展方面的产学研实践还不多，适宜创新型人才培育的氛围与机制仍有待进一步完善。

（二）深化政府机构职能改革，改变服务方式，加强创意产业的政策导向

1. 深化行政审批制度改革，加强规划引导和服务指导

政府主管部门要允许创意产业以多种模式并存，鼓励产业合作和多元投资，制定和完善包容性的城市创意产业发展规划。清理、减少、合并行政审批事项，实现审批内容、标准和程序的公开化、规范化。投资、工商、税务、质检、环保等部门要简化程序、提高效率，为创意企业设立、生产经营等提供便捷服务。创新现有的创意产业推广机制，设立跨部门的综合指导协调机制。在规划实施中要充分重视资源节约和效益优化的原则，避免“一窝蜂”和出现“空壳园区”的现象。政府应加大对创意产业多方面的扶持力度，大致可分为土地政策、商业发展及建立网络、协助融资和直接注资与投资基建和软件配套等。

2. 分阶段实施创意产业集群战略，构建合理的集群政策框架

市、区两级政府在创意产业集聚区规划上需要统筹协调，引导创意产业集聚区以市场为导向；深化集聚区之间的功能协作，鼓励和驱策集聚区的入驻企业“走出去”。在创意产业发展不同阶段上采取不同产业集群战略：一是在产业依赖阶段，市场规模有限，政府可直接参与创意产业市场；二是在产业萌芽阶段，虽然市场规模也比较有限，但独立创意机构开始发展，政府应当投入大量资源支持基础及公共建设；三是在产业新兴阶段，市场持续增长，文化产品需求显著提高，政府应仅作有限支持，为市场力量的兴起腾出空间；四是在产业成熟阶段，存在分工高度专业化的创意机构，文化产品可转售海外市场，此时，政府仅需要有限度的支持即可，不必过度干预市场运行。

3. 加强知识产权保护，搭建知识产权信息服务平台

政府有关部门应进一步建立健全地方性的知识产权政策法规，通过促进知识产权与区域经济、社会的结合，为创意产业的发展保驾护航。把重点放在对知识产权保护的执法力度上，严厉打击各种盗版、侵权行为，为创意产业发展营造一个健康、规范的良好环境；普及知识产权保护知识，在全社会形成一个尊重和重视知识产权的氛围；建设和完善知识产权信息库，建立知识产权信息服务平台向社会开放与服务的运行机制，加强知识产权信息服务平台与科技信息服务平台的相互支撑，促进创意产品的市场化；帮助企业树立品牌意识和知识产权保护意识，鼓励企业自主创新，在各区县或者创意产业园区设立专业的知识产权服务机构，为创意企业提供及时、专业的咨询、代理等各项法律服务。

4. 培育创意产业的紧缺人才、创新人才引进和保留的政策体系

创意产业是信息化背景下知识密集型的新兴产业，具有高知识性、高附加值、强融合性等特点，脱离了人才资源的创意产业寸步难行。为此，政府应当大力支持在高等院校设立创意产业的相关专业，重点培养一批创意研发设计、营销和经济管理等方面的人才；积极引进创意产业领军人物、设立创意产业奖等，为创意人才的成长与发展提供激励性措施；同时，在公租房、（人才）居住证、子女教育和医疗卫生等公共服务制度设计方面，也应当向优秀的创意人才有所倾斜，扫除创意人才工作的后顾之忧，为创意产业注入持续发展的公共服务制度保障。

（三）贯彻公平竞争、优胜劣汰的原则，培育创意产业的市场机制

1. 降低准入门槛、开放市场准入，激发市场活力

落实国家关于非公有资本、外资进入文化产业的有关规定，完善文化市场准入机制。根据创意产业不同类别，通过独资、合资和合作等途径，吸收社会资本和外资进入文化创意产业领域，参与国有文化

企业的股份制改造，形成以公有制为主体、多种所有制共同发展的创意产业格局。建立和完善以许可制度、备案制度、进口文化产品内容审查制度相结合的文化市场准入机制；规范实施创意产品的市场监管，加快文化创意产业各领域技术标准、服务标准和管理办法的制订、宣传和实施，提高创意产业的市场化程度。

2. 知识产权交易市场有序运行，增强科技成果转化功能

加强交易市场或机构的信息平台建设，活跃知识产权市场交易，营造市场发展的良好环境。开展知识产权质押、专利权质押、著作权质押等产权市场化运作，整合各类中介服务资源，发展技术中介、咨询、经纪、信息、知识产权和技术评估、风险（创业）投资、产权交易等中介服务机构，支撑知识产权交易活动。逐步形成以知识产权交易机构为主，产权代理机构、会计师事务所、律师事务所、风险（创业）投资公司、资产评估机构等相配套的服务体系和协调机制。

3. 建立多渠道投融资机制，发挥资本市场的导向功能

积极推进多层次资本市场体系建设，完善创意投资企业的投资退出机制。建立适应创意产品交易的多元化、多渠道投融资机制，积极发展创意风险投资，发挥政府创意风险投资引导基金作用，引导和鼓励民间资本投入创意企业的产权交易活动。创意投资企业可以通过股权上市转让、股权协议转让、被投资企业回购等途径，实现投资退出。引导创意基金发挥财政资金的杠杆放大效应，增加创意投资资本的供给，克服单纯通过市场配置创业投资资本的市场失灵问题，形成多层次创意产业投融资服务体系。支持市场开拓功能强、有自主品牌、有专利技术的创新型创意企业以及产品质量好、节能环保的中小创意企业的贷款担保需求，优先为有产品、有市场、有信用、符合产业政策的中小创意企业提供便捷快速贷款担保服务。

4. 培育以市场为导向的中介机构，发挥指导推进和服务功能

加快转变政府职能，将部分权力下放到中介组织，通过中介组织对创意产业进行引导。政府部门宏观指导创意产业发展，不干预创意企业生产经营活动。协会等中介机构作为加强和改善行业管理的重要支撑，积极发挥指导推进和服务职能。一是研究分析创意产业发展情况，帮助创意企业解决发展过程中的困难和问题；二是经常组织开展法律法规和创意产品业务知识的宣传、培训和咨询等活动，依法维护创意企业的合法权益；三是为创意企业提供信息、交流合作等服务，为创意产品发展提供智力支持；四是为创意企业提供战略设计、策划设计、调研分析、运作评估、市场评价、市场维护等多种服务，促进上海市创意产业的不断发展。

5. 完善创意产业链结构，强化上海创意产业的辐射、融合与创新功能

创意产业是科技、经济和文化多元素的结合。任何产业的长期发展无不依赖于资源的有效供应和市场的积极需求，在市场导向的前提下，健全创意产业同其他产业的相互渗透和依托的产业链结构，可以加快上海创意产业集聚区融入长江三角洲的产业结构调整与优化，面向国内现代服务业的市场需求，参与国际创意产业的市场竞争与合作，增强上海创意产业集聚区的跨地域辐射能力。

参考文献

雷新军等：《城市产业转型比较研究——上海市杨浦区与日本川崎市的产业转型经验》，上海人民出版社，2011。

周振华：《信息化与产业融合》，上海三联书店、上海人民出版社，2003。

冯叔君：《关于上海创意产业发展的战略思考》，《浦东开发》2010 年第 8 期。

姜小玲：《上海文化创意产业十年腾飞》，2011 年 4 月 1 日《解放日报》。

厉无畏：《大力发展文化创意产业》，2011 年 4 月 18 日《经济日报》。

厉无畏：《金融危机下的中国创意产业发展》，《社会科学研究》2010 年第 1 期。

王慧敏：《创意城市的创新理念、模式与路径》，《社会科学》2010 年第 11 期。

叶锋等：《从第三方支付到移动团购，转型催生新业态》，《半月谈》2011 年第 12 期。

B.12
上海民营企业发展瓶颈与发展环境研究

李双金　徐 琳*

摘　要：“十一五”时期，上海民营经济①得到了持续、快速、全面的发展，并逐步形成了都市型、广域性和国际化的三大特征，为上海城市转型提供了重要支撑。民营企业无疑是最具活力和创新潜力的市场主体，已成为当前上海发展高端服务业和战略性新兴产业的重要力量。但是受到土地资源、商务成本以及国内外宏观经济形势的制约，上海民营经济的发展面临一些新的问题和困难。“十二五”时期，上海民营经济的发展环境能否进一步优化，不仅直接关系到民营企业自身的发展，更关系到上海经济发展方式转变、产业结构调整、民生改善与社会和谐等重大问题。

关键词：上海　民营企业　发展瓶颈　发展环境

一　上海民营企业发展的现状、特点与瓶颈

“十一五”以来，伴随上海国际化大都市建设的不断深入，上海

* 李双金，上海社会科学院经济研究所助理研究员，经济学博士，主要研究方向为微观经济、企业发展等；徐琳，上海社会科学院经济研究所助理研究员，经济学博士，主要研究方向为中国经济思想史。

① 民营是相对国营而言的概念，私营则是所有制的概念。广义上讲，民营企业包括个体、私营、有限责任公司、股份有限公司等多种形态的企业；私营企业在广义上已经被人们约定俗成地认为是民营企业最主要的组成部分。民营更多的只是一种学术理论上的提法，在工商、税务等部门并没有民营的统计口径。这是本文在一些地方采用私营及个体的相关数据来描述民营企业状况的主要原因。

民营经济已逐步从量的扩张向质的提升阶段转变，开始由行业拓展向结构完善、由规模扩张向能级提升，由依赖资源消耗和低成本向依赖智力、技术和经营模式创新转变。2011 年是“十二五”的开局之年，上海民营经济转型发展的效果得到了初步显现。在全球金融危机和 2010 年下半年以来国内经济形势不断紧缩的情况下，上海民营企业表现出较好的抗风险能力，转型提升实践继续深入，进一步缩小了与江苏、浙江等地民营经济的差距。

2010 年，在全市生产总值中，私营及个体经济增加值 4060.29 亿元，比上年同期增长 10.3%，占全市生产总值的比重达到 24.1%。私营企业完成出口 228.05 亿美元，同比增长 31%，高于国有企业、外商及港澳台投资企业的出口增幅。全年经工商登记新设立的企业中，私营企业 11.46 万户，增长 16.3%，占新设立企业总数的 94.8%；私营企业总数占全部企业数的八成以上；私营企业从业人员超过全市法人单位从业人员的四成。[①] 截至 2011 年 9 月份，上海私营企业户数已达到 75.61 万户，超过全市企业总数的八成；注册资本 17058.61 亿元，接近全市注册资本总额的四成。[②] 民营经济已成为促进增长、稳定就业、推动上海经济社会持续健康发展的重要力量。

（一）上海民营企业发展现状

1. 规模和总量增长势头放缓，规模扩大由劳动力投入为主逐渐向资本投入为主转变

2006～2010 年，全市私营企业数量的年增幅分别为 6.9%、-1.5%、5.3%、8%、12%，与“十五”时期年均超过 25% 的增幅相比，增幅明显下降；注册资本五年的增幅分别为 7.6%、11.6%、14.7%、

① 上海市统计局：《2010 年上海市国民经济和社会发展统计公报》，上海统计网。

② 上海市工商行政管理局：《2011 年 9 月基本业务统计数据》，上海市工商行政管理局网站。

15.6%、25.5%，明显低于“十五”时期年均40%的增幅。从业人员的增幅也大幅下降。[①] 但是在私营企业数量、注册资本、从业人数等指标增速出现较大幅度回落的同时，私营企业生产总值以及税收总额的增速仍然保持与“十五”时期相近的幅度。2006～2010年，全市私营个体经济生产总值年均增长20%，上缴税收年均增长超过15%。[②] 也就是说，私营企业的规模性指标增幅下降，但与产出相关的指标增幅仍在上升，一定程度上表明私营企业规模的扩大正逐渐由劳动力投入为主向资本投入为主转变。

2. 行业分布日益广泛，现代服务业特别是新型的细分服务业发展迅速

上海民营企业的行业分布日益广泛，已经涉足除石油和天然气开采业、烟草制品业、管道运输业、银行业等国家垄断性行业外的绝大多数行业。上海市第二次经济普查数据显示，在国民经济行业分类的349个小类行业中，私营经济进入了332个，占总数的95%左右，比第一次经济普查提高了近5个百分点。

在产业结构上，民营制造业企业户数相对稳定甚至有所减少，占全市民营企业总户数的比重逐步下降，民营服务业企业的比例进一步上升。上海市第二次经济普查数据显示，2008年年末全市私营企业中从事第三产业的企业占企业户数总量的76.4%，注册资本的70%，从业人数的62.6%，生产总值的58%。现代服务业等新兴行业发展迅速，在本市航运、物流、中介服务、信息服务等九大重点服务行业中，有6个行业的私营经济单位数占到本行业单位总数的80%左右。科技型企业、信息服务企业、新型商务服务企业、文化创意企业和公共服务企业等新兴业态、新型细分服务业出现较快发展，涌现出一批

---

① 根据上海市工商局历年业务统计数据计算而得。

② 上海市统计局：《上海统计年鉴》，中国统计出版社，2006～2010。

领衔企业，如“中国彭博”万得、视觉设计“水晶石”、艾瑞互联网咨询、新联纬讯等。

3. 郊区成为制造类企业的主要集聚区，中心城区服务类企业的经营效益较好

近年来，上海民营企业加速向郊区发展，加速向产业园区集聚，“园区经济”成为上海民营经济发展的亮点。上海民营企业中郊区企业数占企业总数的比重一直保持在70%以上，并且70%以上的企业集中在各类开发区。民营企业已经成为上海各郊县经济发展的主要力量。目前浦东、闵行、宝山、嘉定4个近郊区私营企业数占全市私营企业总数的40%左右，金山、松江、青浦、奉贤、崇明等5个远郊区县所占比重大约为45%，中心区所占比重大致维持在15%左右。企业绩效方面，2008年中心城区私营企业的户均全年营业收入和户均注册资本分别为1107.39万元和220.2万元，远高于郊区的592.02万元和165.6万元，说明中心城区企业的经营效益较好。上海市工商联2004年以来关于上规模民营企业的调研资料也显示，中心城区企业无论是在营业收入、资产总额、净利润还是缴税额上都领先于郊区企业，但是郊区企业的总户数更多。因此从户均指标上看，中心城区企业的效益更好。这与郊区以制造类企业为主，中心城区以服务型企业为主的格局密切相关。

4. 企业综合实力不断增强，企业管理更加规范

经过十多年的快速发展，上海民营企业的总体实力不断增强，上规模、集团化的大企业迅速增多，涌现出一批领衔行业，也出现了如上海复星集团这样规模大、实力强、行业跨度合理，资源、市场广域性和国际化运作的全国知名民营企业。2004～2010年，营业收入在1.2亿元以上，自愿参与市工商联上规模会员企业调研的企业数基本上保持逐年上升的态势，从最初的250多家增加到目前的380多家，其中营业收入超过5亿元的企业超过120家，超过10亿元的大企业

达到65家，分别比上一年增加了26户和13户。

在企业管理方面，越来越多的民营企业朝着现代企业制度方向转变，企业治理结构趋向合理，管理手段更加规范。以2010年接受调研的上规模民营企业为例，目前超过90%的企业表示企业的重大事项由股东大会和董事会决策；企业大多比较重视企业文化建设和员工权益保护，70%以上的企业建立了党委和工会，65%以上的企业员工有养老和医疗保险。上规模民营企业还较为重视信息化建设，超过60%的企业采用了供应链管理（SCM）系统，40%左右的企业实施了企业资源规划（ERP），实施人力资源管理（HRM）、客户关系管理（CRM）、办公自动化系统（OA）的企业比重分别约为30%、21%和21%。[①]

（二）上海民营企业发展的主要特点

进入21世纪以来，经过十多年的持续快速发展，结合上海国际大都市的城市功能定位，上海民营经济逐步形成了都市型、广域性和国际化的整体特征。金融危机以后，受上海市土地资源紧张、商务成本居高不下的限制，上海民营企业较早开始了转型提升的实践，积极探索经济新业态新模式，不断提升技术创新水平，使科技型企业发展迅速，品牌建设成绩显著。

上海民营企业的都市型特征是指上海大都市的各类要素资源充分，产业基础雄厚，为民营经济渗入各行各业及相关产业链提供了有利条件。近年来，除传统的制造业和服务业外，民营企业在科技、创意、信息、商务和中介等新型都市型服务业增长迅速。此外，民营企业在大力发展新型服务业的同时，都市型工业的发展也十分迅速，都市工业园区会聚了大量创新型、精新特型民营企业，与郊区制造型工

① 上海市工商联等主编《上海民营经济（2011）》，上海财经大学出版社，2011。

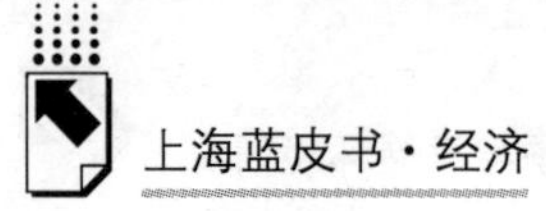

业企业形成功能和结构上的互补。

广域性主要是指投资主体和经营要素的广域性分布。上海民营企业的投资主体不仅来自本地和长三角地区，全国各省市在沪投资的民营企业都具有一定的规模和数量。上海城市的吸引力还会聚起全国各地的人才和资源要素，为民营企业探索新的经营业态和模式奠定了基础。此外，出于控制经营成本和扩展市场的考虑，一些民营企业将上海的生产基地转移到其他省市，拓展了上海民营企业的区域影响力，增强了各区域之间的经济联系。

国际化的具体体现包括企业的经营要素和主要业务同国际市场的联系日益紧密，民营企业对外投资和海外上市步伐加速，它们利用国际资本和国际市场的能力明显增强。越来越多的海归人士回国创业，并优先选择落户上海，提升了上海民营企业的发展层次和水平。

相对于都市型、广域性和国际化的整体特征，面对国际国内形势的复杂变化，上海民营企业较早开始了转型提升实践，并呈现出以下特点。

1. 科技型民营企业发展迅速，已成为高新技术产业和战略性新兴产业发展的重要力量

“十一五”以来，在上海经济持续快速增长的带动下以及本市科教兴市、科技小巨人等工程的持续引领下，科技型民营企业发展迅速，上海民营经济的整体技术创新水平不断提升，已成为自主创新、高新技术产业化的重要生力军。目前，全市科技型私营企业已超过5万户。《2009上海高新技术成果转化年度报告》显示，2009年上海市认定高新技术成果转化项目791项，其中属于民营企业的460项，占认定项目总数的58.1%。截至2010年年底，在跟踪统计的2574家高新技术成果转化项目承担企业中，民营企业有1347家，占52.33%，远高于国有企业8.24%、三资企业11.03%的比重，民营企业（主要是科技型民营企业）已成为承担高新技术成果转化项目

的主力军。① 据不完全统计，截至2010年年底，上海科技型中小企业已经获得专利620项，其中发明专利授权218项，超过半数的企业获得ISO认证。②

2009年以来，上海市出台了多项促进高新技术产业以及战略性新兴产业发展的政策条例，进一步激发了民营科技型企业的创业热情，民营企业不断拓展产业领域，越来越多地向新能源、新材料、生物医药、环保节能、新能源汽车等领域拓展，并出现一批领先企业，如超日太阳能、瑞华、奥威科技、微创等。

2. 积极探索经济新业态新模式，经营风格较稳健

在商业模式创新上，上海民营企业较早采用了连锁经营、品牌特许、渠道购并等新型运营方式，充分显现了民营企业的活力。为积极应对上海的高商务成本环境，民营企业注重整合利用各类资源，通过信息化、互联网技术，实现新技术与新模式的结合，如春宇供应链管理公司、快钱支付清算信息有限公司、新蛋网等。在互联网信息技术的刺激和支撑下，大批企业尤其是电子商务企业瞄准细分行业的增值服务空间，采取创新的盈利模式，实现了快速发展。例如上海易贸集团从为大宗商品交易企业提供价格信息服务起步，不断完善其网上电子交易系统，目前已经发展为一家以促进大宗商品交易为宗旨，提供价格咨询、现货买卖、物流配送、融资培训等一系列服务在内的交易平台服务商。上海华燕置业有限公司自主研发了房地产交易信息服务平台“房盟中国”，打通了房产流通服务与金融服务的价值链条，实现了企业价值的提升。

在经营理念和风格上，受上海海派文化务实求精精神的影响，上海民营企业普遍经营理念稳妥，经营状况稳健，资产负债率合理。

---

① 上海市高新技术成果转化中心：《2010年上海高新技术成果转化年报：企业篇》，上海科技成果转化网，2011年7月26日。

② 上海市高新技术成果转化服务中心：《2010年度上海科技创新政策报告》，2011，第37页。

2009年国际金融危机期间，上海民营企业陷入严重经营危机的情况很少。2011年上半年，在广东浙江等地民营企业出现较大面积亏损甚至破产倒闭的形势下，上海民营企业尽管也承受着较大压力，但是总体情况好于广东浙江等地。

3. 品牌意识较强，品牌建设成绩显著

品牌是企业竞争力的重要表现。上海民营企业拥有的全国驰名商标和上海市著名商标，已经不再被传统的工业和服务产品所独享，其涵盖面已经延伸至包括生产资料、高新技术产品、金融服务、房地产、运输、电信、教育文化、农产品等诸多行业。2010年3月，在本市第14批116个新认定的上海市著名商标中，属于民营企业的有52件，约占总数的44.83%，数量超过国有企业和外资企业。2011第15批79件新认定的上海市著名商标中，民营企业占比超过一半。而在国家工商总局2010年新认定的中国驰名商标中，继"凯泉"和"连成泵业"、"上线"和"索谷"电缆、"携程"旅行网、"盛大"和"九游网"、"绿地"房地产之后，"小南国"、"清美"、"佳洁快运"等品牌又名列其中，显示出民营企业对品牌建设投资的重视。上海民营企业的品牌建设成果，从一个侧面反映了民营经济在上海的影响力和重要性正在不断增强。

（三）上海民营企业发展面临的主要瓶颈

尽管民营企业近年来一直保持着较好的发展势头，但是受本市商务成本不断提升，土地等资源供需矛盾突出，环保压力加大，国内外经济形势不确定性增大等因素影响，民营企业发展中的瓶颈和深层次矛盾开始显现。尤其是国际金融危机后国际国内经济格局发生了深刻变化，低碳、新能源、新材料、环保节能等新产业以及依托信息技术和互联网的新商业模式不断涌现，对成长中的民营企业提出了新的要求，形成了新的环境约束。相比于国有和外资经济，上海民营经济的

发展主要是市场化以及自发性扩张的结果，政府的扶助政策和手段显得不足、整体发展缺乏统一的规划和引领，因此面临进一步发展的诸多瓶颈。

1. 进入机会不公平，资源分配和占有不平等

尽管国家出台了《关于鼓励和引导民间投资健康发展的若干意义》（简称新36条），但是在实际政策操作中民营企业仍然面临着种种机会不公平，在市场准入和政府采购中存在“玻璃幕墙”现象，在重化工、金融领域和部分高新技术产业存在歧视民营企业的现象。在获取政府财政资金方面，政府往往以支柱行业或国有企业为参照对象制定扶持政策，较少考虑民营企业的发展状况，以致民营企业的实际受益面有限，帮扶成为点缀化，并且更多地倾向于一些大型民营企业，难以照顾到量大面广的众多中小微型企业。而在一些关键性要素资源的分配和占有上，民营企业也明显处于不利地位。市场配置资源的基础作用仍受行政力量左右，民营经济的经济贡献与其资源占有状况不相匹配。资源分配和占有不平等的最突出表现就是，与国有企业相比，民营企业尤其是中小型民营企业普遍面临着融资难题。尤其是在信贷紧缩的宏观形势下，民营企业不仅贷款成本进一步增加，贷款门槛也进一步提高。融资难已成为制约民营企业发展的主要瓶颈之一。

2. 规模大、实力强的民营企业偏少，产业结构不平衡

从某种程度上讲，上海民营经济事实上一直处于夹缝中生存的状态，即在国有和外资的夹缝中生存，在江苏、浙江的民营经济的夹缝中生存。因此，民营企业的整体发展仍然很不充分，规模大、实力强、品牌响的民营企业偏少，资本实力较强的企业多集中于房地产领域，在金融、航运、重大装备制造等资本和技术密集行业，民营经济的功能还很弱，对上海“四个中心”建设的支撑力不够。全国工商联公布的2010年全国民营企业500强中，上海企业仅有19家，排名前100的企业仅5家，上海民营经济在全国的整体地位还很低下。

2011年民营企业500强中，前10位没有一家上海企业，排名最前的是东方希望集团有限公司，排第19位，前100位仍然只有5家上海企业。民营经济的整体水平偏低与上海全国经济中心的地位极不相符，民营企业发展的不充分将在很大程度上制约未来上海经济的创新与转型发展。

此外，上海民营企业的产业结构和产业发展水平不平衡，传统产业比重较高、增长潜力低，而体现民营经济特点、富于发展潜力的高新技术产业、新兴产业和新型服务业尽管增速较快，但权重还很有限，尚未形成明显的竞争优势，其创新活力在相当一部分行业尚未充分挖掘。产业发展的不平衡还表现在区县分布及集聚状况的不平衡，“郊区发达、市区薄弱”，园区集聚度高但是产业链集聚度低的状况没有明显改观。在2011年8月发布的上海民营经济100强中，制造业的比重远高于服务业比重，但是全市服务业50强企业的经营效率明显高于制造业50强企业。50家服务业企业的人均利润10.2万元、人均纳税总额9万元、利润增长率80.3%，明显高于50家制造业企业，这表明上海民营企业在服务业领域具有更大的比较优势，需要进一步形成以服务业为主的产业结构。①

3. 政府管理和服务的体制机制不适应民营企业的发展特点

从政府管理的观念和认识上看，一些部门对民营经济的作用仍简单地定位为就业、税收和生产总值等方面，对于民营经济在增强城市活力和创新动力，促进产业结构调整和发展方式转变，推动新兴行业、新型业态发展等方面的作用和潜能认识不足，重视不够。从政府的管理机制上看，政府仍然习惯于主要针对大工业、大企业和大项目，不适应量大面广、新型业态不断增多、诉求差异较大的民营企业。从服务体系上看，一方面针对民营企业的服务组织载体不完善，

① 姜云起、陈玺撼：《上海民企百强去年创收逾4000亿》，2011年8月19日《解放日报》。

功能不健全，公共服务平台的建设滞后，针对民营企业的服务不够，另一方面社会化、市场化的服务体系不健全，中介组织自身的发育还不完善，为民营企业提供服务的办法不多、能力有限。

4. 专业性人才短缺，土地使用日益受限

伴随新兴行业新型业态的不断发展，民营企业不仅面临着一般的管理型、技术型人才的短缺，更面临着交叉型、复合型专业人才的短缺。近年来，上海的生活成本、商务成本不断攀升，高端人才引进的难度加大，人才外流的现象也开始增多。而受人才引进的户籍制度等因素的影响，民营企业在吸引人才留住人才上处于绝对的劣势地位，极大地影响了民营企业的转型发展。

在土地使用方面，一方面土地使用成本不断增加，厂房办公用地的租金上涨，另一方面企业获批新的用地十分困难。土地使用的“招拍挂”意味着价高者得，这使得一些急需产业用地而资金实力不足的民营企业无法获得发展用地，部分土地最终落至房地产开发企业手中。一些区县实行的定向“招拍挂”制度由于定向比例偏低，仍然难以满足企业的用地需求。此外，一些产业外迁的企业希望继续保留上海的基地，通过发展生产性服务业来加强上海总部建设，却因为与政府的产业用地规划不符而难以继续获得土地使用权。人才短缺和土地使用受限极大地制约了上海民营企业的转型提升和发展。

二　上海民营经济发展环境分析

民营企业作为充满竞争活力的市场主体、最活跃的创新主力军和上海经济转型的重要推动力，将在“十二五”时期上海实现“创新驱动、转型发展”中发挥不可替代的作用。2011 年以来，国内外经济形势出现变化，国内货币政策趋紧，人民币升值、原材料价格攀升，用工、融资成本增加等因素使国内企业的生存压力骤增。虽然上海民营企业尚未出现“倒闭潮”等极端情况，但整体发展环境依然堪忧，企业赢利能力出现下降。

（一）产业发展不平衡，政策环境尚需优化

“十一五”以来，上海大力实施产业结构调整，重点发展先进制造业和现代服务业的意图越来越清晰，促进高新技术产业和战略性新兴产业发展的政策措施相继出台，一方面为民营企业的转型提升奠定了较为坚实的基础；但另一方面由于现行产业政策主要是依据发展制造业、适应国有大型企业的要求制定的，而民营企业则大多集中在二三产业融合的新兴行业和新型业态之中。例如按户数统计，2010 年上海私营企业中“三二一”产业分布比重分别是 79.1%、20.6% 和 0.3%。[①] 这导致相关政策措施对民营企业的影响力相对有限。

目前，民营企业转型提升并涉足战略性新兴产业和高新技术产业，将成为实现“十二五”期间“创新驱动、转型发展”目标的重要推动力量，也需要政府从产业发展及具体政策层面给予更多的关注与扶持。数据显示，2008 年年末，上海航运、物流、中介服务、信息服务等九大重点服务行业中，有 6 个行业的私营经济单位数占到本行业单位总数的 80% 左右，而在全市认定的高新技术企业和高新技术转化项目中，私营企业所占比重都在 70% 左右。[②] 近年来，上海市出台了《关于促进本市金融中介服务业发展的若干意见》、《鼓励中小企业参与上海国际航运中心的实施细则》、《上海市服务贸易发展专项资金使用和管理试行办法》等，鼓励中小企业参与“四个中心”建设；制定并发布了《2010 年度上海市高新技术产业化项目指南》、《关于加快推进上海高新技术产业化的实施意见》，支持中小企业发

① 上海市发展和改革委员会：《2010 年上海民营经济发展报告》，第 8 页。

② 上海市工商业联合会等主编《上海民营经济（2010）》，上海财经大学出版社，2010，第 38 页。

展高新技术产业。这些政策以推动中小企业加快转型和产业升级为目标，在一定程度上改善了民营企业的产业发展环境（见表1）。

表1　2010～2011年上半年上海市促进中小企业发展的主要政策

序号	发文部门	文件名称	发文时间
1	市政府	《贯彻国务院关于进一步促进中小企业发展若干意见的实施意见》	2010.4
2	市政府办公厅	《关于成立上海市促进中小企业发展工作领导小组通知》	2010.5
3	市财政局、市经济和信息化委员会	《关于开展中小企业应用电子商务平台试点工作的通知》	2010.6
4	市政府办公厅	《关于本市加快融资性担保行业发展进一步支持和服务中小企业融资的若干意见》	2010.8
5	市商务委、市财政局	《上海市中小企业国际市场开拓资金管理实施办法》	2010.9
6	市政府办公厅	《关于推进本市中小企业上市工作的实施意见》	2010.9
7	市财政局、市经济和信息化委员会	《上海市地方特色产业中小企业发展资金管理操作办法》	2010.9
8	市科学技术委员会、市金融服务办公室	《关于试点科技型中小企业短期贷款履约保证保险工作的通知》	2010.10
9	市政府	《上海市创业投资引导基金管理暂行办法》	2010.10
10	市经济和信息化委员会、市财政局	《上海市中小企业发展专项资金管理办法》	2010.11
11	市财政局、市金融服务办公室、市人力资源和社会保障局	《关于完善小额贷款利息补贴工作的实施意见》	2010.12
12	市经济和信息化委员会等11个部门	《关于加快促进"专精特新"中小企业创新驱动、转型发展的意见》	2011.4
13	市人大常务委员会通过	《上海市促进中小企业发展条例》	2011.6

资料来源：根据上海市政府、市促进中小企业发展协调办公室、市经济和信息化委员会等相关文件整理。

这些已经出台的政策主要是针对前一阶段民营经济发展情况，体现在民营企业发展的面上问题。目前国内外经济形势已经出现新的变化，急需出台改善民营企业生存环境、解决实际困难的细化政策。此外，税收政策作为影响企业发展的重要因素，如营业税征收导致重复征税等，也极大地影响了服务业的经营主体——中小企业的收益。

（二）融资难现象突出，金融环境亟待改善

调研显示，民营企业对目前的融资服务环境有着强烈的改善需求。融资难问题作为长期以来制约民营企业发展的重要因素，上海市工商联的调查显示，自有资金一直是本市民营企业经营投资的最主要资金来源。2004 年至今，以自有资金为企业资金主要来源的企业比重一直在 60% 以上，2008 年这一比重曾经接近 80%。目前，在企业员工工资上升，社保成本增加、原材料涨价等因素的影响下，民营企业的利润空间进一步缩减，企业可用于转型发展的自有资金减少，有的企业甚至处于资金链断裂的边缘。

2010 年下半年以来，随着银行存款准备金率和利率的不断增加，民营企业获得银行贷款的难度加大，贷款成本进一步增加。银行贷款的审批放款周期明显拉长，利率上浮的幅度加大。据上海市工商联 2011 年上半年的调查显示，超过 40% 的企业反映当前比以前更难获得银行贷款，只有不到 8% 的企业认为比较容易获得银行贷款。而在获得银行贷款的企业中，贷款利率上浮 10% ~20% 的企业比重接近 1/4，上浮 30% ~50% 的比重接近 10%。在直接融资方面，尽管上海民营企业上市融资的意愿不断增强，中小企业改制上市扶持政策也陆续出台，但仍然只有极少数企业能够最终实现上市融资（见表 2）。融资难依然是民营企业投资扩张面临的主要瓶颈之一。从近年来的上市企业来看，在主板上市的企业大多来自央企，在中小板上市的企业中，以浙江、江苏、山东为多，在创业板上市的企业中，以北京、深圳、浙江为多。

表2　上海民营企业上市融资情况（截至2011年7月）

上市板块	企业数	累计募集资金(亿元)	部分上市企业名录
主板	2	45.47	大智慧、广电电气
中小企业板	24	159.09	科华生物、思源电气、威尔泰、中国海诚、美邦服饰、摩恩电气、徐家汇、上海绿新、百润股份等
创业板	19	131.96	上海佳豪、上海凯宝、东方财富、万达信息、锐奇股份、东富龙、华峰超纤、金力泰、上海钢联、永利带业、天玑科技等
小　计	45	336.52	
境外上市(美国)	33	不详	世纪佳缘、盛大游戏、汉庭、分众传媒、携程、如家、橡果国际、挪宝新能源、土豆、中国精密带钢、BCD半导体、前程无忧、晶澳太阳能、双威教育、淘米等
总　计	78		

资料来源：根据中国证券监督管理委员会网站及相关企业资料等整理。

（三）通胀压力依然较大，生产环境日益严峻

国家统计局公布的数据显示，9月份全国居民消费价格总水平（CPI）同比上涨6.1%。食品依然是各类商品中价格涨幅最大的类别，同比上涨13.4%。虽然9月份的CPI有所回跌，但实际效应未必明显，下阶段通胀压力依然较大。物价不断走高一方面导致企业用工生产成本增加，同时逼迫国家货币政策持续收紧，也使企业融资成本增加。2010年以来，上海市职工工资平均同比上浮10%～20%；从2011年4月1日起，上海市月最低工资标准上调14%，7月1日起，上海市外来员工“综保”将逐步转为“城保”①，这些都进一步增加

① 综保即综合保险，包括工伤保险、住院医疗、老年补助等三项待遇；城保指城镇职工基本养老保险。

了企业用工成本。在上海市工商联对300家受访的民营企业问卷调查中，有77%的企业认为劳动力成本增加将影响企业经营状况。而在劳动密集型的纺织服装行业中，近八成受访企业认为劳动力成本增加影响企业经营状况。

2011年上半年，国内PPI指数、原材料工业价格指数、生产资料价格指数节节上升，加重了企业生产经营的成本负担。62%的受访企业认为原材料价格上涨是影响企业经营状况的主要原因。从去年下半年以来，棉纱价格大涨，给纺织服装行业带来不小的压力。从纺织服装行业的问卷调查来看，近八成企业认为原材料价格上涨是影响企业经营状况的主要原因。

（四）世界经济复苏前景不明，出口环境不容乐观

2008年国际金融危机以来，国际市场竞争渐趋激烈，各国贸易保护主义倾向日益加深，部分发达国家在众多领域大范围地对中国实施贸易调查与贸易制裁。此外，受美债、欧债危机的影响，国外经济形势不确定因素进一步增加，全球经济有可能二次探底，国外市场需求有所下降。而人民币升值则直接影响到我国出口产品的价格竞争力。同时以资源、劳动力、资金等生产要素成本的增加正逐步降低出口企业利润。

2011年以来，人民币对美元升值已超过3.1%，影响了大部分出口企业的利润。从上半年市工商联的问卷调查情况来看，两成企业认为人民币升值是影响其经营状况的主要原因，其中对劳动密集型行业的影响更大。从纺织服装行业的问卷调查来看，有一半以上的企业出口下降是受此影响。在人民币对美元升值的承受程度上，仅三成多的受访企业表示可以承受1美元兑换6.3~6.1元人民币的汇率水平。2011年1~9月份，上海市私营企业出口商品总额为227.5亿美元，同期增长37.9%（见表3），占全市出口商品总额比

重14.71%，私营企业出口总额增幅均高于同期国有企业及外商投资企业。①

表3 2011年9月份上海市私营企业进出口商品总额

单位：亿美元，%

指　标	9月	比去年同月增长	1~9月	比去年同期增长
进口总额	25.41	40	192.98	31.5
出口总额	27.09	29.5	227.5	37.9

资料来源：上海市统计局2011年月度数据。

从2011年1~9月份的月度数据来看，私营企业出口增速已逐月回落（见图1）。7月份私营企业出口环比增长16.4%，但8月份和9月份出口增速逐月回落的趋势较为明显，出口企业经营状况和经营环境不容乐观。

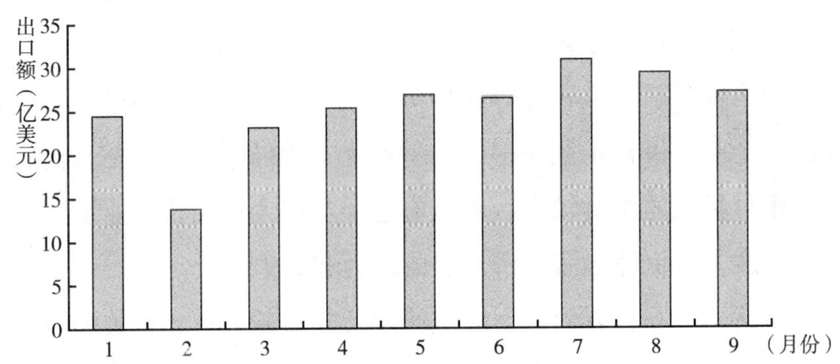

图1 2011年1~9月上海私营企业出口商品总额

资料来源：根据上海统计局月度数据整理所得。

（五）创新意识进一步提升，创新环境有所改善

从创新资金支持、创新平台服务以及城市创新文化建设等方面

① 上海市统计局2011年月度数据。

看，近年来上海民营企业的创新环境有所改善，企业的创新意识进一步提升，政府的创新资金扶持力度加大，但是在公共创新平台建设以及创新文化方面仍有较大的改善空间。

在创新资金扶持方面，2000 年起市政府设立了上海市科技型中小企业技术创新资金，每年拨款 5000 万元（2009 年增至 2.5 亿元），支持中小企业的科技创新，并以此为引导通过专门机构帮助民营中小企业争取国家创新基金，缓解科技型中小企业创新的资金瓶颈。2006 年，市科委会同市经委启动了“科技小巨人工程”。2006～2010 年，支持科技小巨人企业和小巨人培育企业的市级财政资助从 0.8 亿元增长至 1.58 亿元，增长了近一倍。区级财政支持经费也有较大幅度的增长。2010 年，上海市共认定科技小巨人企业 34 家，科技小巨人培育企业 107 家，市级财政资助 1.58 亿元，区县级支持经费达 3.6 亿元。五年来，上海已涌现出科技小巨人企业 134 家，小巨人培育企业 458 家，市区两级政府支持经费达 13.23 亿元，培育了包括新时达、凯泉泵业、神开、海隆软件等在内的一批行业创新龙头企业。[①] 但是相比国有企业，民营企业获得的创新资金支持仍显不足，并且民营企业获取银行贷款的难度较大，政府应进一步加大对民营企业创新的财政支持力度，以保障上海经济发展的活力和动力。

在创新平台服务方面，上海以研发公共服务平台、科技创业投融资平台、知识产权服务平台、专业技术服务平台为主要内容的创新支持体系发展迅速，并开展了针对中小企业的服务项目。截至 2010 年年底，“长三角大仪网”已经集聚区域内 884 家单位的 9206 台（套）科学仪器加盟，比 2008 年增长了 67.8%；服务民生工程 5117 项，服务省部级科技计划 3855 项，服务国家重大工程 894 项；跨区域的仪

① 上海市高新技术成果转化服务中心编《2010 年度上海科技创新政策报告》，2011，第 33 页。

器设施服务量超过2.3万次，比2008年增长了56.5%。使用大型仪器设施的用户90%为中小企业，2010年还对中小企业平台用户实施补贴制度，2010年共补贴699.14万元，涉及443家中小企业、88家服务单位的489台仪器，使用各类服务项目1300次，比2009年增长37.5%。[①] 在专业技术服务支持方面，针对中小企业的创新创业需求，上海构建了78个专业技术服务平台。例如上海生物医药产业公共服务平台的建立，集聚并促进了一批民营中小企业的创新发展，仅在张江地区就集中了大约250多家各类生物技术中小企业，中信国健、微创医疗、迪赛诺、艾力斯、美迪西等一批充满创新活力的生物医药企业迅速成长。由于民营企业量大面广，如何进一步针对民营企业的差异性需求，以中小企业为主要对象，提供实质性帮扶，充分调动民营企业的创新积极性，是各类创新平台今后的工作重点。

在创新文化建设方面，上海已在全市各行业各领域推动了关于创新的广泛讨论，形成了“创新驱动、转型发展”的思想共识，鼓励创新的文化氛围初步形成，但是距宽容失败、成果共享的包容性创新文化还有较大差距，需要在海纳百川的上海城市文化中进一步孕育。在社会氛围方面，上海的“白领”文化较为兴盛，企业界奉行谨慎稳健的经营理念，媒体对具有开拓创新精神的企业和企业家的宣传仍显不足。

综上所述，目前上海民营企业发展的政策性障碍尚未完全消除，在部分垄断行业以及公益性领域的市场准入方面仍存在限制。在现有银行信贷收紧情况下，民营企业融资难现象进一步显现，一是贷款成本提高，二是贷款审批周期延长，民营企业金融服务环境亟待改善。在CPI持续走高的情况下，通胀压力依然较大，企业生产环境日益严

① 上海市高新技术成果转化服务中心编《2010年度上海科技创新政策报告》，2011，第56~57页。

峻，赢利能力有所下降。受美债、欧债危机的影响，国外经济形势不确定因素进一步增加，全球经济有可能二次探底，使企业出口环境不容乐观。上海民营企业的创新环境有所改善，政府的创新资金扶持力度也有所加大，但是在公共创新平台建设以及创新文化方面仍有较大的改善空间。

就下一阶段的形势分析，国家将继续实行稳健或趋紧的货币政策，中小企业融资难现象将更突出，成本上升、需求下降等不利因素使民营企业的整体经营环境更趋复杂，整体发展环境需继续改善。上海民营企业发展将出现分化，优势企业将继续保持快速发展的良好态势，均势企业盈利空间进一步压缩，小微型企业生存压力加大。

三　优化民企发展环境，促进民企转型提升的对策建议

上海“十二五”发展所面临的国内国际环境区别于之前世界经济快速发展的“繁荣机遇期”，将要进入全新的“转型机遇期”；原有以固定资产投资为主，过多依赖土地、资源投入，偏重出口导向的粗放式发展模式难以为继，转变发展方式、实施产业结构调整的问题日益严峻和紧迫。作为实施转型提升的市场主体、发展新兴产业的重要力量、启动社会投资的主要载体——民营企业应成为“十二五”乃至今后更长时间内推动上海经济转型提升、保持经济较快增长的重要力量。根据上海建设“四个中心”、加快推进“四个率先”和现代化国际大都市的要求，在坚持“两个毫不动摇”的前提下，应努力实现国资、外资、民资融合发展，把大力发展民营经济放在十分重要的位置，充分认识和发挥民营经济的潜能和作用，营造适应上海民营经济发展提升的综合环境，着力改善民营经济发展的软环境。

（一）转变政府职能与管理体制，完善促进民营企业发展的服务平台

以完善市场经济体制和改革行政管理体制为突破口，着力破除行政壁垒，转变政府职能与管理体制，进一步增强“十二五”民营企业发展的组织保障、扶持体系和服务效能。根据新形势、新环境下民营企业的诉求及其变化，相对聚焦民营企业发展转型提升中面临的困难和障碍。梳理现有的与服务业相关政策，改变不适应新兴行业发展和企业创新转型的工商管理、税收管理等规制，在现有国民经济行业分类标准中增加新兴行业分类目录或设立目录外行业，放宽新设企业登记经营名称和范围的核准条件。

优化整合各类现有资源，继续建立和完善能为民营企业办实事、解决实际问题的融资服务平台、创新服务平台、投资服务平台，进一步完善和优化为非公经济提供良好服务的中介服务体系。加强民营经济服务平台建设，坚持“政府引导，市场运作”的原则，充分利用现有资源，加强信息网络、技术支持、认证认可、沟通交流等服务平台建设。鼓励服务组织和机构的发展，支持创业辅导、投融资、市场开拓、技术支持、认证服务、信息咨询、人才培训、司法援助等各类综合服务组织和专业服务组织的发展。集中政府、科研机构、企业、社会中介等各方要素资源供给，完善促进民营企业转型提升的一系列公共服务平台。

（二）聚焦高新技术产业和新型服务业态，提升民营经济产业能级

根据国家和本市产业导向与民营企业转型升级的发展需求，整合政府的各类资源和优扶措施，形成以担保、贴息为主的财政支持举措，通过更加灵活的税收优惠政策，鼓励民营企业在先进制造业、现

代服务业以及战略性新兴行业、新兴业态快速发展。对于新兴产业领域和增量空间，要给予民营企业更多的发展机会，填补细分行业市场空白，提高与国企、外企的相对竞争能力。在目前国有、外资经济具有一定垄断性的行业领域，鼓励大中型企业主动在技术创新、产品开发和零部件配套等方面，加强与高科技型和先进制造业型的中小企业之间优势互补与融合。具体可从以下三方面着手：

一是加强产业规划信息发布和政策信息透明度，在民营企业实施转型提升时给予合理指导和有效服务，帮助其确定合理产业发展目标和投资方向。二是通过首台奖励或政府采购等方式，帮助科技型、创新型企业拓展市场容量和空间。三是鼓励民营企业品牌化经营，完善内部管理和引人、用人机制，为民营企业转型提升提供良好的市场和人才环境。

（三）积极帮助提升民营企业的融资能力，促进民间投资健康发展

中小企业融资难的问题并不是中国特有。从本质上来看，是中小企业的融资，由于存在着相对较高的贷款风险，导致商业性金融机构对中小企业贷款不足。因此，需要动员各方面力量，继续积极营造有利于民营企业发展的融资服务环境。具体可以包括：健全民营企业担保和信用体系，构建政策性担保、小额贷款、企业联保互保等多元融资担保格局，创新推广“投贷保联动”机制，吸引多方主体共同形成投贷联盟；积极发展保单融资、票据质押融资、知识产权质押融资、供应链融资、集合票据和债券融资等多种抵押方式，解决民营企业抵押资产不足的问题；拓宽民营企业直接融资渠道，拓宽初创期、成长期中小企业融资渠道，加强对民营企业上市融资和资本运营的指导，推进民营企业在境内外资本市场上市融资。

同时构建多层次金融支持体系，促进民间投资健康发展，引导民

营企业转型提升。发展股权投资基金，尤其是吸引国际知名股权投资基金落户，有利于带动国内民间投资，有利于培育本土股权投资管理人才，也有利进一步促进产业结构优化升级，加快上海经济转型。2010年以来，上海市先后出台《关于本市开展外商投资股权投资企业试点工作的若干意见》及其《实施办法》，将在风险投资、股权投资、服务平台等多领域开展金融创新，加大对新能源、新材料、生物医药、软件和信息外包服务业等九大重点领域科技型民营企业的金融支持，营造良好投融资环境。

（四）支持民营企业与国有企业的融合发展，鼓励实施国际化战略

“十二五”时期上海经济将进一步发展和转型提升，在既有产业领域要搭建平台，鼓励民营企业参与国资国企改制重组，支持和引导中小企业与国有、外资大中型企业建立配套协作机制，形成中小企业与大中型企业的资本融合和价值链上的产业合作，进而实现不同规模经济的融合发展、共同提升；在一般竞争性领域，引导中小企业参与国有企业改革，通过参股、控股、兼并、联合和产业协作组建企业集团。结合国务院出台的《关于鼓励和引导民间投资健康发展的若干意见》，鼓励民营企业突破资本、技术障碍，进入更多开放性行业，特别是金融、医疗、文化等服务领域。

同时，进一步鼓励民营企业实施国际化战略，加快实施“走出去”步伐，成长为具备国际竞争力的企业。通过支持企业培育国际品牌和渠道、开展国际合作及海外市场并购，寻求技术和资源以降低生产成本，借助国际市场、利用国外资源提高企业竞争力，推动民营企业的转型发展。

B.13

后　记

2012 年，我们将《上海经济蓝皮书（2012 年）》的主题设计为《增长动力与产业发展转型》是经过一番思考和论证的。我们的主要依据是：根据 2011 年上海经济运行特点及国家和地方战略规划，“十二五”时期将是上海加快推进“四个率先”、纵深推进“创新驱动、转型发展”的关键阶段。从当前国际国内形势看，增长动力与产业发展转型是上海经济发展面临的迫切问题。对上海而言，“转型”并非一朝一夕可以完成，需要延续若干年。沿袭《2011 年上海经济蓝皮书》的思路，仍以“转型”为主线，希望更为深入地对“十二五”中的重要领域和环节展开分析。

由于蓝皮书的出版年复一年，年年要撰写，所以，我们认为有必要对未来若干年的经济蓝皮书思路作总体布局。按照上海经济发展过程中各层面各领域转型的轻重缓急程度，我们对 2013 ~ 2014 年经济蓝皮书的主题作统筹规划，拟依循 2012 年的思路，聚焦到“城市功能与产业空间转型”、“城市运行与管理转型”等领域，以达到各有侧重但又密切关联、依次递进及不同视角的效果，剖析上海在未来几年中实现转型发展的关键领域及主要问题。

《上海经济蓝皮书（2012 年）》由上海社会科学院经济研究所负责编撰。作者队伍主要是由上海社会科学院经济研究所、部门经济研究所、数量经济研究中心，以及上海市人民政府发展研究中心的中青年科研人员组成。从设计思路、确定主题，到梳理主线、提出观点，得到了上海市政府发展研究中心主任、上海市经济学会会长周振华研究员的悉心指导和大力支持，为此我们深表感谢！在此期间，《上海经济蓝皮书》和其他几本姐妹蓝皮书一样，得到了上海社科院领导的大力支持和精心指导，在此我们也深表感谢！对上海社会科学院科研处在蓝皮书的组织工作和事务性工作中投入了大量时间和精力，也一并表示感谢！

沈开艳

2011 年 11 月 10 日

社会科学文献出版社

皮书系列

“皮书”起源于十七八世纪的英国，主要指官方或社会组织正式发表的重要文件或报告，并多以白皮书命名。在中国，“皮书”这一概念被社会广泛接受，并被成功运作、发展成为一种全新的出版形态，则源于中国社会科学院社会科学文献出版社。

皮书是对中国与世界发展状况和热点问题进行年度监测，以专家和学术的视角，针对某一领域或区域现状与发展态势展开分析和预测，具备权威性、前沿性、原创性、实证性、时效性等特点的连续性公开出版物，由一系列权威研究报告组成。皮书系列是社会科学文献出版社编辑出版的蓝皮书、绿皮书、黄皮书等的统称。

皮书系列的作者以中国社会科学院、著名高校、地方社会科学院的研究人员为主，多为国内一流研究机构的权威专家学者，他们的看法和观点代表了学界对中国与世界的现实和未来最高水平的解读与分析。

自20世纪90年代末推出以经济蓝皮书为开端的皮书系列以来，至今已出版皮书近800部，内容涵盖经济、社会、政法、文化传媒、行业、地方发展、国际形势等领域。皮书系列已成为社会科学文献出版社的著名图书品牌和中国社会科学院的知名学术品牌。

皮书系列在数字出版和国际出版方面也是成就斐然。皮书数据库被评为“2008～2009年度数字出版知名品牌”；经济蓝皮书、社会蓝皮书等十几种皮书每年还由国外知名学术出版机构出版英文版、俄文版、韩文版和日文版，面向全球发行。

法律声明

“皮书系列”（含蓝皮书、绿皮书、黄皮书）由社会科学文献出版社最早使用并对外推广，现已成为中国图书市场上流行的品牌，是社会科学文献出版社的品牌图书。社会科学文献出版社拥有该系列图书的专有出版权和网络传播权，其 LOGO（ ）与“经济蓝皮书”、“社会蓝皮书”等皮书名称已在中华人民共和国工商行政管理总局商标局登记注册，社会科学文献出版社合法拥有其商标专用权。

未经社会科学文献出版社的授权和许可，任何复制、模仿或以其他方式侵害“皮书系列”和（ ）、“经济蓝皮书”、“社会蓝皮书”等皮书名称商标专用权的行为均属于侵权行为，社会科学文献出版社将采取法律手段追究其法律责任，维护合法权益。

欢迎社会各界人士对侵犯社会科学文献出版社上述权利的违法行为进行举报。电话：010－59367121，电子邮箱：fawubu@ssap.cn。

社会科学文献出版社